高等职业教育精品工程系列教材

工业互联网实施与运维实训教程

主编　郭恒亚

电子工业出版社
Publishing House of Electronics Industry
北京·BEIJING

内 容 简 介

本书以工业互联网实训平台为载体，完成对工业现场数据采集、数据上云、通过边缘计算或算法建模对数据进行分析和处理，最终在云平台上实现工业数据实时可视化的全流程的介绍。全书共 5 个项目：项目 1 以汽车零部件皮带惰轮的加工装配为教学案例，介绍平台硬件、软件的安装及设备的操作；项目 2 介绍根据业务需求进行工业数据采集方案规划，完成 PLC 网关的配置，以及采集数据的配置、测试、验证及上传；项目 3 主要介绍算法模型认知与应用场景、模型的业务逻辑推导、算子的应用实践，以及模型搭建与实例化实践等；项目 4 介绍 CNC 网关的配置，以及采集数据的配置、测试、验证、上传；项目 5 以 Hanyun-Box-OPC 无 4G 上网为例进行网关盒子的配置演示，完成 OPC 网关的配置，以及采集数据的配置、测试、验证、上传。通过学习本书，读者应能实现工业互联网生产线相关数据的采集和数据上云，并通过边缘计算或算法建模对采集的数据进行分析和处理，最终实现工业设备基本信息、开机率、能耗、产品合格率、故障发生概率、维修保养周期、运行环境温湿度、运行效率等相关信息的可视化。

本书可作为高等职业院校工业互联网相关专业的教学用书。

图书在版编目（CIP）数据

工业互联网实施与运维实训教程 / 郭恒亚主编.
北京：电子工业出版社，2025. 5. -- ISBN 978-7-121-50403-7

Ⅰ．F403-39

中国国家版本馆 CIP 数据核字第 2025517YY9 号

责任编辑：郭乃明
印　　刷：北京雁林吉兆印刷有限公司
装　　订：北京雁林吉兆印刷有限公司
出版发行：电子工业出版社
　　　　　北京市海淀区万寿路 173 信箱　邮编：100036
开　　本：787×1 092　1/16　印张：11.75　字数：300.8 千字
版　　次：2025 年 5 月第 1 版
印　　次：2025 年 5 月第 1 次印刷
定　　价：40.00 元

凡所购买电子工业出版社图书有缺损问题，请向购买书店调换。若书店售缺，请与本社发行部联系，联系及邮购电话：(010) 88254888，88258888。
质量投诉请发邮件至 zlts@phei.com.cn，盗版侵权举报请发邮件至 dbqq@phei.com.cn。
本书咨询联系方式：(010) 88254561，guonm@phei.com.cn。

前　言

工业互联网（Industrial Internet）是新一代信息通信技术与工业经济深度融合的新型基础设施、应用模式和工业生态，通过将人、机、物、系统等全面连接，构建起覆盖全产业链、全价值链的全新制造和服务体系，为工业乃至产业数字化、网络化、智能化发展提供了实现途径，是第四次工业革命的重要基石。

工业互联网不是互联网在工业领域中的简单应用，它具有更为丰富的内涵和外延。工业互联网以网络为基础、以平台为中枢、以数据为要素、以安全为保障，是工业数字化、网络化、智能化转型的基础设施，也是互联网、大数据、人工智能与实体经济深度融合的应用模式，还是一种新业态、新产业，将重塑企业形态、供应链和产业链。

当前，工业互联网融合应用向国民经济重点行业广泛拓展，形成平台化设计、智能化制造、网络化协同、个性化定制、服务化延伸、数字化管理六大新模式，赋能、赋智、赋值作用不断显现，有力地促进了实体经济提质、增效、降本，以及绿色、安全发展。目前，工业互联网已延伸至数十个国民经济大类，涉及原材料、装备、消费品、电子等制造业各大领域，以及采矿、电力、建筑等实体经济重点产业，实现更大范围、更高水平、更深程度发展，形成了千姿百态的融合应用实践。

从工业经济发展角度看，工业互联网为制造强国建设提供关键支撑：一是推动传统工业转型升级。通过跨设备、跨系统、跨厂区、跨地区的全面互联互通，实现各种生产和服务资源在更大范围内的更高效率、更加精准的优化配置，实现提质、降本、增效，以及绿色、安全发展，推动制造业高端化、智能化、环保化，大幅提升工业经济发展质量和效益。二是加快新兴产业培育。工业互联网促进设计、生产、管理、服务等环节由单点的数字化向全面集成演进，加速创新方式、生产模式、组织形式和商业范式的深刻变革，催生平台化设计、智能化制造、网络化协同、个性化定制、服务化延伸、数字化管理等诸多新模式、新业态、新产业。

从网络设施发展角度看，工业互联网是网络强国建设的重要内容：一是加速网络演进升级。工业互联网促进人与人相互连接的公众互联网、物与物相互连接的物联网，向人、机、物、系统等的全面互联拓展，大幅提升网络设施的服务支撑能力。二是拓展数字经济空间。工业互联网具有较强的渗透性，可以与交通、物流、能源、医疗、农业等实体经济各领域深度融合，实现产业上下游及跨领域的广泛互联互通，推动网络应用从虚拟到实体、从生活到生产的科学跨越，极大地拓展了网络经济的发展空间。

本书基于徐工汉云技术股份有限公司的工业互联网平台，以《工业互联网实施与运维职业技能等级标准》为编写依据，以典型工作任务为载体组织教学，设置一系列工作任务，利于教师采用项目教学法引导学生学习，做到理论与实操的有机融合，并将职业技能等级标准的内容和要求融入教材，推进课证融通，紧跟工业互联网行业新技术培养高技能人才。

在本书编写过程中，编者的工作单位浙江工业职业技术学院提供了必要的设备支持，合作单位徐工汉云技术股份有限公司的刘国权提供了一定的技术支持。同时，浙江工业职业技术学院机电工程学院的王媛媛、陈茂军、陈斌星等老师提供了许多的建议和意见，在此特别提出感谢。另外，由于编者水平有限，书中不妥之处不可避免，欢迎批评指正。

目　　录

项目 1　工业互联网设备

党的二十大报告明确提出："教育、科技、人才是全面建设社会主义现代化国家的基础性、战略性支撑。""我们要坚持教育优先发展、科技自立自强、人才引领驱动，加快建设教育强国、科技强国、人才强国，坚持为党育人、为国育才，全面提高人才自主培养质量，着力造就拔尖创新人才，聚天下英才而用之。"这些指示彰显了教育的基础性、先导性、全局性地位。

党的十九大报告也指出："要加快建设制造强国，加快发展先进制造业，推动互联网、大数据、人工智能和实体经济深度融合。"工业互联网是新一代信息通信技术与现代工业技术深度融合的产物，是制造业数字化、网络化、智能化的重要载体，也是全球新一轮产业竞争的制高点。它通过构建连接机器、物料、人、信息系统的基础网络，实现工业数据的全面感知、动态传输、实时分析，形成科学决策与智能控制，提高制造资源配置效率，正成为领军企业竞争的新赛道、全球产业布局的新方向、制造大国竞争的新焦点。学习、掌握工业互联网相关知识，对于振兴我国实体经济、推动制造业向中高端迈进具有重要意义。

任务 1.1　硬件平台认知

工业互联网平台是面向制造业数字化、网络化、智能化需求，构建基于海量数据采集、汇聚、分析的服务体系，支撑制造资源泛在连接、弹性供给、高效配置的工业云平台。其本质是通过构建精准、实时、高效的数据采集互联体系，建立面向工业大数据存储、集成、访问、分析、管理的开发环境，实现工业技术、经验、知识的模型化、标准化、软件化、复用化，不断优化研发设计、生产制造、运营管理等环节的资源配置效率，形成资源富集、多方参与、合作共赢、协同演进的制造业新生态。

工业互联网的兴起与发展将打破原有封闭、隔离又固化的工业系统，扁平、灵活而高效的组织架构将成为新工业体系的基本形态。工业互联网平台依托高效的设备集成模块、强大的数据处理引擎、开放的开发环境工具、组件化的工业知识微服务，向下对接海量工业装备、仪器、产品，向上支撑工业智能化应用的快速开发与部署，发挥着类似于微软Windows、谷歌 Android 系统和苹果 iOS 系统的重要作用，支撑构建了基于软件定义的高度灵活与智能的工业体系。

工业互联网平台将信息流、资金流、人才创意、制造工具和制造能力在云端汇聚，将工业企业、信息通信企业、互联网企业、第三方开发者等主体在云端集聚，将数据科学、工业科学、管理科学、信息科学、计算机科学在云端融合，推动资源、主体、知识集聚共享，形成社会化的协同生产方式和组织模式。

1.1.1 硬件平台简介

从工业云平台到工业互联网平台的演进包括成本驱动导向、集成应用导向、能力交易导向、创新引领导向、生态构建导向这五个阶段，工业互联网平台在传统工业云平台的软件工具共享、业务系统集成基础上，叠加了制造能力开放、知识经验复用与开发者集聚的功能，大幅提升工业生产及知识传播、利用效率，形成海量开放 App 应用与工业用户之间相互促进、双向迭代的生态体系。

本书所述实训系统（硬件平台）以汽车零部件——皮带惰轮（以下简称惰轮）的加工装配为教学案例，通过工业互联网系统实现工业现场数据采集、监控管理、数据上云、组态设计等工业互联网云应用。硬件平台完成原材料出库、惰轮加工模拟、惰轮装配、组装检测、成品入库等工艺过程，模拟车间生产，为工业互联网云平台应用及开发提供数据支撑，硬件平台实物如图 1-1 所示。

图 1-1　硬件平台实物

该硬件平台不仅可为中、高职及应用型本科工业互联网实施与运维职业技能等级证书考核提供教学实训条件，同时可支撑物联网技术应用（物联网应用技术、物联网工程）、计算机网络技术、工业机器人技术应用（工业机器人技术、机器人工程）、电气技术应用（电气自动化技术、自动化）等专业教学。

1.1.2 硬件平台的组成和功能

硬件平台主要由原料库单元、零件输送单元、加热老化单元、SCARA 机器人单元、装配及检测单元、CNC 单元、成品库单元、系统气源及电气总控单元、数据采集及网络控制单元等组成。其主要参数如下：

- 输入电源：AC220V±10%（三相五线）
- 整体功率：不大于 5kV·A
- 工作环境：室温
- 占地尺寸：1.5m×1.26m（不含电脑桌）

硬件平台系统组成如图 1-2 所示。

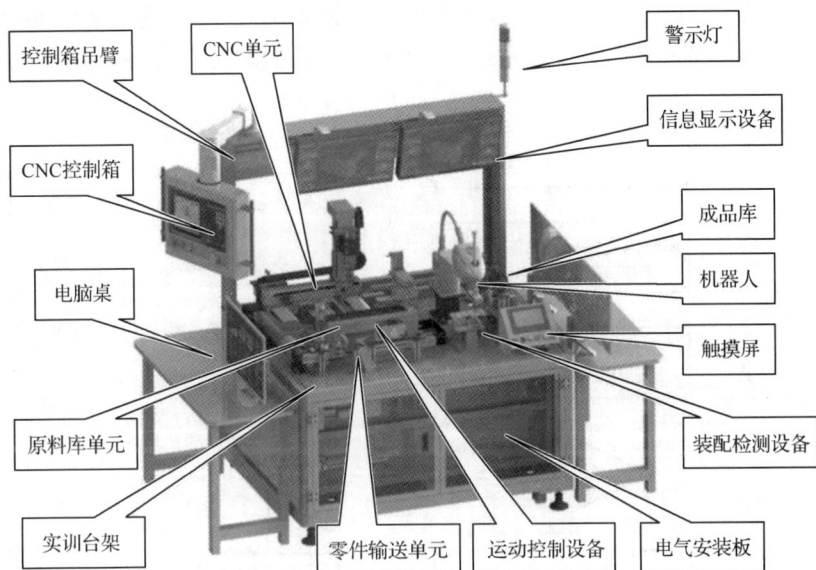

图 1-2　硬件平台系统组成

1．加工的零件

硬件平台加工对象为惰轮。惰轮分为两个部分：一个是惰轮轮体，一个是滚动轴承，如图 1-3 所示。惰轮轮体有尼龙材质和金属材质之分，尼龙材质惰轮轮体的颜色分为白色和红色。滚动轴承安装在金属材质惰轮轮体内部。

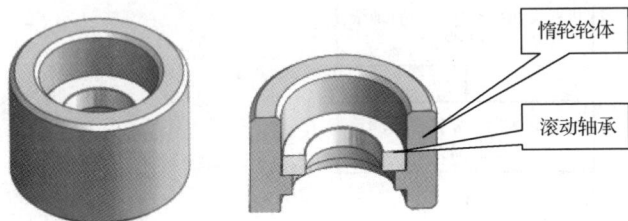

图 1-3　惰轮

2．工艺流程

首先，原料库单元的出料机构将惰轮轮体（以下简称轮体）推出至零件输送单元上，传输线上的装配检测设备检测到轮体后，由电机驱动皮带，将轮体向前输送。当轮体到达检测区时，如果轮体是尼龙材质的，则轮体会被后方的分拣机构分拣至临时料盒；如果轮体是金属材质的，则允许轮体继续沿着传输线运送至加热区。加热区检测到轮体到位后，皮带停止。加热区开始对轮体加热，加热完成后，轮体继续随皮带移动至末端，等待运动控制设备抓取。

运动控制设备将轮体抓取并送至 CNC 单元，对轮体进行模拟加工，CNC 单元模拟加工完成后再由运动控制设备将轮体取出并放至缓存工位，再由 SCARA 机器人单元搬运至装配位，随后将线边库中的滚动轴承（以下简称轴承）取过来，安装到轮体内孔中，并按压到位，完成装配工作。装配完成后，检测机构进行装配检测，经检测合格的零件由 SCARA机器人单元搬运至成品库单元，经检测不合格的零件被搬运至不合格产品收集工位。工艺流程图如图 1-4 所示。

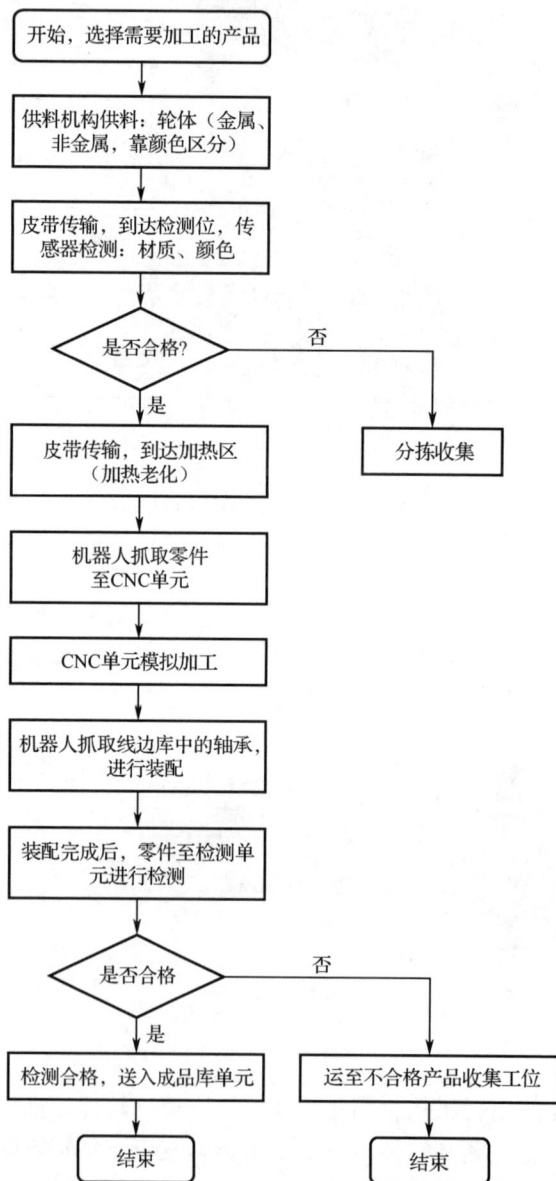

图 1-4　工艺流程图

3．原料库单元

原料库单元（如图 1-5 所示）作为装配工艺过程中的物料存储模块，采用工业铝型材搭建，主要由基体平台、垂直料筒、气动顶料装置及光电检测传感器组成，可以完成工件的存储、自动下落和气动顶出等自动供料和检测功能。零件分为尼龙材质和金属材质，分别代表不合格原材料和合格原材料。料井两侧采用传感器检测有无零件，具有缺料提示与报警功能，底盘推出后由定位装置进行定位，对接零件输送单元。

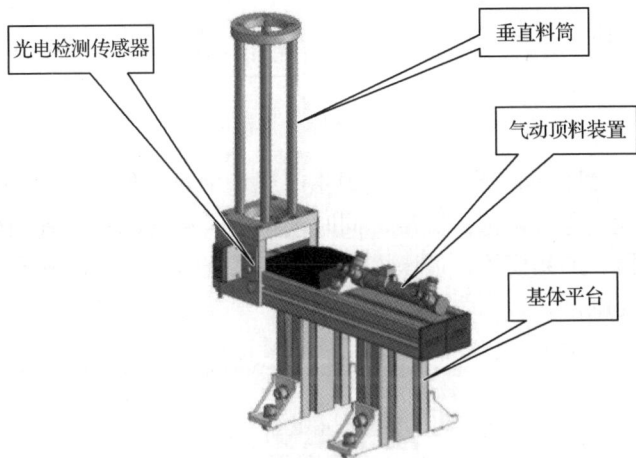

图 1-5　原料库单元

4．零件输送单元

零件输送单元（如图 1-6 所示）主要由传输分拣机构、加热老化机构组成，可模拟工业生产现场中零件传输、分拣、加热老化等过程。原料为金属材质或非金属材质、红色或白色的轮体。

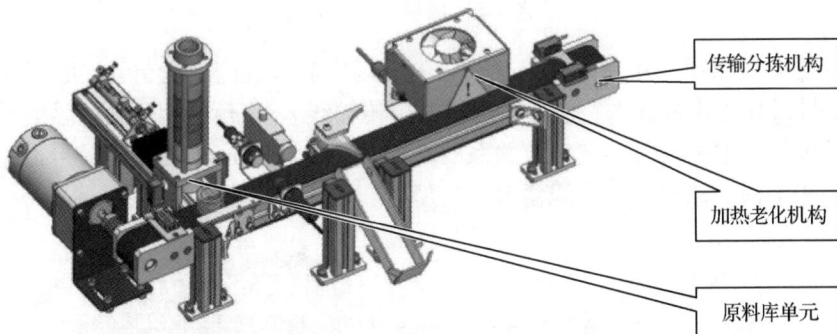

图 1-6　零件输送单元

传输分拣机构主要由传输线、物料检测传感器（电感传感器、色标传感器、光电传感器等）、分拣气缸、分拣料槽等组成，可以完成零件传输，并可根据实训的内容对零件的材质、颜色进行判别，完成自动分拣工作，如图 1-7 所示。

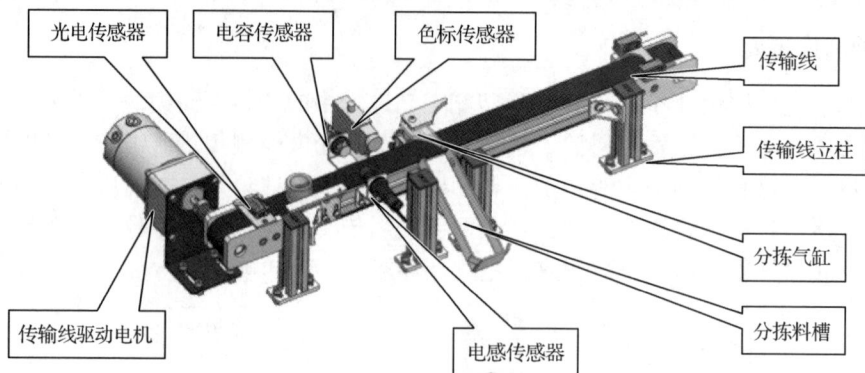

图 1-7　传输分拣机构

加热老化机构（如图 1-8 所示）可模拟生产现场中对零件恒温加热老化的过程，通过模拟量温度传感器检测零件内部的温度，同时根据实时温度动态控制加热的过程。该机构主要包括温度变送器、加热模块、调压模块、冷却系统等，可以通过控制系统进行 PID 调节，实现恒温过程控制。

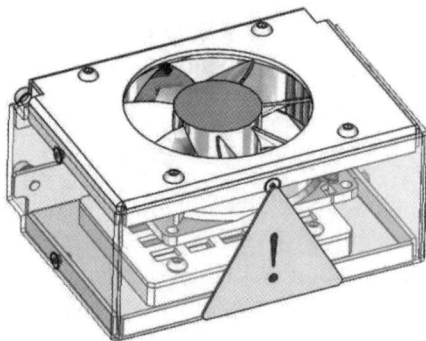

图 1-8　加热老化机构

温度变送器（如图 1-9 所示）是仪表中的现场安装式温度变送单元。它采用二线传送方式（两根导线作为电源输入、信号输出的共用传输线），将热电偶、热电阻信号变换成与输入电信号或被测温度具有一定对应关系的 0～10V 或 5～20mA 的输出信号，温度变送器可以安装于热电偶、热电阻的接线盒内与之形成一体化结构。

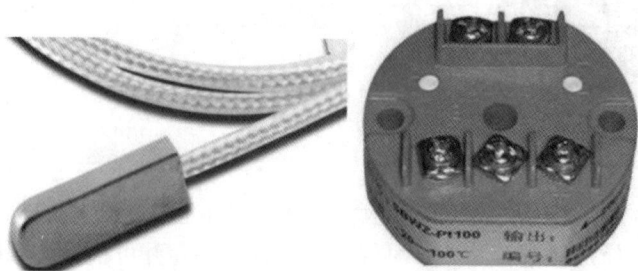

图 1-9　温度变送器

加热模块：加热模块是恒温箱的热源，采用 PTC 发热片，具有恒温发热、无明火、热转换率高、安全节能、受电源电压影响小、寿命长等传统发热元件无法比拟的优势。

调压模块：调压模块结构简单，体积小，无须外接变压器，全面支持 4～20mA、0～5V（DC）、0～10V（DC）、1～5V（DC）、0～10mA 等输入自动控制模式，也可用手动控制，输入调节范围宽，精度高，抗干扰能力强，并提供过热保护。

5．SCARA 机器人单元

本工作站采用四轴 SCARA 机器人（如图 1-10 所示）对物料进行搬运，机器人本体重量轻、简单易用、可靠性高、运动速度快、占地面积小、动作范围大，可以轻松实现自动化作业。

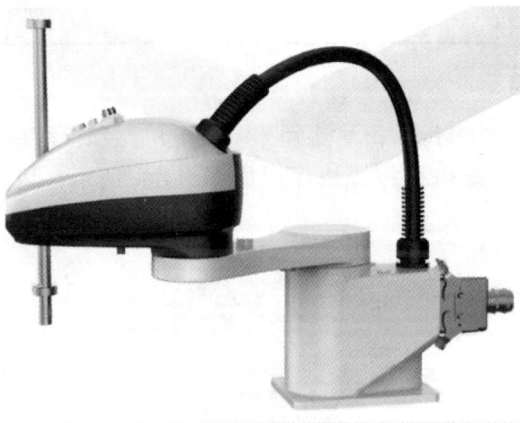

图 1-10 SCARA 机器人

SCARA 机器人有 3 个旋转关节（J1、J2 和 J4），其轴线相互平行，可在平面内进行定位和定向，另有一个移动关节 J3，用于完成末端件在垂直平面的运动。手腕参考点的位置是由两旋转关节的角位移及移动关节的位移决定的，这类机器人的结构轻便、响应快。它最适用于平面定位和沿垂直方向进行装配的作业。

SCARA 机器人具体参数如表 1-1 所示。

表 1-1 SCARA 机器人参数表

臂展	400mm
额定负载	1kg
最大负载	3kg
定位精度	J1+J2：±0.01mm J3：±0.01mm J4：±0.01°
最大运动范围	J1：−130°～130° J2：−131°～131° J3：150mm J4：−360°～360°

最大运动速度	J1：600°/s
	J2：600°/s
	J1+J2：6000mm/s
	J3：1100mm/s
	J4：2600°/s
电源	100～240V，50/60Hz
通信	Ethernet、Modbus
I/O	5 路继电器输出，16 路数字输出，24 路数字输入，2 路模拟输出（0～10V，4～20mA），4 路模拟输入（0～10V，4～20mA）
机器人 IP 等级	IP54
控制柜	IP20

6．装配及检测单元

本单元主要完成零件的装配和检测流程，由装配单元和检测单元组成。

装配单元主要包含装配机构和线边库，如图 1-11 所示，可以完成轮体与轴承的装配工作。

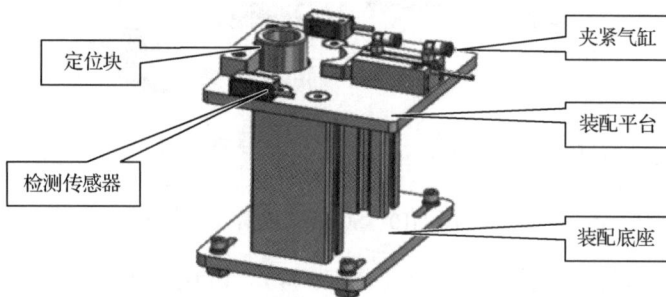

图 1-11　装配单元

当轮体经过 CNC 加工后，由机器人将轮体从缓存工位搬运至装配工位，机器人再从线边库抓取轴承放置在轮体内孔中，并进行按压，由此完成轮体与轴承的装配工作。

线边库用来存放轴承，不少于 6 个库位（2 行×3 列），如图 1-12 所示。

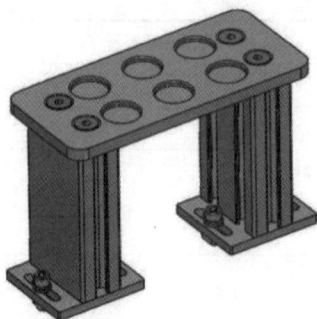

图 1-12　线边库

检测单元由基础型材台架和检测机构组成，如图 1-13 所示。可以对装配后的零件进行质量检测，合格的零件由机器人从检测工位搬运至成品库中，不合格的零件由机器人搬运至不合格产品收集区。

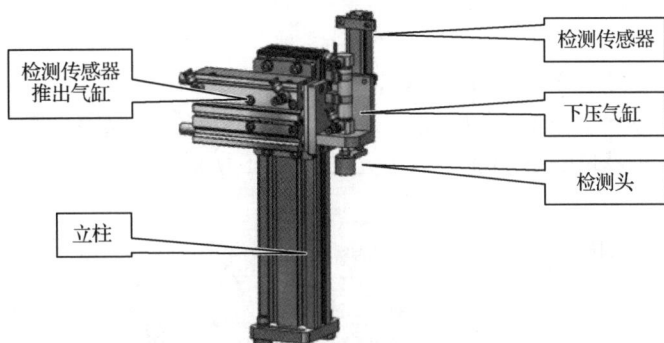

图 1-13　检测单元

7. CNC 单元

CNC 单元主要由 CNC 数控系统、主轴电机、加工平台组成，如图 1-14 所示。平台采用真实的数控系统，通过开发存储器里的系统程序（软件）来实现控制逻辑，实现数控功能，并通过接口与外围设备进行连接。

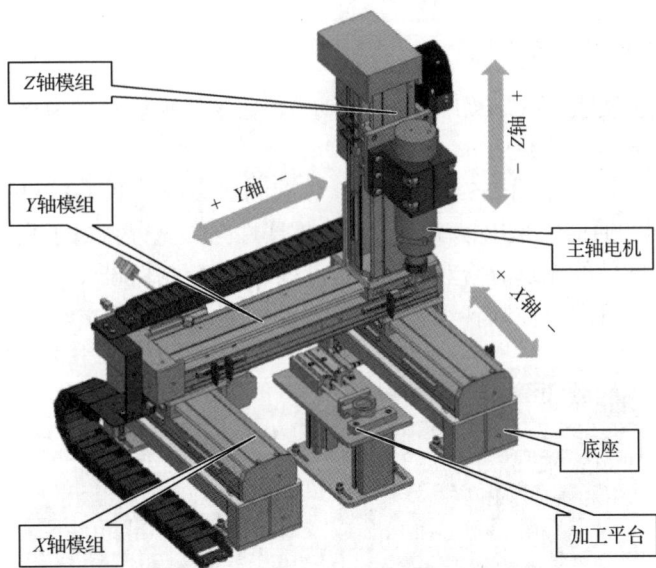

图 1-14　CNC 单元

数控系统主要用于标准型数控车床、数控铣床的配套，采用开放式体系结构，内置工业级处理器，配置彩色液晶显示屏和标准机床操作面板，该系统集成了工业以太网（SSB3）总线接口、模拟及脉冲控制接口、I/O 接口等外部接口，具有性能高、配置灵活、结构紧凑、易于使用等特点。

龙门式直角坐标运动单元的三轴均采用工业直线模组，内置高精度滚珠丝杆和精密直线导轨，动力源为 3 套伺服电机，具有强度高、速度快、精度高、传动平稳等特点。每个传动轴具有正负限位检测、回参考点检测功能，且 Z 轴采用带抱闸伺服电机，防止系统断电后主轴头因重力滑落。

8. 成品库单元

机器人将前一工序装配完的零件抓取至成品库单位中的库位，进行入库操作。本书所述成品库单元共具有 6 个库位（2 行×3 列），每个库位都安装有物料检测传感器对零件进行有无检测，系统具有库位管理功能，该单元如图 1-15 所示。

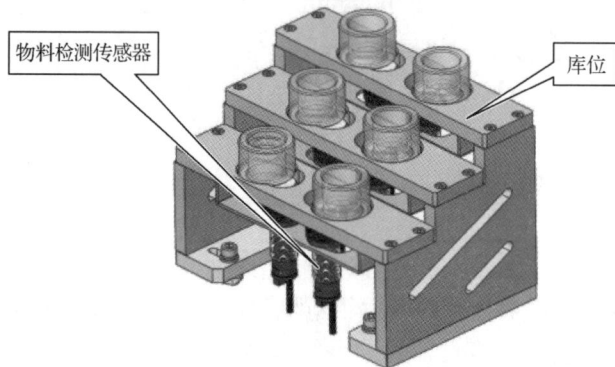

图 1-15　成品库单元

9. 系统气源及电气总控单元

电气总控单元主要由 PLC（如图 1-16 所示）、数字量模块、触摸屏、直流电源、工业交换机、断路器、继电器等组成。

PLC：本单元采用了西门子 S7-1200 PLC，该控制器集成了 PROFINET、MODBUSTCP、OPC 接口用于编程、通信，采用模块化设计，扩展性强，充分考虑了系统、控制器、控制对象、人机界面和软件的无缝整合和高协调的需求。该控制器设计紧凑、组态灵活且具有功能强大的指令集，可用于控制各种各样的设备以满足自动化需求。

图 1-16　PLC

模拟量模块：本单元采用西门子 S7-1200 PLC 的 SM 1234 模拟量输入/输出模块，具有 4 点模拟量输入/2 点模拟量输出，信号规格：±10V（14 位分辨率）或 0～20mA（13 位分辨率）。该模块可用于连接模拟传感器和执行机构，而不需要增加放大器，如图 1-17 所示。

触摸屏：本单元采用 FE6000 系列触摸屏，该产品具有新一代物联网人机界面、工业 ABS 塑料外壳，以及低成本、高可靠性的特点；主板采用三防喷漆处理，可适应恶劣环境，如图 1-18 所示。

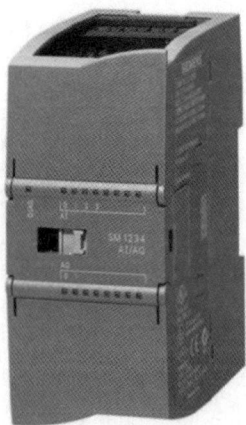

图 1-17　模拟量模块　　　　　　　　　　　　图 1-18　触摸屏

通过配备 FLink 物联网模块，可以将原界面立即升级为物联网人机界面，享受完整的工业物联网云平台服务。

系统气源：由气泵、过滤减压阀及压力传感器等组成，气泵及过滤减压阀为教学平台中的气动装置提供气源，压力传感器根据系统需要设定工作压力，低于设定压力时输出报警信号，如图 1-19 所示。

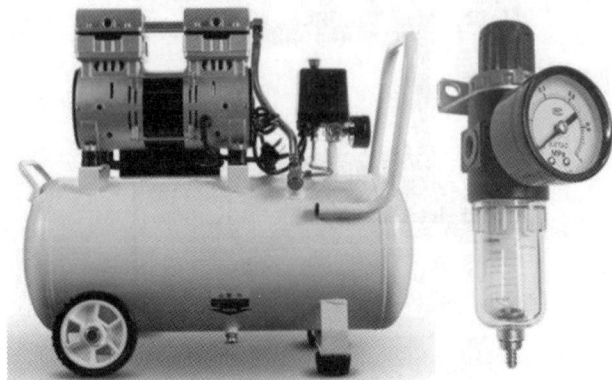

图 1-19　系统气源

10．数据采集及网络控制单元

数据采集及网络控制单元主要由工业交换机、数据采集盒（如图 1-20 所示）组成。本教学平台中工业交换机通过以太网模式进行数据传输，数据采集盒进行平台各设备数据采集，如 SCARA 机器人、PLC、传感器等。温湿度传感器通过变送器输出模拟量信号，实时对当前环境温度进行采集显示；所有数据通过工业互联网云平台软件上传到云端，供学生进行相关实训。

图 1-20 数据采集盒

11. 实训台架及电脑桌

实训台架的外形参考尺寸为 1500mm×1260mm×1800mm。架体为工业铝型材制作，台架上层用于安装功能模块，台架下层用于安装电气控制元件、放置机器人控制器等，配置双开门，方便电气控制系统的安装调试，配备电脑桌，方便实训、考核时使用，如图 1-21 所示。

图 1-21 实训台架

1.1.3 设备保养与维护

为防止设备性能劣化，降低设备的故障率，请按以下要求对设备进行定期维护保养。

1. 维护前注意事项

具备相关知识并经培训合格的人员才可以操作或维护设备。开始维护和维修前，必须采取如下特殊措施：

（1）如有必要，支撑垂直滑动或设备上的相似部分。

（2）切断气动系统的气源。

（3）关闭设备。

（4）切断主开关，并采取措施防止意外启动。

（5）切断任何其他外部电路。

（6）如有必要，在服务区域周围设置一个更大的区域并在现场竖起警示牌。

2．机械设备本体维护

（1）检查各设备的机械结构、电气元件是否完好，同时还需要检查玻璃罩是否破裂，避免装拆过程中因磕碰、撞击造成的损坏。

（2）检查各工作站机械结构的螺钉是否松动，机器人各部件连接处的螺钉是否松动，电机法兰连接处是否松动。

（3）检查相关工作站的相关齿轮是否需要加润滑油。

（4）将机器人的姿态调整至接近初始姿态，保证断电下的安全和下次操作的正常进行。

（5）数控机床运行 500 小时后需要添加润滑油；机器人运行 4000～5000 小时后，需要检查各轴位置是否和初始状态一致。

3．电气维护

（1）检查各关节控制开关按钮是否正常。

（2）检查急停开关按钮是否正常。

（3）检查伺服驱动器是否正常。

（4）检测计算机是否正常。

（5）检查各单元的动力电缆和信号线电缆是否连接正常。

4．其他维护

（1）定期清洁设备，对于难触及的地方，可用带高压吹气功能的清洁机吹掉灰尘和杂物，以免对设备造成损坏。

（2）定期检查机器人的末端执行器（夹爪和吸盘）是否正常工作。

（3）保存好相关文件和软件的备份文件，以免因意外改变而造成不必要的损失。

任务 1.2 软件的安装

1.2.1 XEdge 软件的安装

01-1.2.1 XEdge
软件的安装

（1）双击运行 XEdge 软件安装包。

（2）选择好安装路径后，单击"安装"按钮开始安装，如图 1-22 所示。

（3）安装完成后的界面如图 1-23 所示。

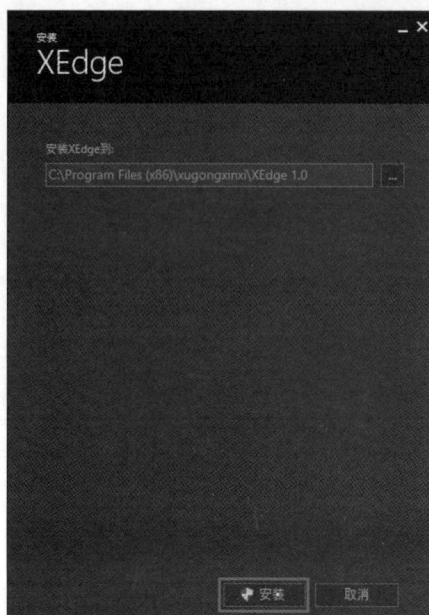

图 1-22　XEdge 的安装　　　　　　　　　图 1-23　安装完成后的界面

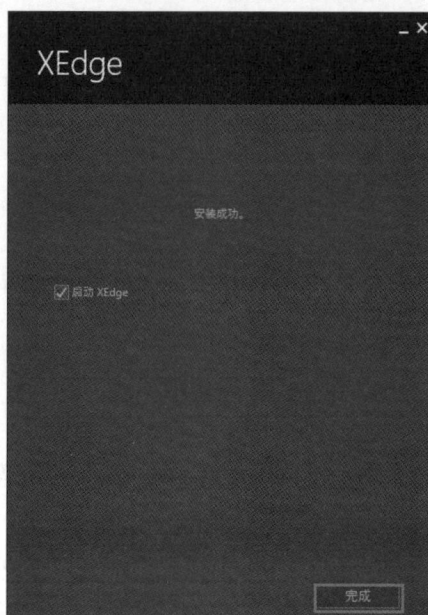

1.2.2　UaExpert 软件的安装

（1）双击运行 UaExpert 软件安装包。

（2）单击"Next"按钮，如图 1-24 所示。

02-1.2.2 UaExpert
软件的安装

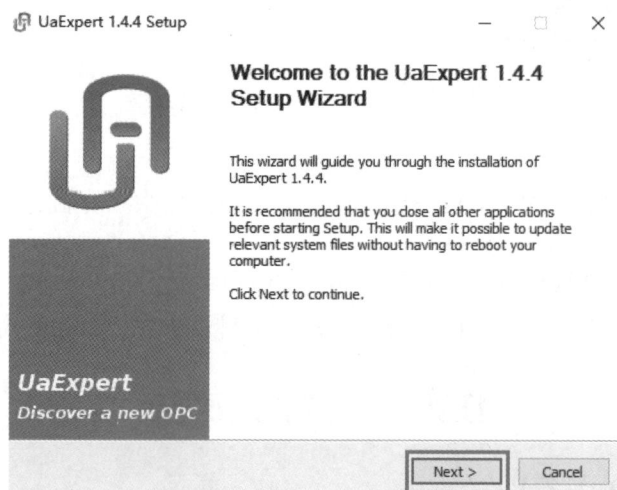

图 1-24　UaExpert 安装步骤 1

（3）勾选"I accept the terms of the License Agreement"后，单击"Next"按钮，如图 1-25 所示。

（4）接受默认设置，单击"Next"按钮，如图 1-26 所示。

（5）单击"Install"按钮，如图 1-27 所示。

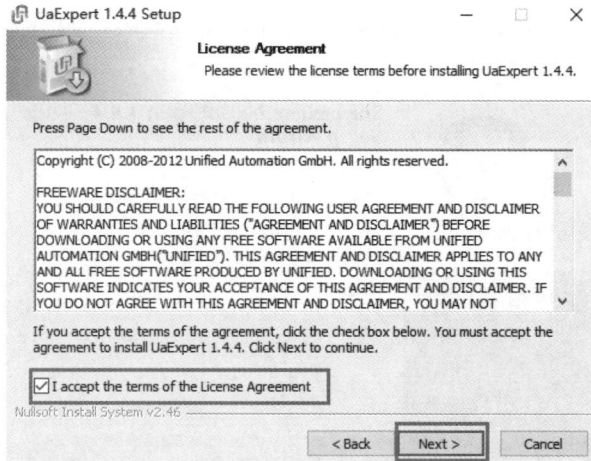

图 1-25　UaExpert 安装步骤 2

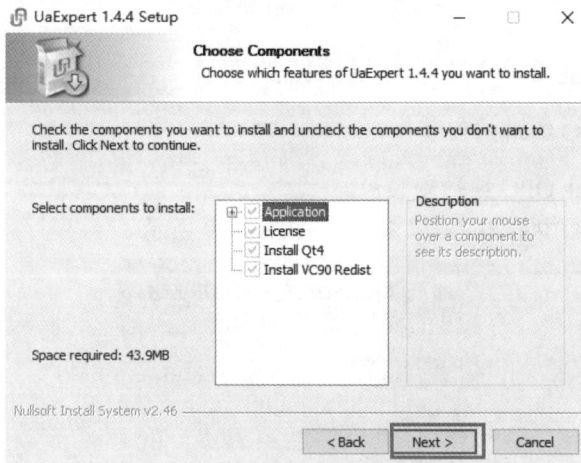

图 1-26　UaExpert 安装步骤 3

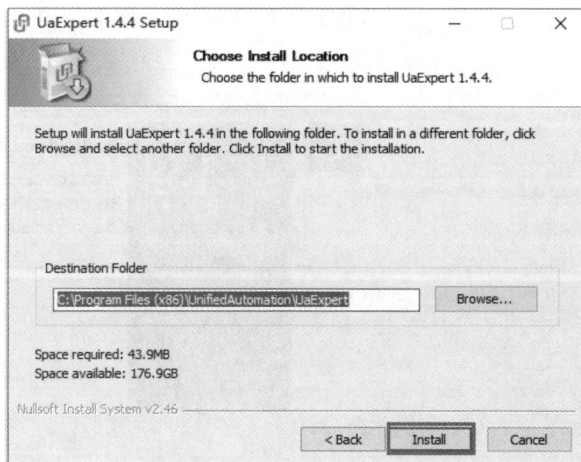

图 1-27　UaExpert 安装步骤 4

（6）等待进度条走完后，单击"Finish"按钮，完成安装，如图 1-28 所示。

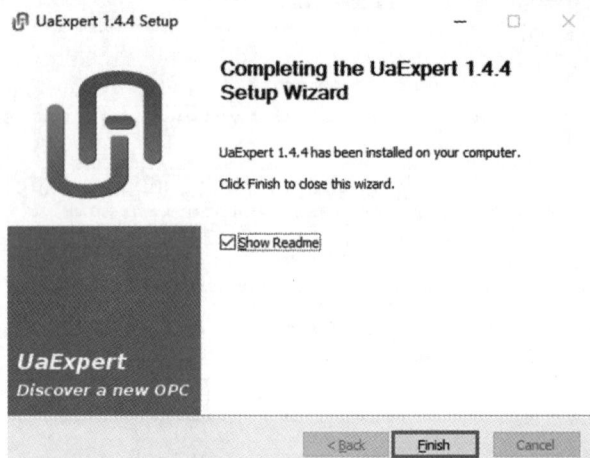

图 1-28　UaExpert 安装步骤 5

1.2.3　汉云智能 OPC 终端开发系统的安装

1. 汉云智能 OPC 终端的安装

（1）启动汉云智能 OPC 终端安装包。

（2）在弹出的界面中单击"是"按钮，如图 1-29 所示。

03-1.2.3 汉云智能
OPC 终端的安装

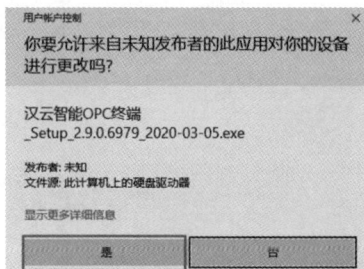

图 1-29　汉云智能 OPC 终端安装步骤 1

（3）单击"下一步"按钮，如图 1-30 所示。

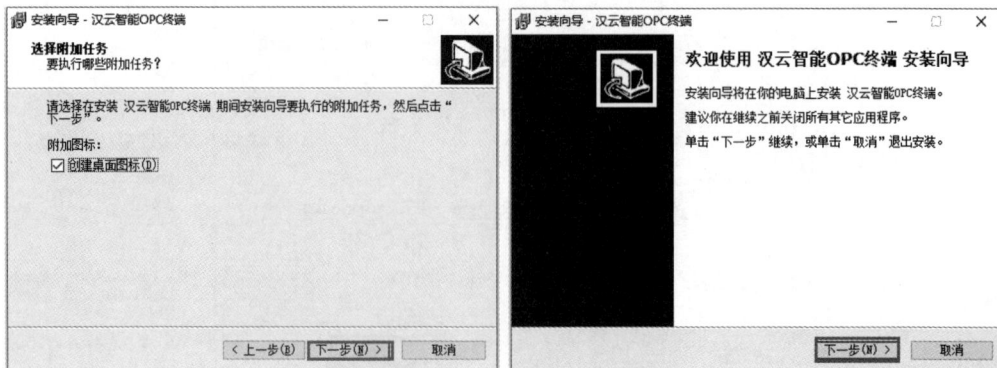

图 1-30　汉云智能 OPC 终端安装步骤 2

（4）选择合适的安装路径后，单击"下一步"按钮，如图 1-31 所示。

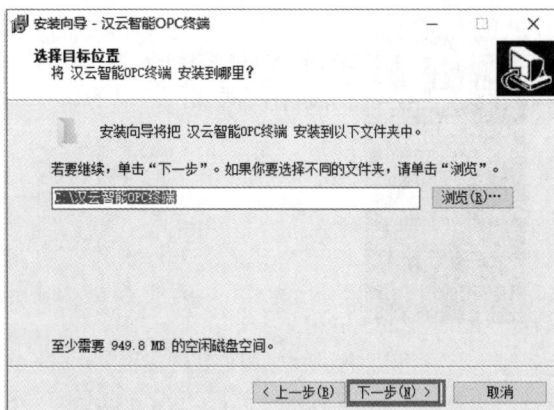

图 1-31　汉云智能 OPC 终端安装步骤 3

（5）单击"下一步"按钮，如图 1-32 所示。

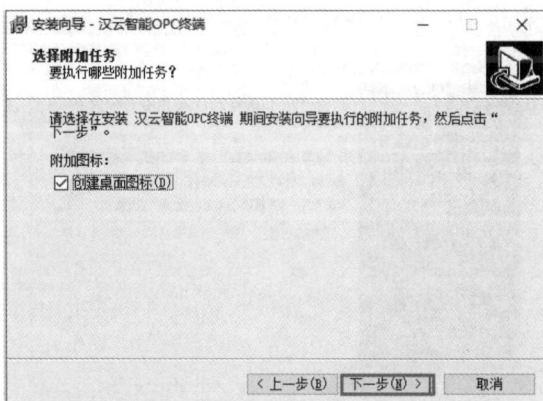

图 1-32　汉云智能 OPC 终端安装步骤 4

（6）单击"安装"按钮，如图 1-33 所示。

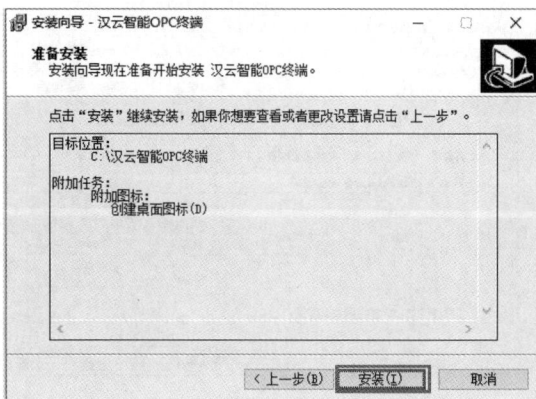

图 1-33　汉云智能 OPC 终端安装步骤 5

（7）单击"完成"按钮完成安装，如图 1-34 所示。

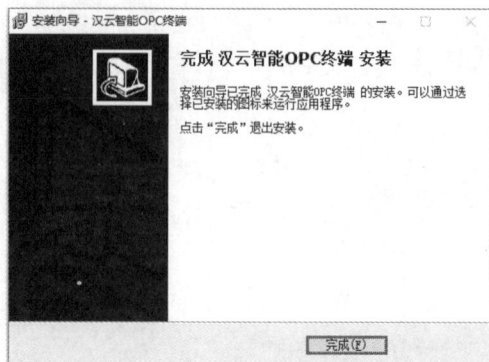

图 1-34　汉云智能 OPC 终端安装步骤 6

2. 智能终端 OPC 企业管理器的安装

（1）启动智能终端 OPC 企业管理器安装包。

（2）单击"下一步"按钮，如图 1-35 所示。

04-1.2.3 智能终
端 OPC 企业管理
器的安装

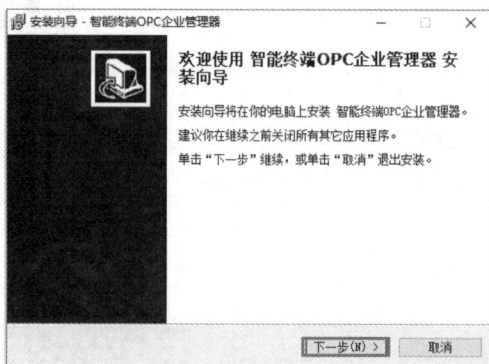

图 1-35　智能终端 OPC 企业管理器安装步骤 1

（3）选择合适安装路径后，单击"下一步"按钮，如图 1-36 所示。

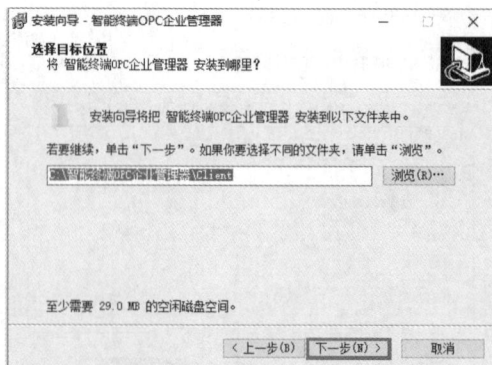

图 1-36　智能终端 OPC 企业管理器安装步骤 2

（4）单击"下一步"按钮，如图 1-37 所示。

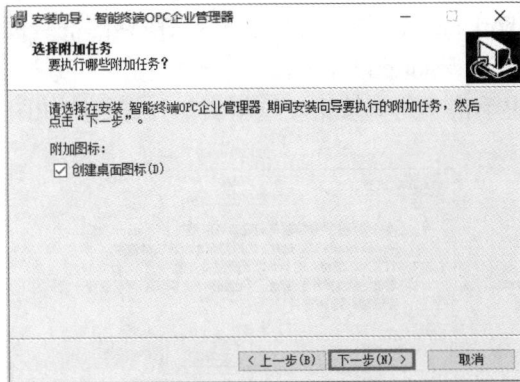

图 1-37　智能终端 OPC 企业管理器安装步骤 3

（5）单击"安装"按钮，如图 1-38 所示。

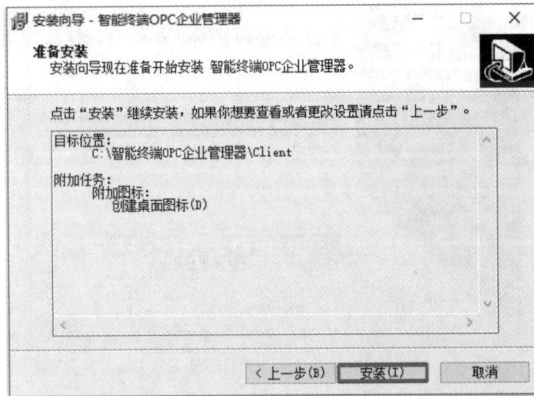

图 1-38　智能终端 OPC 企业管理器安装步骤 4

（6）单击"完成"按钮完成安装，如图 1-39 所示。

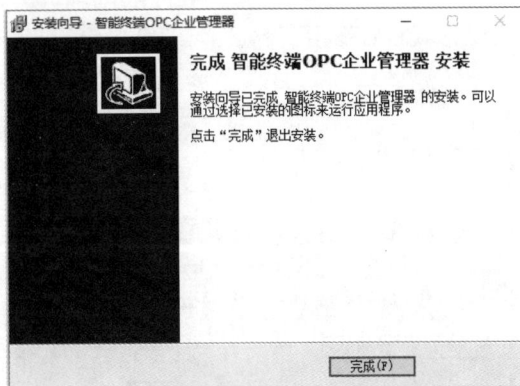

图 1-39　智能终端 OPC 企业管理器安装步骤 5

1.2.4 VMware Workstation 软件的安装

（1）双击 VMware Workstation 软件安装包，本书所述的安装过程对应的软件版本是 VMware Workstation Pro。

（2）在弹出的界面中单击"是"按钮，重新启动计算机，如图 1-40 所示。

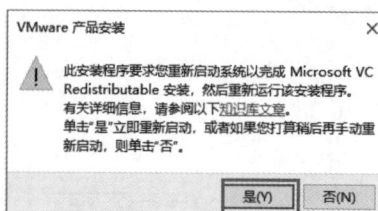

05-1.2.4 VMware Workstation 软件的安装

图 1-40　VMware Workstation 软件的安装步骤 1

（3）单击"下一步"按钮，如图 1-41 所示。

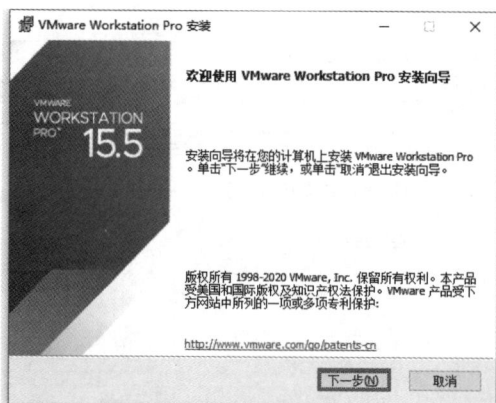

图 1-41　VMware Workstation 软件的安装步骤 2

（4）勾选下方的复选框，单击"下一步"按钮，如图 1-42 所示，此后连续单击"下一步"按钮，如图 1-43、图 1-44 及图 1-45 所示。

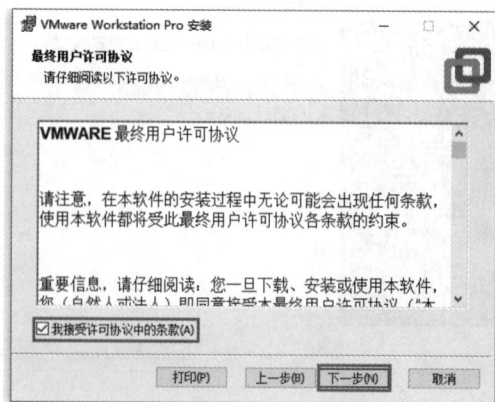

图 1-42　VMware Workstation 软件的安装步骤 3

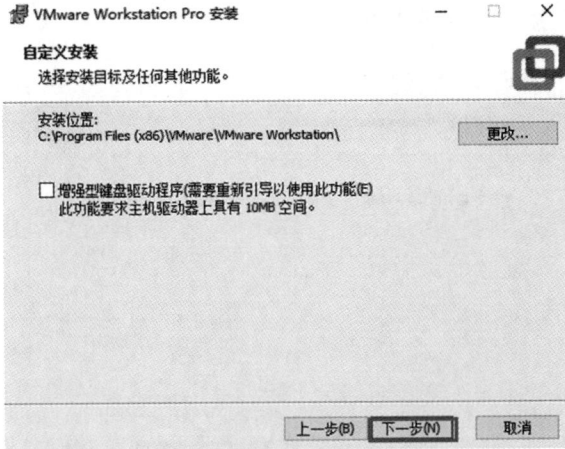

图 1-43　VMware Workstation 软件的安装步骤 4

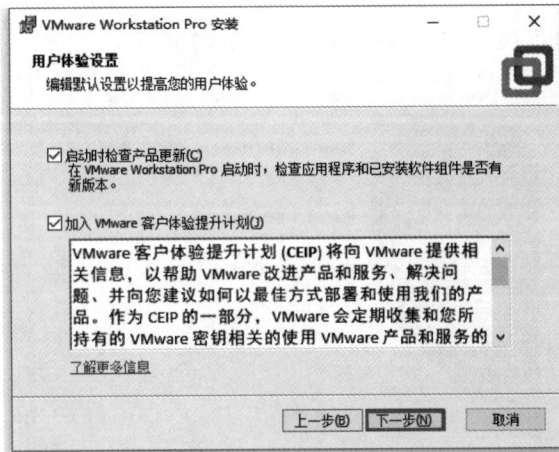

图 1-44　VMware Workstation 软件的安装步骤 5

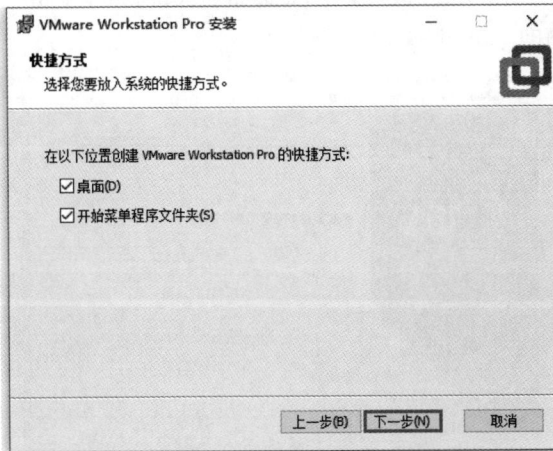

图 1-45　VMware Workstation 软件的安装步骤 6

（5）单击"安装"按钮，如图 1-46 所示。

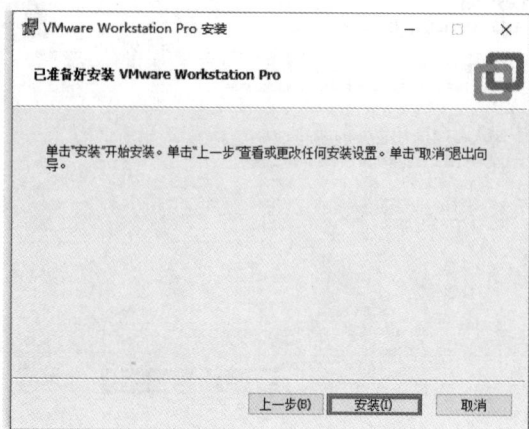

图 1-46　VMware Workstation 软件的安装步骤 7

（6）单击"许可证"按钮，输入密钥，如图 1-47 所示。

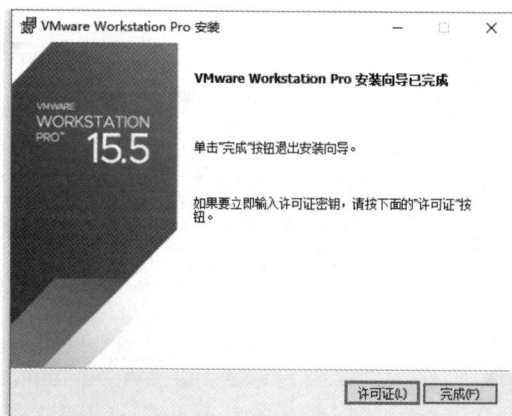

图 1-47　VMware Workstation 软件的安装步骤 8

（7）完成安装，如图 1-48 所示。

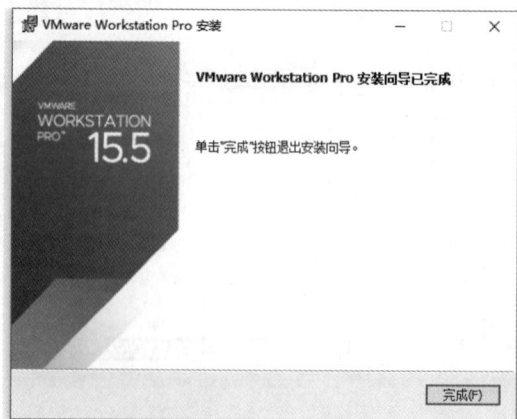

图 1-48　VMware Workstation 软件的安装步骤 9

任务 1.3　设备的操作

1.3.1　机器人的操作

机器人系统一般由机器人（本体）、控制面板（示教器）和机器人控制柜组成，如图 1-49 所示。

图 1-49　机器人本体、控制面板（示教器）和机器人控制柜

机器人本体俗称机械手，是机器人机械运动主体。本系统所使用的机器人为 4 轴机器人，由 4 个活动的、相互连接在一起的关节（轴）组成。1 轴到 4 轴构成完整的运动链。

下面将以一个典型操作流程为例，介绍机器人的入门使用，经过上电与连接、用户登录、状态检查等步骤后，再控制机器人移动。

1. 上电与连接

给控制柜上电，示教器显示连接界面，如图 1-50 所示。

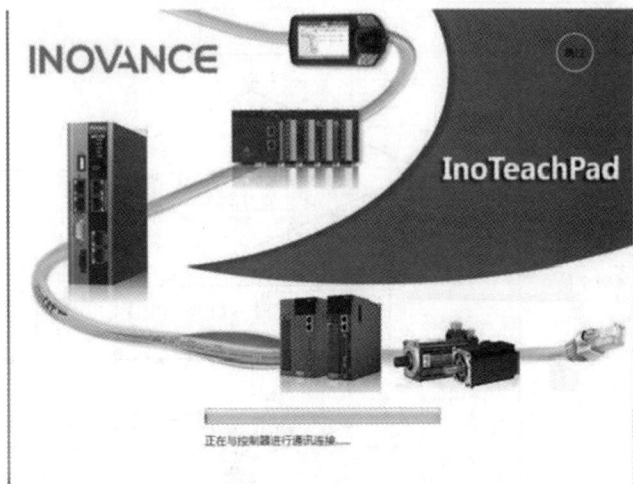

图 1-50　示教器显示连接界面

连接成功后，界面如图 1-51 所示。

对于手持示教器，默认的情形下，上电后稍等片刻，能自动连接成功。

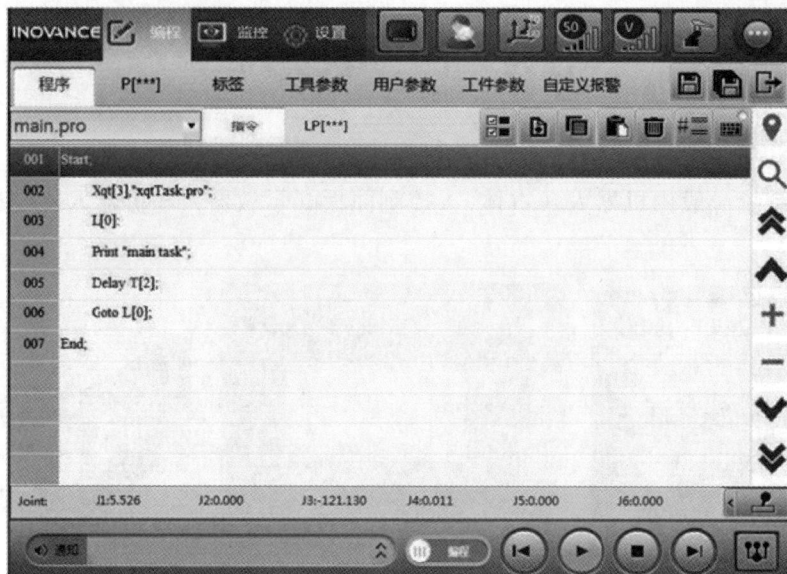

图 1-51　示教器连接成功界面

对于 PC 版本示教器，首次连接需要单击"跳过"按钮，转到"设置–通信设置"界面，然后输入 IP 地址再连接。启动示教软件后，会根据上一次的连接地址自动连接。

若长时间未能连接，根据界面显示的停留状态做处理，如表 1-2 所示。

表 1-2　状态处理表

停留状态	问题描述	处理方法
正在与控制器进行通信连接	网络连接失败	
其他状态	软件或硬件问题	联络厂家予以解决

注意：若当前工程为空，则连接后会显示文件列表界面，但依然可进行后续操作。

示教器如图 1-52 所示。

旋钮（手轮）：精确控制机器人运动。

显示屏：机器人示教器与客户交互的窗口，可进行编程、调试、监控等操作。

急停开关：机器人紧急停止按钮。

三位开关：用于使能机器人；弹起或者用力按下，机器人均不使能。

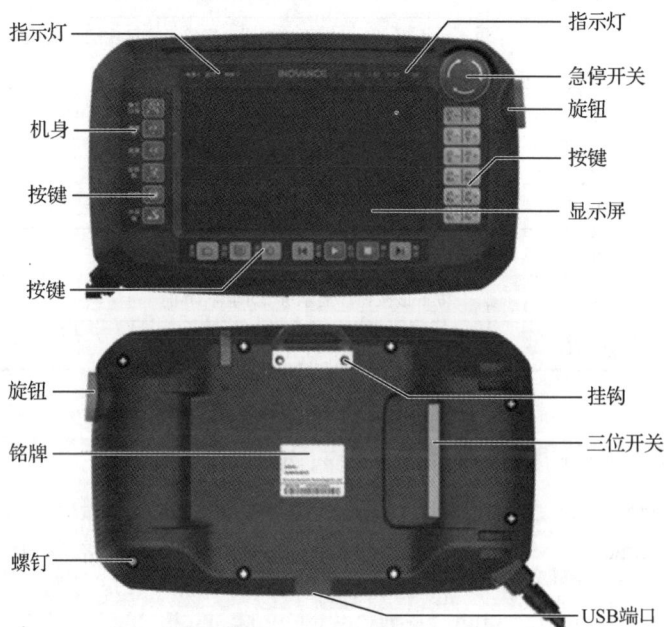

图 1-52　示教器

指示灯说明如表 1-3 所示。

表 1-3　指示灯说明

电源 ●	电源指示灯，通电正常时点亮
运行 ●	运行指示灯，处于再现模式时点亮
异常 ●	异常指示灯，出现报警时点亮
s1 ●　s2 ●　s3 ●　s4 ●	客户定制

按键功能如表 1-4 所示。

表 1-4　按键功能

按　键	按　键　名　称	按　键　功　能
>>	速度增	按下按钮，速度值增 1%，长时间按下按钮，速度持续上升
<<	速度减	按下按钮，速度值减 1%，长时间按下按钮，速度持续下降
🔧	模式切换	示教模式与再现模式切换

续表

按　　键	按 键 名 称	按 键 功 能
	外部轴切换	当机器人有外部运动轴时，控制轴切换至外部运动轴
	坐标系选择	进行坐标系的切换：关节坐标系、基坐标系、工具坐标系、用户坐标系
	一键回零	示教模式下，伺服电机被使能后，所有轴回到绝对零点
	启动	运行模式下，按下该按钮，机器人将再现运行所选程序；示教模式下，按下该按钮，机器人连续运行，松开按钮，机器人暂停运行
	前进	示教模式下，程序运行所选择行，光标跳转至下一行
	停止	机器人运行时，按下该按钮，机器人停止运行
	后退	示教模式下，程序运行所选择行，光标跳转至上一行
	主页	按下该按钮，显示屏显示编程/运行界面
	监控	按下该按钮，显示屏显示监控界面
	设置	按下该按钮，显示屏显示设置界面

2. 用户登录

用户通过单击右上角的 按钮可直接登录，如图 1-53 所示。

图 1-53　用户登录

使用者根据自身的角色，可选择模式并登录，模式选择如表 1-5 所示。

表 1-5　模式选择

模　　式	功　　能	初始默认密码
客户模式	面向生产线上的操作者。可以直接控制机器人运动和运行程序，允许控制 I/O 状态。	不需要密码

模　式	功　能	初始默认密码
编辑模式	面向示教编程者。比用户模式多了编辑程序功能，允许使用者进行示教编程，支持控制设备、机械锁定等权限	初始密码为 000000
管理模式	面向高级用户。除了上述操作权限外，还支持大多数系统的操作权限	初始密码为 000000
厂家模式	面向厂家的维护人员。拥有最高权限，支持升级、摇杆校准等操作	厂家保留

3．状态检查

连接成功后，请检查右上角的状态灯与下方的消息提示栏。只有当状态灯显示为待机或使能状态时，才表示正常。图 1-54 中左图所示表示正常，右图所示表示异常。

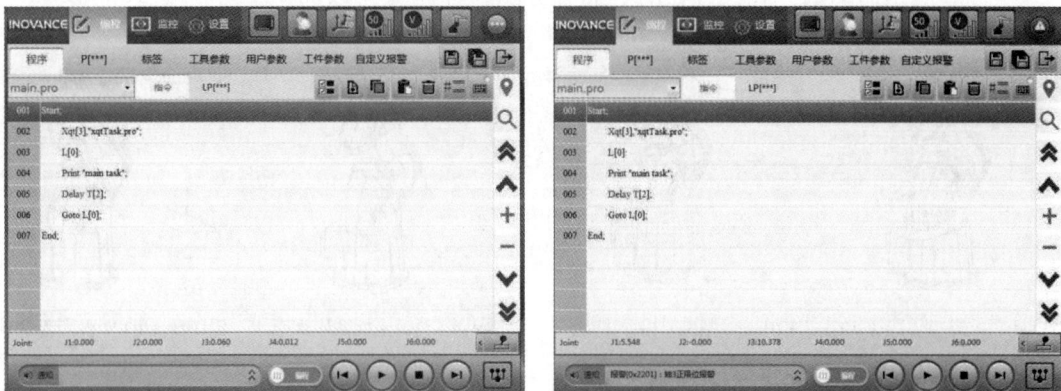

图 1-54　状态灯与消息提示栏

状态灯的含义及应对措施如表 1-6 所示。

表 1-6　状态灯的含义及应对措施

状　态　灯	含　义	应　对　措　施
	伺服使能：此时急停被松开，伺服被使能	/
	急停状态：急停按钮被按下，机器人不能运动	/
	待机状态：急停按钮被松开，伺服尚未使能	/
	报警状态：出现异常，需要用户立即处理	结合消息栏提示采取措施，再单击该按钮清除报警
	警告状态：出现异常，提示用户	结合消息栏提示，采取措施，再单击该按钮清除警告
	断线状态：网络连接断开，不能与控制器通信	转到"系统设置—通信设置"界面，输入 IP 重新连接

4．操纵机器人移动

设置坐标系和速度（或寸动）后，按住使能开关并保持，单击示教器面板对应的功能即可操纵机器人移动。

步骤一：选择坐标系。单击显示屏右上角按钮 ，可选择坐标系，如图 1-55 所示。

图 1-55　选择坐标系

坐标系决定运动的方式，有如图 1-56 所示几种坐标系可以选择。

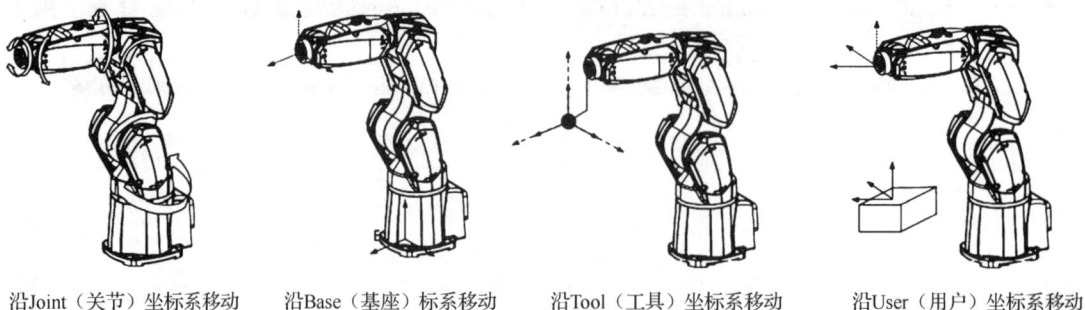

沿 Joint（关节）坐标系移动　　沿 Base（基座）标系移动　　沿 Tool（工具）坐标系移动　　沿 User（用户）坐标系移动

图 1-56　坐标系

步骤二：选择速度（或寸动）。

右上角工具栏有速度和寸动按钮 ，可用于调节。

速度设置有 5%、25%、50%、100% 这 4 个挡位，调节时也可通过示教器上的速度按钮进行微调。选择寸动模式时，机器人以步长衡量运动，每次只运动一步。寸动具有 G1、G2、G3、U 这 4 个挡位，如表 1-7 所示。

表 1-7　寸动设置表

G1	设置寸动值，关节步长为 0.05°，位置步长为 0.05mm，旋转步长为 0.05°
G2	设置寸动值，关节步长为 0.5°，位置步长为 0.5mm，旋转步长为 0.5°
G3	设置寸动值，关节步长为 2°，位置步长为 2mm，旋转步长为 2° 用户自定义寸动值
U	用户自定义寸动值 （也就是【设置】-【运动参数】-【示教参数设置】-【寸动】中的值）

注意：寸动模式下的移动，运动时的速度仍与速度设置值相关！

若是沿工具坐标系移动或是沿着用户坐标系移动，则需要注意当前使用的坐标系是否合适。

步骤三：使能并操纵机器人。

对于手持式示教器，需要按住使能开关不放才可保持使能状态。

对于 PC 版示教软件，单击使能开关，会保持使能状态。

在多数界面，右下角有一个控制机器人移动的手柄图形按钮，单击可弹出示教面板。

采用关节坐标系的示教面板如图 1-57 所示，采用基坐标系/工具坐标系/用户坐标系的示教面板如图 1-58 所示。

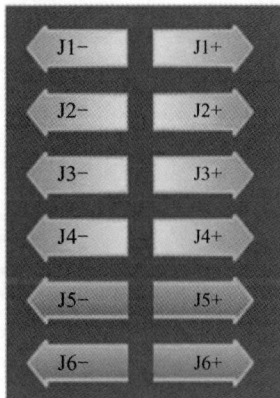

图 1-57　示教面板（1）　　　　图 1-58　示教面板（2）

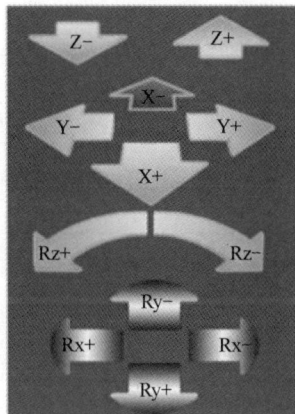

弹出示教面板后，即可控制机器人移动。对于 IRTP80 示教器，也可使用示教器上的物理按键。

5. 工程列表功能介绍

在工程界面，双击图标按钮进入工程列表窗口，如图 1-59 所示。工程按照名称进行排序。

图 1-59　工程界面

双击工程列表中某一工程可将该工程设置为当前激活工程。

工程按钮的作用如表 1-8 所示。

表 1-8　工程按钮的作用

图标	作用
	刷新工程列表，从控制器获取最新的工程信息
	新增一个工程，新增名称默认为 newproject，若 newproject 已存在，则新增名称默认为 newproject1
	重新命名一个工程
	复制一个工程
	粘贴一个工程
	删除一个工程
	从本地设备导入一个工程到控制器中（若使用的是手持示教器，则默认从 USB 口导入）。导入时选择扩展名为 prj 的文件进行导入，导入将把当前 prj 文件所在的整个文件夹作为工程导入控制器
	从控制器中将一个工程导出到本地设备（若使用的是手持示教器，则默认从示教器 USB 口导出）

特别注意：

● 工程名称的最大长度为 16 个字符，字母开头，由字母、数字及下画线构成。工程操作不支持拖曳功能。

● 当前激活工程不允许重命名、删除。

● 不允许用户直接使用 FTP 对程序文件或工程其他配置文件进行直接操作！

示教器主界面（如图 1-60 所示）功能介绍：

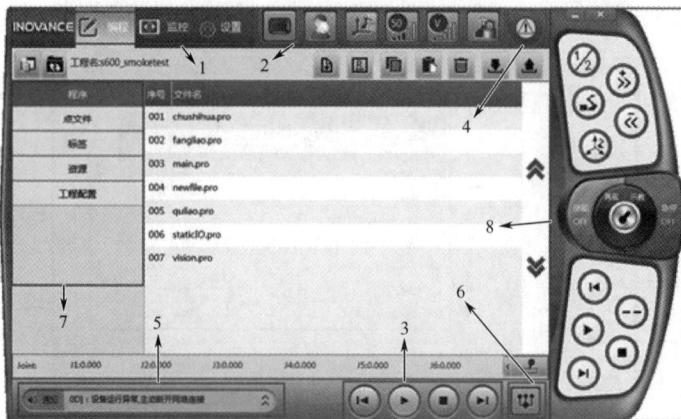

图 1-60　示教器主界面

示教软件启动并连接成功后，显示的主界面主要包括如下部分。

（1）面板切换栏。

通过面板切换栏可切换显示不同的操作面板，包括编程/运行面板、监控面板和设置面板。

（2）控制工具栏。

控制工具栏主要包括用户模式按钮、坐标系切换按钮、速度倍率/寸动选择按钮、轴组切换按钮。

控制工具栏按钮的作用如表 1-9 所示。

表 1-9　控制工具栏按钮的作用

控制权切换		切换机器人控制权限
用户模式按钮		客户模式
		编辑模式
		管理模式
		厂家模式
坐标系切换按钮		关节坐标系（TD 对应工具坐标系 0；uo 对应用户坐标系 0）
		基坐标系
		工具坐标系
		用户坐标系
速度倍率		按设定速度的 5%运行
		按设定速度的 25%运行
		按设定速度的 50%运行
		按设定速度的 100%运行
		返回速度调节倍率
		切换到寸动设置按钮

寸动选择按钮	G1	设置寸动值，关节步长为 0.05°，位置步长为 0.05mm，旋转步长为 0.05°
	G2	设置寸动值，关节步长为 0.5°，位置步长为 0.5mm，旋转步长为 0.5°
	G3	设置寸动值，关节步长为 2°，位置步长为 2mm，旋转步长为 2°
	U	用户自定义寸动值（也就是【设置】-【运动参数】-【示教参数设置】-【寸动】中的值）
轴组切换按钮		摇杆控制的轴组(X/Y/Z)
		摇杆控制的轴组(A/B/C)
		代表当前机器人工作于机械锁定模式

（3）运动控制栏。

运动控制栏的按钮用于控制程序的执行，包括启动/暂停、停止、单步前进、单步后退四个按钮。这些按钮在示教编程模式、示教调试模式和再现运行模式下使用效果不同。运动控制栏按钮的作用如表 1-10 所示。

表 1-10　运动控制栏按钮的作用

选 项 按 钮	选 项 功 能	示教编程模式	示教调试模式	再现运行模式
	单步后退	无效	无效	无效
	启动/暂停	无效	长按启动，松开停止连续运行程序（暂停）	单击启动
	停止	无效	终止运行	终止运行
	单步前进	无效	按下单步前进，松开停止	无效

停止后再启动的特性：在以下情况下停止后再启动，系统都会从当前语句开始运行程序；只有从示教编程模式切换到示教调试模式或从示教编程模式切换到再现运行模式时，系统才会返回起始行运行程序。

- 示教器拥有控制权，且系统处于再现运行模式。
- API 拥有控制权，且系统处于再现运行模式。
- 远程 I/O 设备拥有控制权。
- 远程 Modbus 通信设备拥有控制权。

（4）状态指示灯：

状态指示灯用于指示机器人当前所处的状态（包含伺服使能、待机、急停、报警和断线等），其含义如表 1-11 所示。

表 1-11　状态指示灯的含义

状 态 灯	含 义
	伺服使能：此时急停按钮被松开，伺服系统被使能
	急停：急停按钮被按下，机器人不能运动
	待机：急停按钮被松开，伺服系统尚未被使能
	报警：出现异常，需要用户立即处理
	警告：出现异常，提示用户
	断线：网络连接断开，不能与控制器通信

（5）消息窗口。

消息窗口能显示提示信息和报警信息。提示信息：提示用户某些操作的信息。例如，以客户模式进行 SD 卡格式化操作（SD 卡格式化需要管理者权限，高于客户权限），消息窗口会出现如图 1-61 所示的提示信息。

图 1-61　提示信息

报警信息：显示报警号和报警描述，如图 1-62 所示。出现报警信息时，用户可参照产品说明书中的说明解决。

图 1-62　报警信息

（6）任务调试器（如图 1-63 所示）。

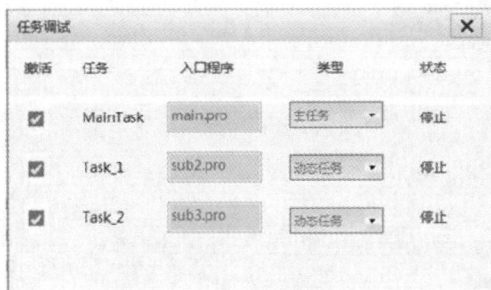

图 1-63　任务调试器

任务调节器的界面为模态界面，在此界面可激活/取消激活主任务和两个额外的任务，勾选任务对应的复选框后，操作立即生效，界面将实时显示任务的入口程序、类型、状态。

任务的状态主要包括以下几种（更多状态说明参见产品说明书）。

- 空闲：没有指定入口程序。
- 未激活：已指定入口程序，但是未启用。
- 运行：处于连续运行状态或再现运行状态。
- 单步：处于单步运行状态。
- 就绪：运行完成（只有非静态任务才有此状态）。
- 停止：停止运行。

激活/取消激活的条件：示教器拥有控制权，且系统处于非再现模式。

注意：当处于系统处于示教模式时，静态任务在任务被激活时就开始运行，取消激活时就停止。

（7）工程树列表。

在工程树列表中选择不同的选项，在界面右侧将出现该选项对应的列表信息（如图 1-64 所示），若双击右侧列表信息，可进入不同的详情展示界面；若双击程序，则会打开对应的程序；若双击点位，则会定位到点位列表；若双击不同的标签，则进入对应的标签列表（如图 1-65 所示）。

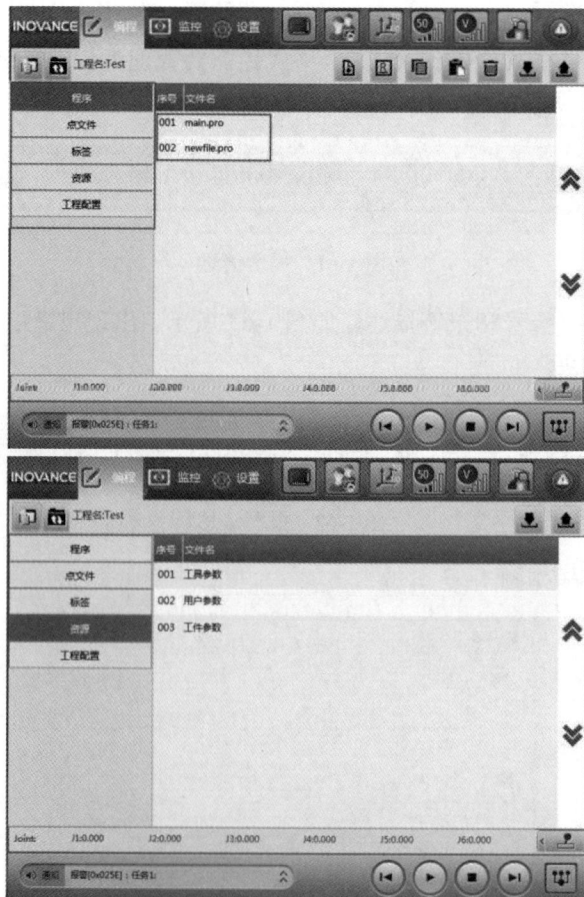

图 1-64　列表信息

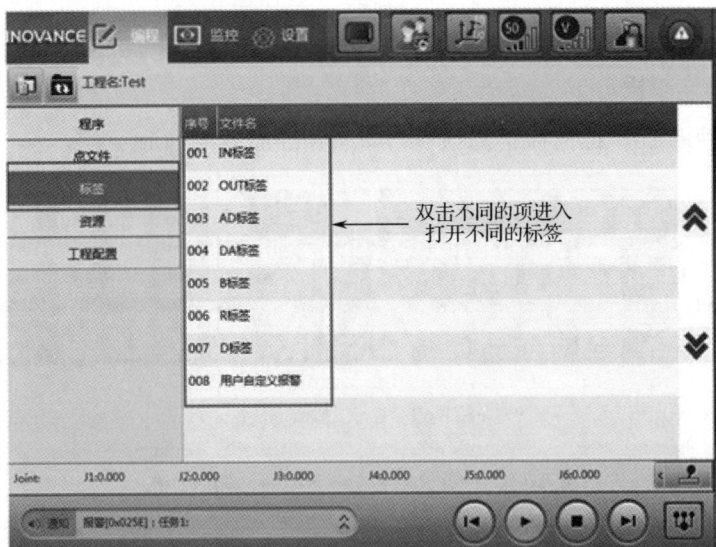

图 1-65 标签列表

6. 网络通信

Dobot 机器人控制系统可通过 Ethernet 接口与外部设备通信，该通信支持 TCP、UDP 和 Modbus 协议，默认 IP 地址为 192.168.5.1。在实际应用中，如果采用 TCP 或 UDP 协议，则 Dobot 机器人控制系统可作为客户端或服务端；如果采用 Modbus 协议，则 Dobot 机器人控制系统作为 Modbus 从站，外部设备作为 Modbus 主站。

用户可在"系统设置"→"通信设置"界面修改 IP 地址，如图 1-66 所示。其中，Dobot 机器人控制系统的 IP 地址必须与外部设备的 IP 地址在同一网段，且不冲突。

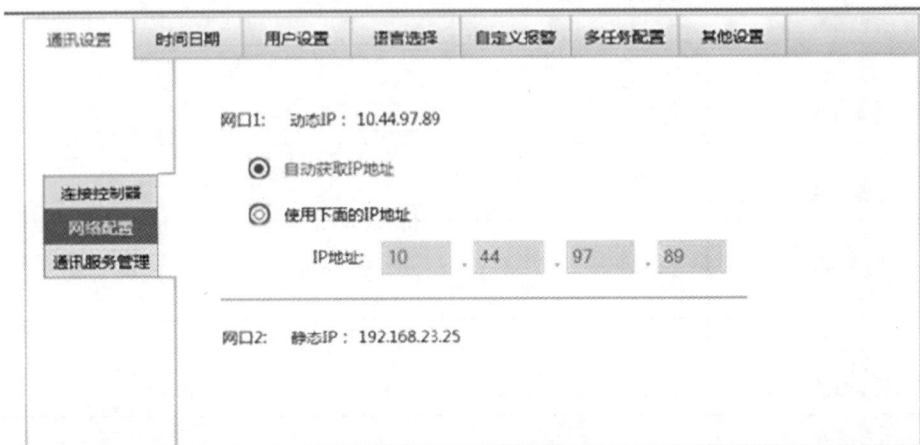

图 1-66 IP 地址的修改

注：修改完 IP 地址并保存后，应重启机器人系统。

1.3.2 CNC 的使用

1．CNC 操作面板

CNC 操作面板如图 1-67 所示，部分按钮的功能如表 1-12 所示。

图 1-67 CNC 操作面板

表 1-12 CNC 操作面板上部分按钮的功能

自动	自动方式
MDI	MDI 方式
手动	手动方式（JOG）
手轮	手轮方式
回参考点	返回参考点（回零）
程序跳段	程序跳段开关
机床锁住	机床锁住
空运行	空运行开关
复位	复位
手轮+1	手轮每格移动量为 0.001mm
手轮+10	手轮每格移动量为 0.01mm，快速移动倍率为 25%

2. CNC 显示屏

CNC 显示屏如图 1-68 所示。

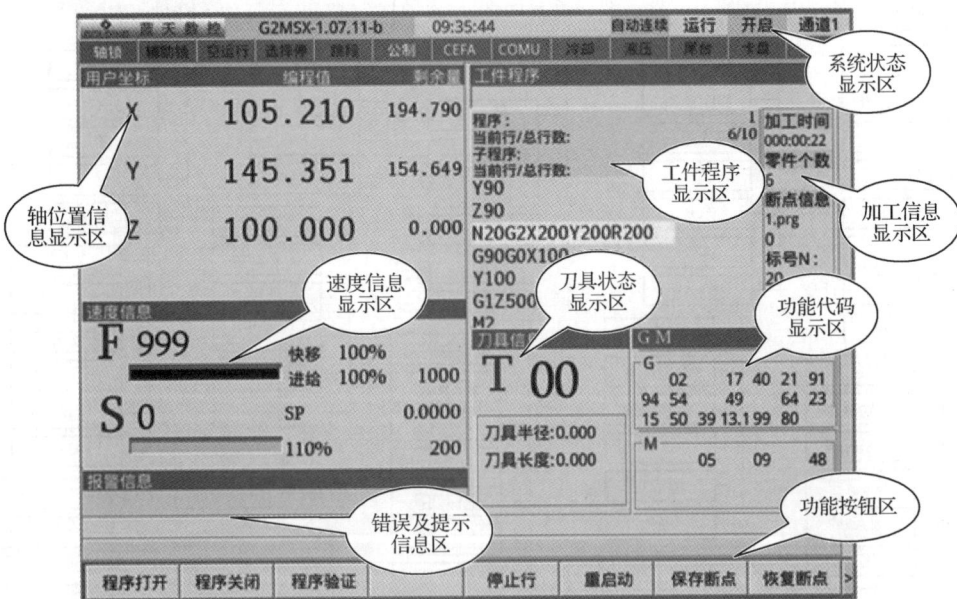

图 1-68　CNC 显示屏

CNC 显示屏各区介绍如表 1-13 所示。

表 1-13　CNC 显示屏各区介绍

轴位置信息显示区	实时显示轴的当前坐标、进给剩余量
功能代码显示区	显示当前的 G 代码、M 代码等
速度信息显示区	显示进给速度、主轴速度等
工件程序显示区	显示程序的运行状况
系统状态显示区	显示系统当前状态
错误及提示信息区	显示在操作以及加工过程中出现的错误或提示信息
功能按钮区	按钮与屏幕底下的功能键一一对应，提供各种功能操作
加工信息显示区	显示加工时间、已加工零件个数以及断点信息
刀具状态显示区	显示刀具半径、Z 向刀偏和 X 向刀偏

3. CNC 面板操作流程

CNC 面板操作流程如图 1-69 所示（图中空白部分为面板预留功能）。

4. CNC 轴回零

对于非绝对位置反馈的轴，将系统（控制机和机床）的电源关掉，再重新给系统上电时，必须将轴回零。

轴回零的步骤：

（1）单击 CNC 操作面板上的"回零"，屏幕显示如图 1-70 所示。

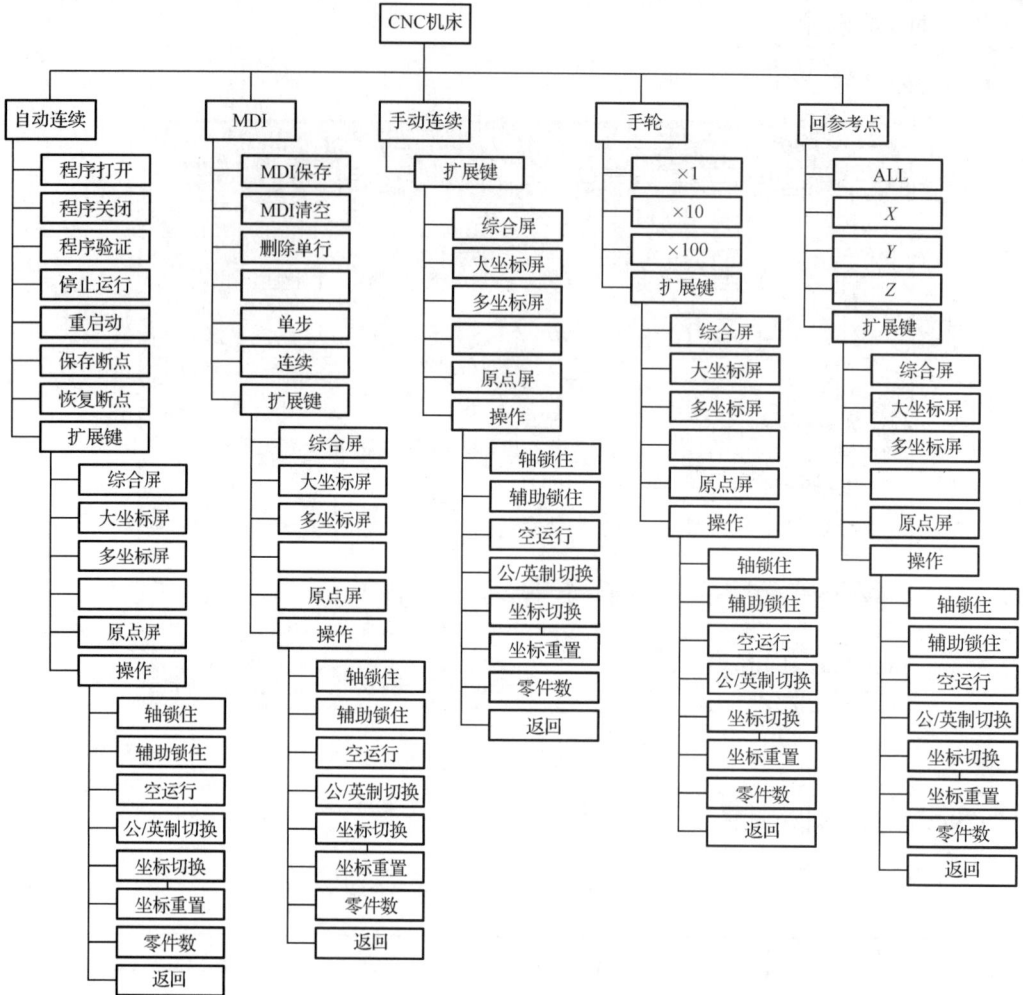

图 1-69　CNC 面板操作流程

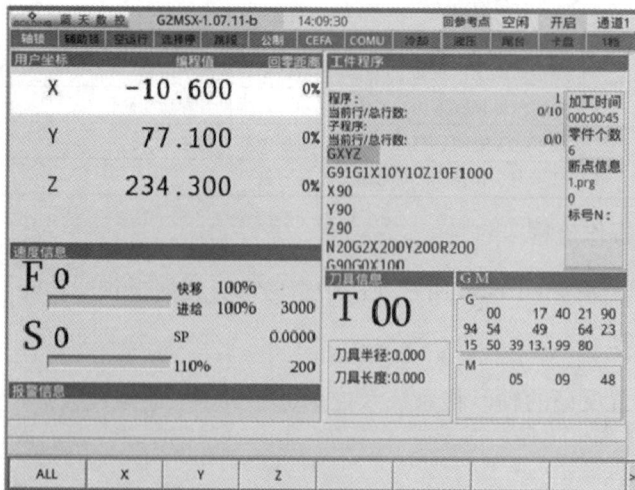

图 1-70　轴回零（1）

（2）单击要回零的轴的相应按钮。

（3）回零完成后屏幕如图 1-71 所示（已回零的轴后面有已回零标志）。

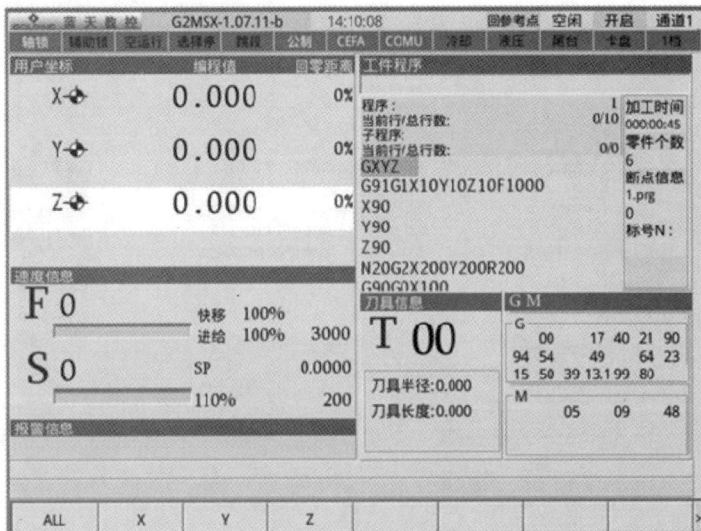

图 1-71　轴回零（2）

5. CNC 自动运行的步骤

（1）单击 CNC 操作面板上的自动运行按钮，系统即进入自动运行方式，屏幕如图 1-72 所示。

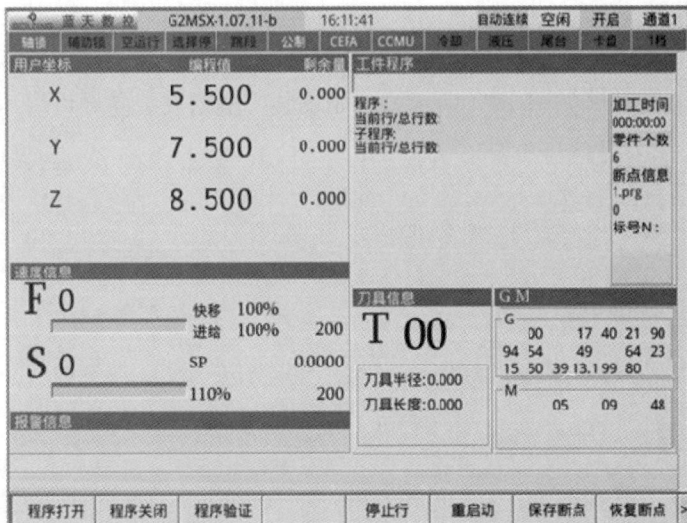

图 1-72　CNC 的自动运行（1）

（2）单击"F1"按钮进入程序选择窗口，如图 1-73 所示。

（3）用箭头按钮将焦点移到程序名称上，并单击"打开"按钮，所选的程序文件内容将显示在屏幕上。

（4）单击"确认"按钮，系统将自动运行程序，循环启动指示灯闪亮；当前执行的程序行被高亮显示。当自动运行结束时，循环启动指示灯熄灭。

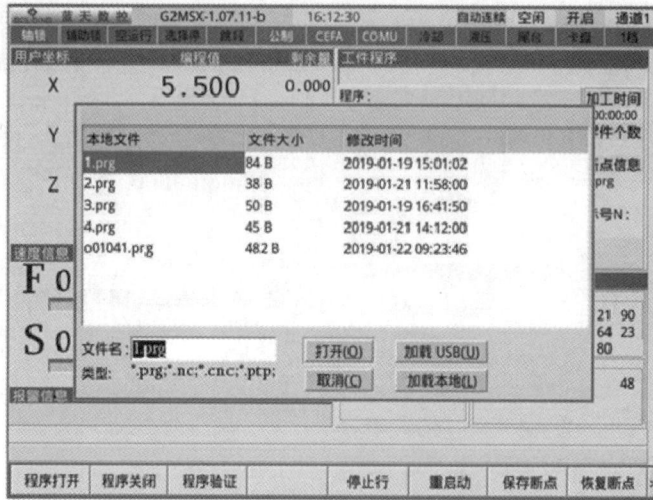

图 1-73　CNC 的自动运行（2）

6．CNC 操作流程

设备上电后，按下复位按钮，待确认没有错误后进行回零，显示屏显示回零界面时，单击各轴回零按钮。

注：CNC 回零，需要各轴单独回零，否则报错。

1.3.3　触摸屏 HMI 的使用

（1）双击安装文件（如图 1-74 所示）开始安装，根据安装向导可快速安装。

图 1-74　安装文件

（2）安装完成之后，启动软件，单击"文件"，选择"新建工程"，新建一个工程，如图 1-75 所示。

图 1-75 新建工程

（3）在弹出的界面中给工程命名，指定存储路径并确认后，系统弹出如图 1-76 所示界面，在"HMI 设备型号"处选择"FE6156"，单击"下一步"按钮，填写 HMI 的 IP 地址和子网掩码。

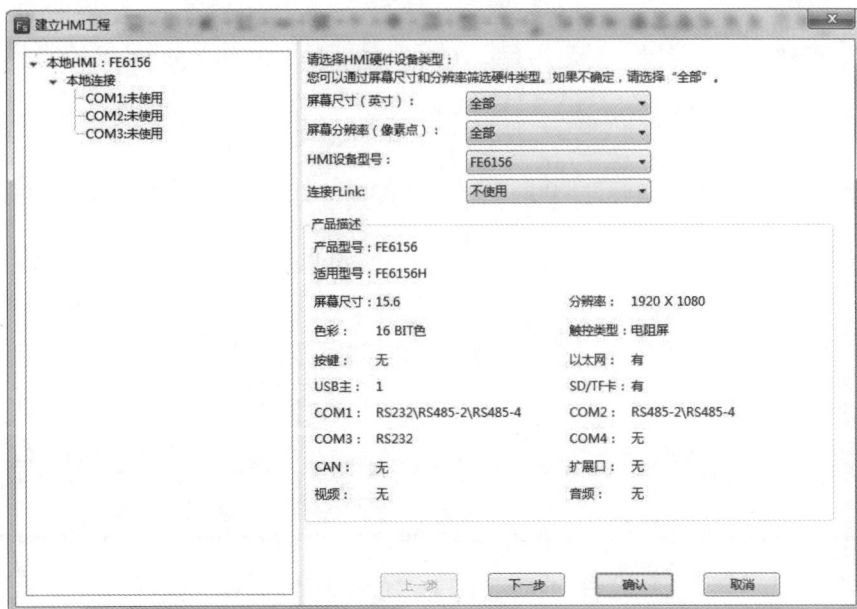

图 1-76 填写 HMI 的 IP 地址和子网掩码

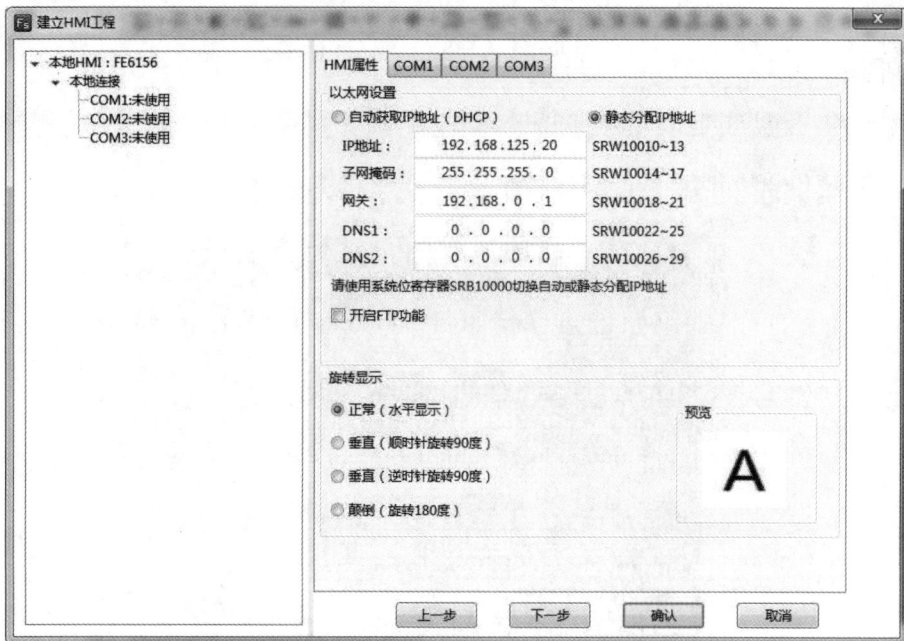

图 1-76 填写 HMI 的 IP 地址和子网掩码（续）

（4）单击"下一步"按钮，配置与 HMI 通信的 PLC 的 IP 地址，单击"新增"按钮，在弹出的界面中设置 PLC 的 IP 地址、制造商和设备类型，如图 1-77 所示。

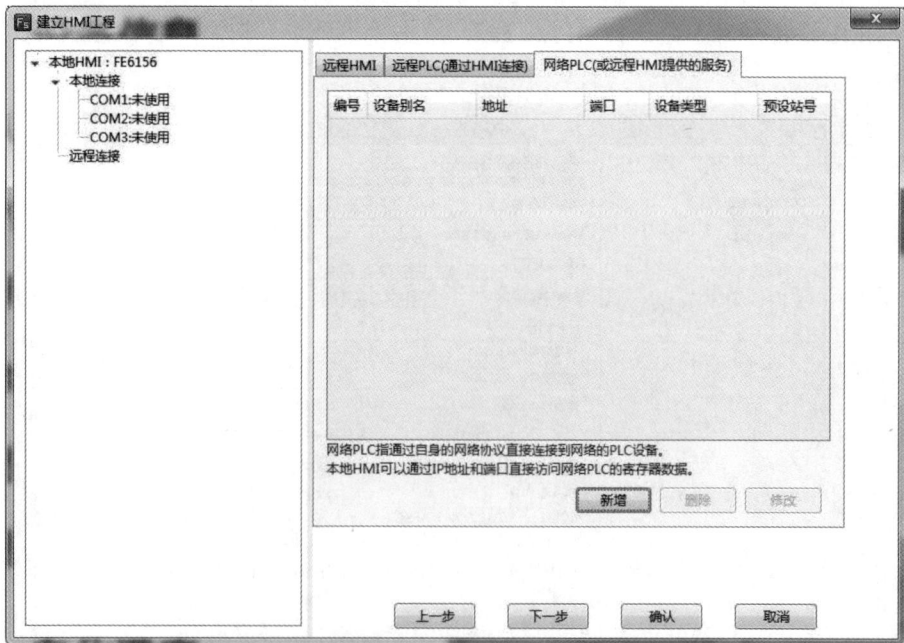

图 1-77 配置 PLC 的 IP 地址

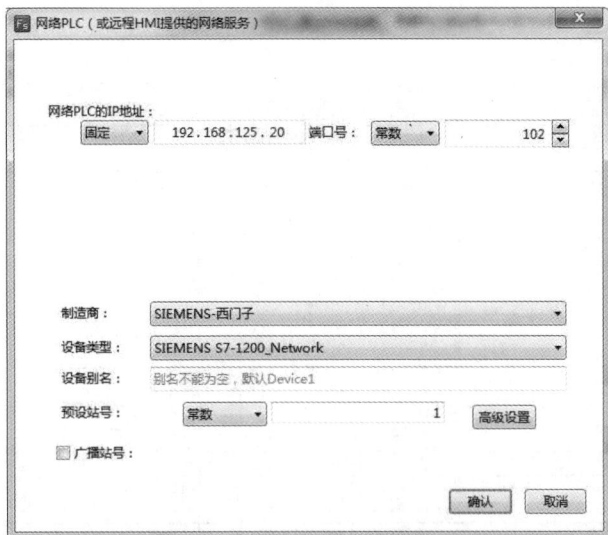

图 1-77　配置 PLC 的 IP 地址（续）

（5）新建工程之后，就可以在工程编辑界面对工程进行编辑，如图 1-78 所示。

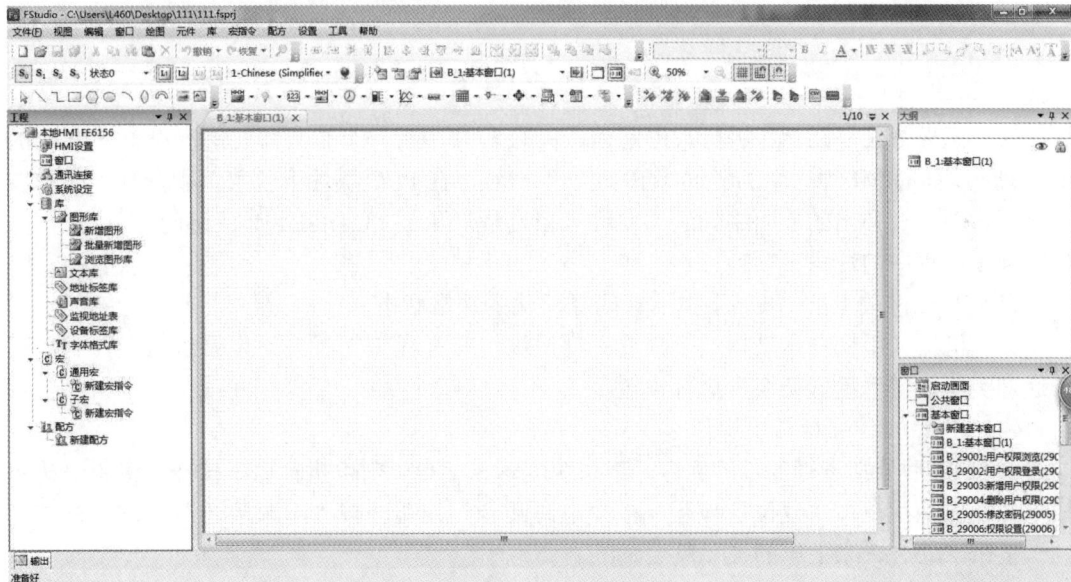

图 1-78　工程编辑界面

（6）建立与 PLC 通信的相关变量的地址标签库，设定变量类型和地址，如图 1-79 所示。

（7）新建基本窗口，在新建的窗口中添加按钮、指示灯、文本框等控件，并给控件关联相应的变量，设置好之后，保存工程。

（8）设定 HMI 本体的 IP，在给 HMI 通电的同时，在弹出的界面中修改系统 IP 地址，使之与工程中设置的 IP 地址一致。断电重启之后，就可以下载工程到 HMI 中了。

图 1-79 参数设置

（9）想要 PLC 与 HMI 进行数据通信，PLC 程序中有一个参数需要进行设置，PLC 的 IP 地址必须与 HMI 程序中的"远端 IP 地址"一致，在 PLC 属性下拉菜单中选择"防护与安全"选项，在弹出的界面中勾选"允许来自远程对象的 PUT/GET 通信访问"。

操作过程中的注意事项：

（1）PLC 网关上的"Run"指示灯闪烁，此为正常状态。

（2）机器人手柄在示教模式下需要手动操纵，在远程 I/O 模式下由系统自动控制，可以通过实体按键"模式切换"进行设置。

（3）CNC 操作面板常用操作：

① 开机后分别进行各轴的回零，若系统提示未上电，则可执行以下操作：将急停按钮按下并释放两次→按"复位"按钮→按"电源断开"按钮→按"电源接通"按钮→按"复位"按钮。此时，未上电的提示就会消失。

② 如果系统提示超程，可切换到手动模式，把出现异常的轴移动到正常位置，再按"复位"按钮。

③ 完成上述步骤后，选择"自动"模式，系统就可以开始工作了（如果操作在数控加工这一步因故中断了，那么故障排除后，在不和其他机构发生干涉的情况下，按"循环启动"按钮，可以让系统继续工作）。

（4）通过触摸屏进入手动控制界面，输入密码（默认为 888888 或 000000），可检查气缸，并进行相应的复位操作（注：零件推出遇到困难时，可以尝试通过调节气阀或向外扳动黑色三角铁来解决）。

（5）机器人手爪的开合：从管理模式切换到示教模式，依次选择"监控"→"I/O 监控"

→"OUT";通过按下使能按钮 14、15 进行控制。

（6）机器人在任意位置回零：在确保不会发生干涉的前提下，在编程模式下单击"编程"按钮（从调试模式切换过来），依次选择"P【***】"→"P【001】"→"GO"，按下使能按钮，再长按"执行运动"按钮即可。

项目2 适配 PLC 的数据采集与上云

推进、发展具有"中国特色"的工业互联网教育需要比较和分析各种模式的异同及路径差异，这不仅需要培养立足中国特色、服务制造业高质量发展国家战略的中国工程人才，更需要培养具有国际视野的跨界人才。工业互联网实施与运维实训平台以汽车装配的模拟产线为教学案例，通过工业互联网系统平台实现工业现场数据采集、数据监控管理、数据上云、算法建模、边缘计算以及工业 APP 的开发与发布。硬件平台可模拟汽车生产线装配环境，完成原材料出库、车身模拟加工、整车装配、组装检测、成品入库等工艺过程，为工业互联网实施与运维提供数据支撑。

任务 2.1 适配 PLC 网关配置

根据项目需求可知，触摸屏的数据来源于 PLC。温度、湿度数据可以通过 PLC 采集传感器数据获得，也可通过触摸屏获得；合格产品的数量可以通过 PLC 采集物料检测传感器数据获取；开机时长和生产线运行速度通过 PLC 获取；CNC 机床三轴坐标可以通过采集 CNC 数据获取。为了保证数据采集的稳定、可靠，本项目采用三个网关分别采集 PLC、CNC、触摸屏的相关数据。经过现场调研发现，PLC 支持 S7 协议，CNC 支持 ModBus 协议，触摸屏支持 OPC 协议，因此，在网关设备选型时，应考虑采用支持 S7 协议、ModBus 协议、OPC 协议的网关。

2.1.1 通信方式的配置

网关管理软件 XEdge 可实现远程监控及下载、数据读写、故障报警、视频监控和历史数据记录等功能。其界面主要有 8 个区域，分别为标题栏区域、功能区域、用户信息区域、搜索区域、分类列表区域、设备列表区域、设置管理区域和内容显示区域。

06-2.1.1 通信方式的配置

（1）启动 XEdge，进入登录界面，如图 2-1 所示。

图 2-1 登录界面

（2）根据 3 号考试平台的信息表，找到 XEdge 的账号和密码，如图 2-2 所示（注：每个平台都有自己的信息表），进入登录界面进行系统登录。

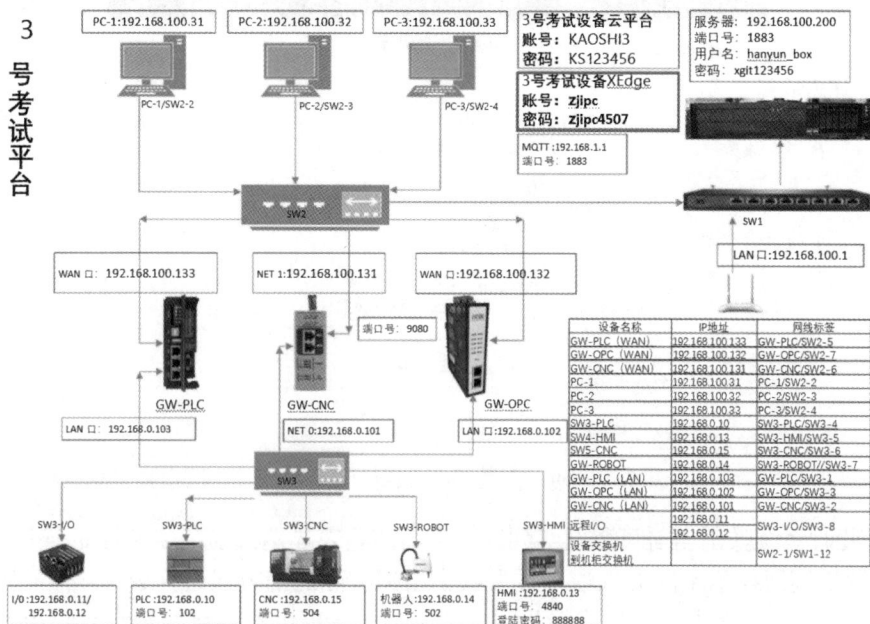

图 2-2　机床信息表

（3）进入 XEdge 主界面后，单击右侧设置按钮 ⚙，在下拉列表中选择"配置工具"命令，如图 2-3 所示。

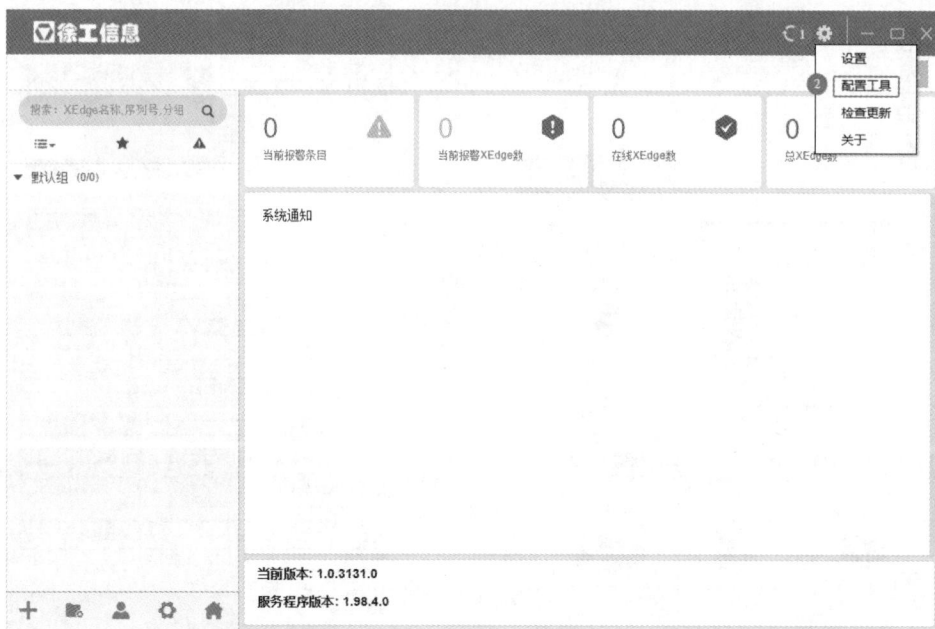

图 2-3　配置工具

（4）接下来使软件与机床建立联系。将设备型号设为"标准型"，将通信方式设为"以太网"，单击"扫描"按钮，如图 2-4 所示。

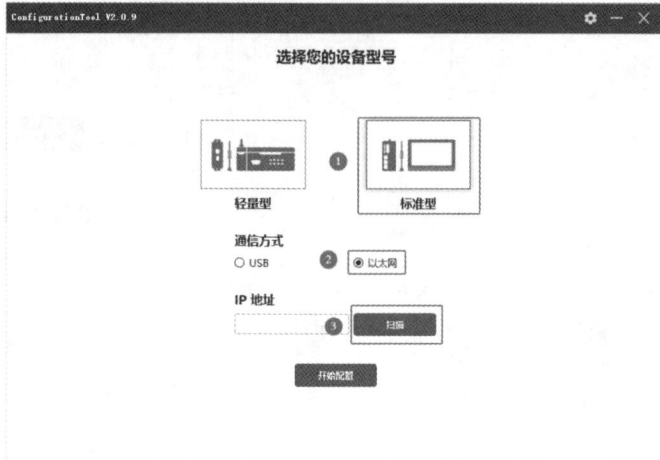

图 2-4　单击"扫描"按钮

（5）此时系统弹出当前可用网卡列表，上面的列表显示当前 PC 可用的连接方式（根据 PC 配置不同而显示不同的选项），需要我们根据实际通信方式进行选择，本例中选择"以太网"。在下面的列表中选择待连接的网关盒子，以方框中的条目为例：354220050069 为网关 SN 号；SN 号后面显示"WAN"代表网线直连时所使用的硬件接口是 WAN 口；显示"LAN"代表网线直连时所使用的硬件接口是 LAN 口；192.168.100.133 为网关地址。单击"确定"按钮，如图 2-5、图 2-6 所示。

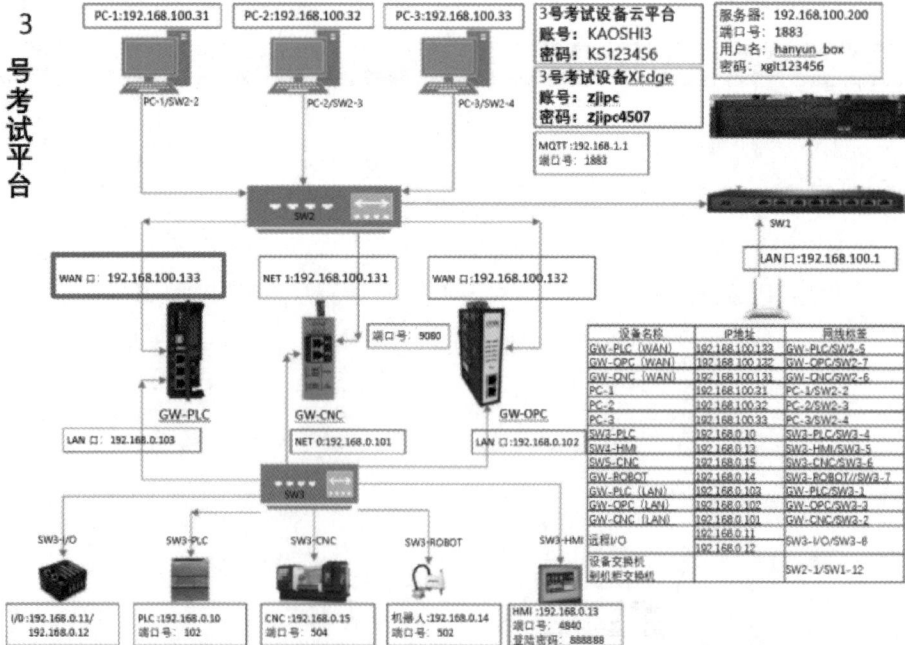

图 2-5　3 号考试平台网关地址

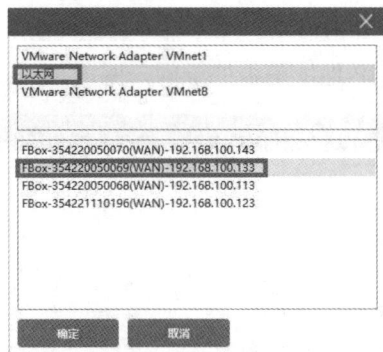

图 2-6　选择对应的网关地址

（6）使软件与机床建立连接，单击"开始配置"按钮，如图 2-7 所示。

图 2-7　开始配置

（7）设置 XEdge 上网方式，选择"设备状态"选项，单击"读取"按钮，如图 2-8 所示。

图 2-8　读取设备状态

（8）正常情况下，系统会弹出提示界面，显示读取成功，如图 2-9 所示。如果读取失败，请检查 PC 与网关盒子的 IP 地址是否处于同一网段。

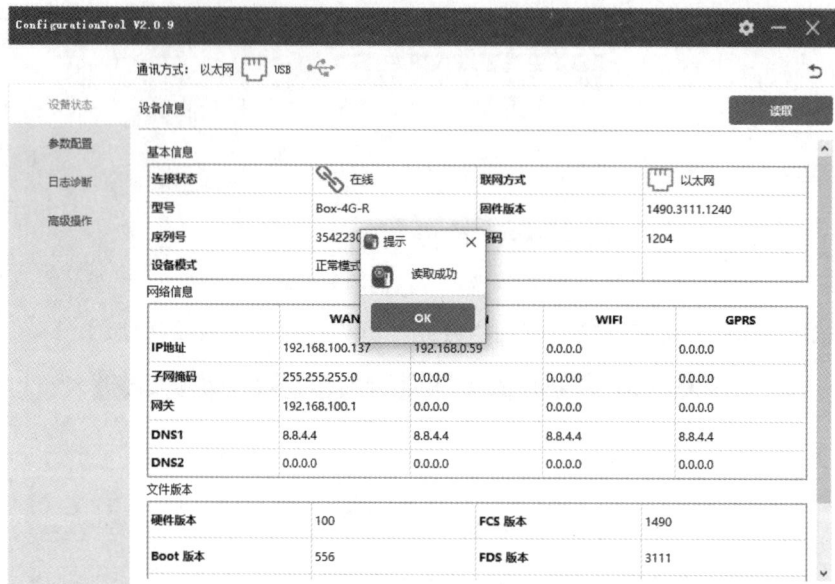

图 2-9　读取成功

（9）选择"参数配置"，选中"静态 IP 地址"单选选项，单击"读取"按钮（注意确保 IP 地址正确），如图 2-10 所示。

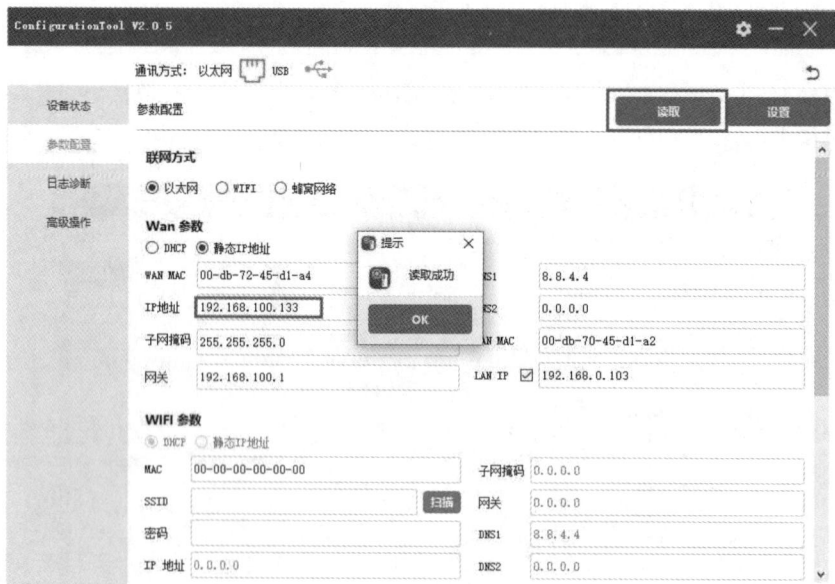

图 2-10　读取参数配置

联网方式一共有 3 种，分别为"WIFI""以太网""蜂窝网络"。WIFI：网关通过连接无线 WIFI 进入外网；以太网：网关通过网线直连的方式进入外网；蜂窝网络：网关通过设备安装的 SIM 卡，使用对应运营商的无线网络进入外网。

2.1.2 PLC 网关的关联

07-2.1.2 PLC
网关的关联

通过汉云网关管理软件（XEdge）完成对 Hanyun_Box_PLC 网关的配置后，需要对网关进行关联才能使用。具体设置时，根据项目使用的实际设备信息进行填写即可，操作步骤如下。

（1）启动 XEdge 软件，单击左下角的 ╋ 按钮，在弹出的列表中选择"添加 XEdge"命令，如图 2-11 所示。

图 2-11 添加网关

（2）在 XEdge 中添加网关盒子信息。根据机床 PLC 标签上的序列号和密码（如图 2-12 所示）录入网关序列号、密码、别名，并选择分组，信息确认无误后，单击"确定"按钮，如图 2-13 所示。

图 2-12 PLC 标签上的信息

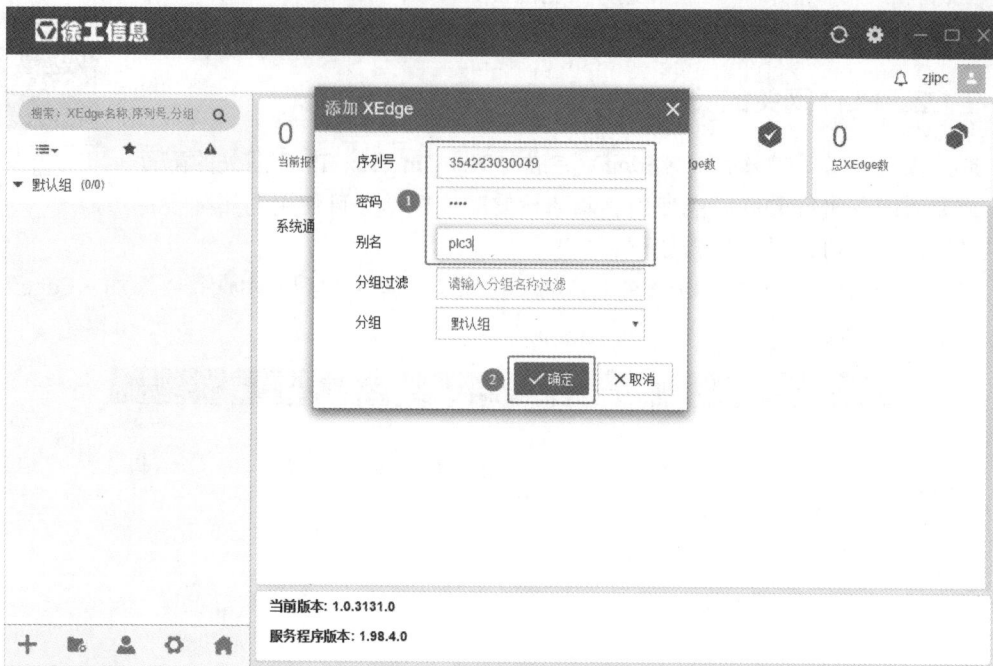

图 2-13　信息对应填入

（3）网关添加完成后，等待 10~20s 左右，网关会转为在线状态，如图 2-14 所示。

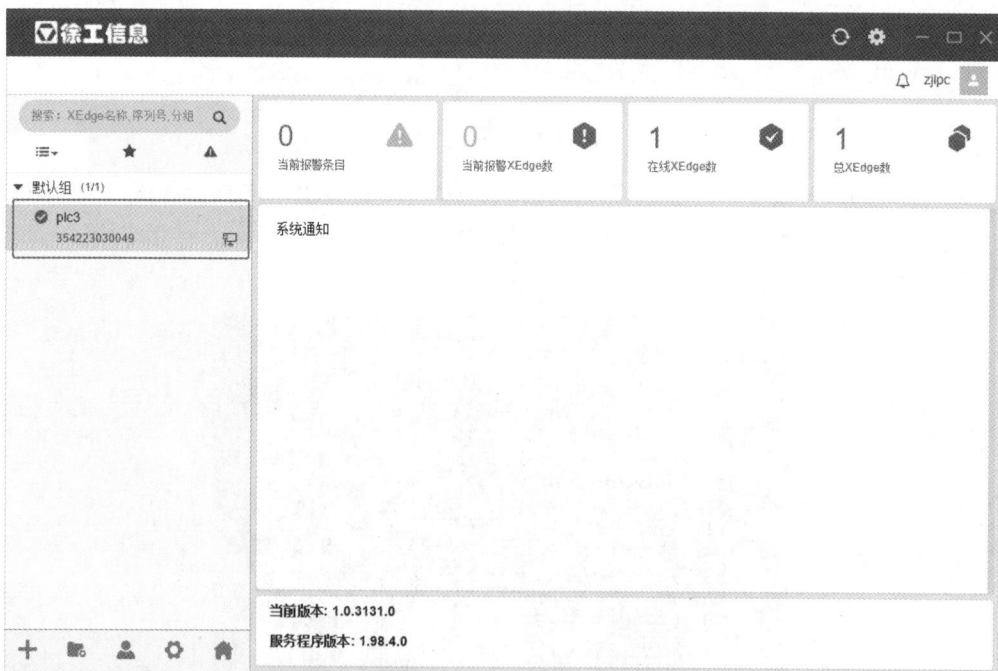

图 2-14　成功添加网关关联

网关名称前面的状态图标含义如表 2-1 所示。

表 2-1　状态图标含义

状 态 图 标	含　义
✅	在线
➖	离线
🚫	网关盒子设备编码没有在服务器注册，服务器不能识别
⬇	网关盒子正在下发数据
↗	网关盒子有分享者
✂	网关盒子处于可分享状态
📹	网关盒子绑定了摄像头
🖥	网关盒子上网方式是"以太网"
📶	网关盒子上网方式是"WIFI"

任务 2.2　适配 PLC 的网关数据采集

2.2.1　PLC 网关设备的配置

08-2.2.1 PLC 网关设备的配置

（1）选择带配置功能的网关盒子。此处以默认分组下的 plc3 为例。选择 plc3 网关盒子，再选择"远程下载"，单击"设备管理"按钮，如图 2-15 所示。

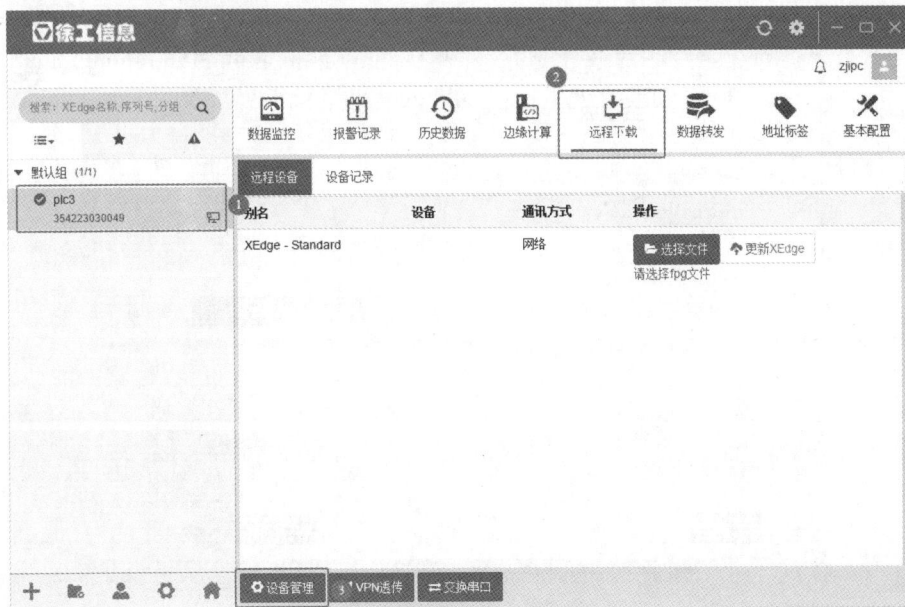

图 2-15　进入设备管理

（2）在打开的"设备管理"界面中选择"网络 PLC"选项，单击"新增"按钮，进行 PLC 的添加，如图 2-16 所示。

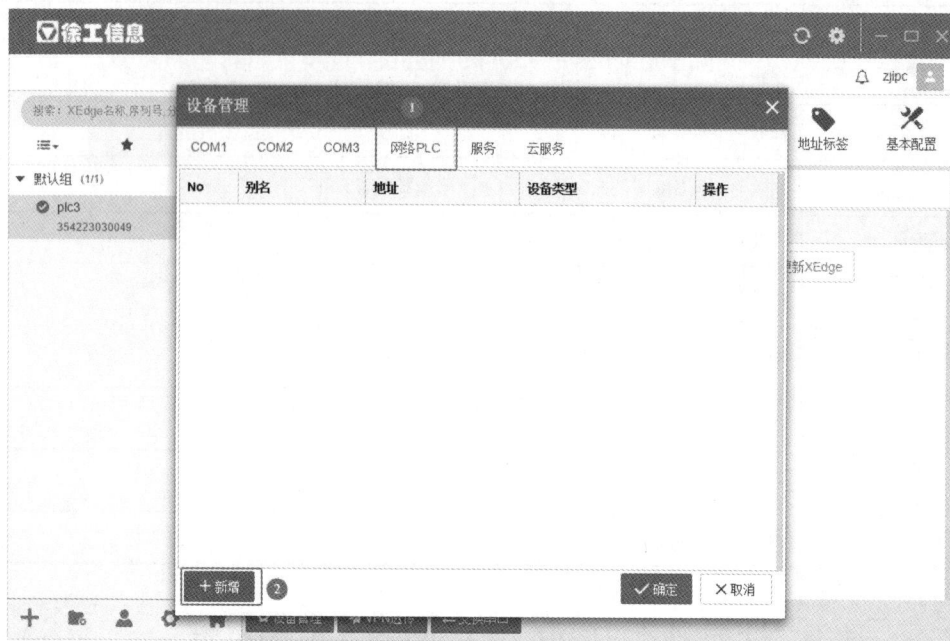

图 2-16　新增设备

（3）将"制造商"设为"SIEMENS"，如图 2-17 所示。

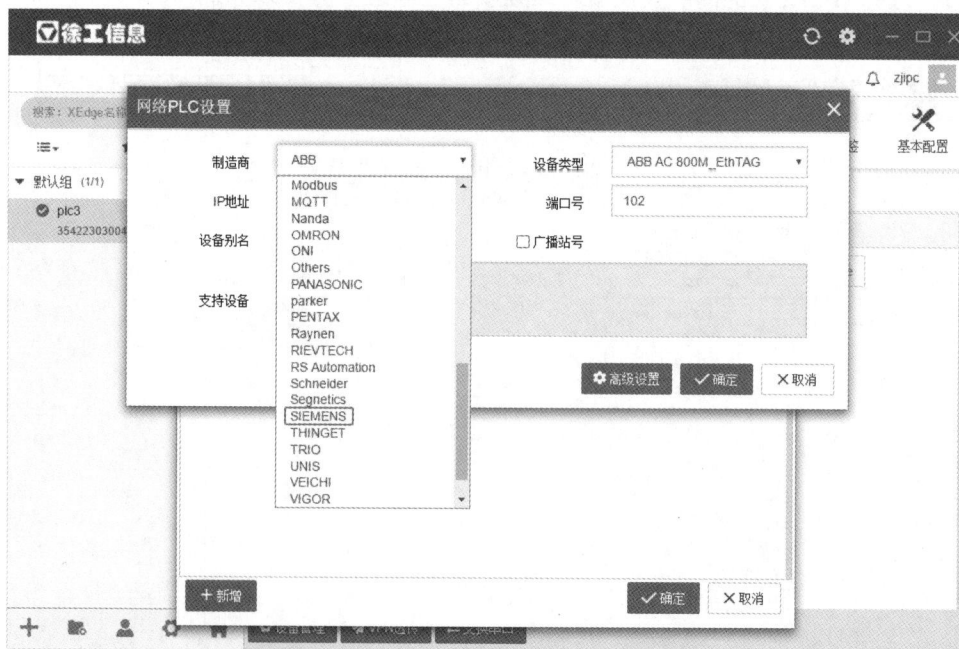

图 2-17　选择制造商

（4）"设备类型"采用默认选项"SIEMENS S7-1200_Network"，根据机床的信息表（如图 2-18 所示）填入 IP 地址及端口号，如图 2-19 所示。

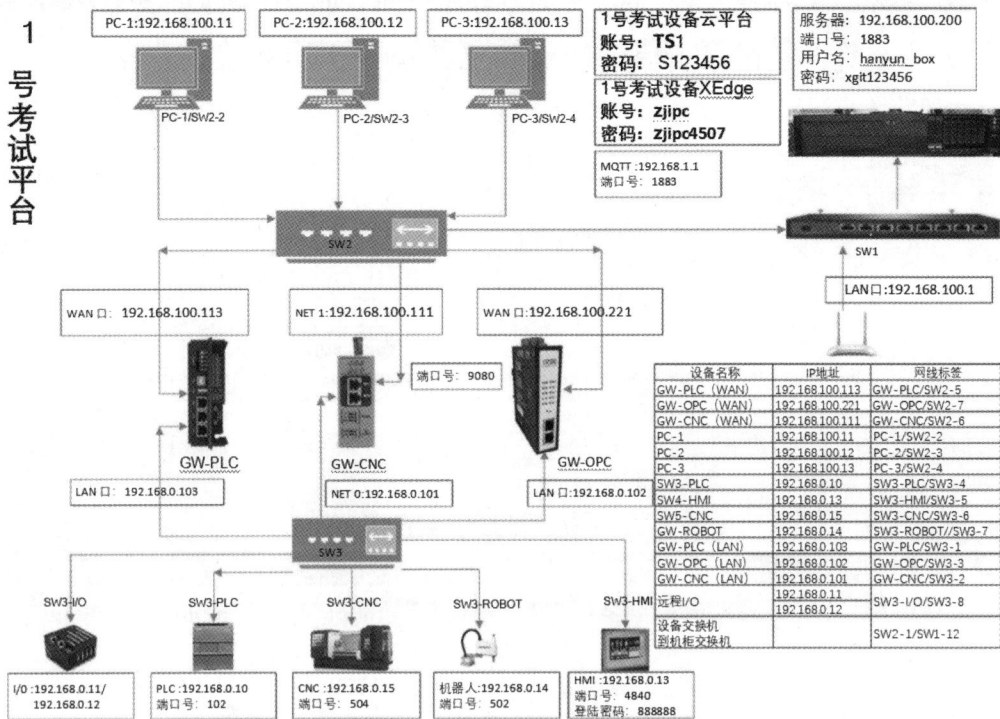

图 2-18 机床的信息表

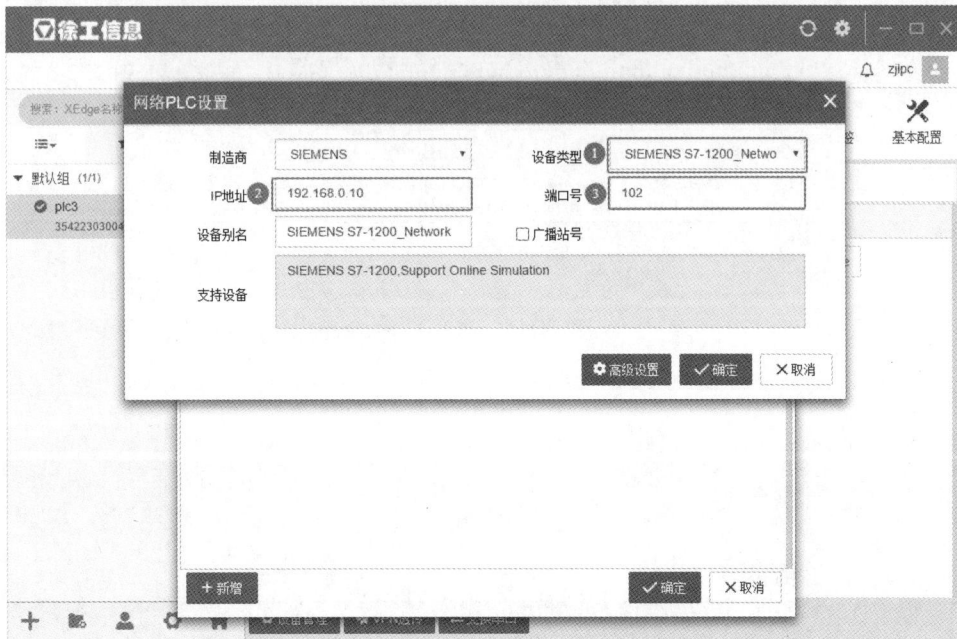

图 2-19 填入 IP 地址及端口号

（5）在确认填入的各项信息无误后，单击"确定"按钮，如图2-20所示。

图 2-20　完成添加

（6）若添加成功，则界面如图2-21所示。

图 2-21　添加成功

（7）继续新增 MQTT 设备，设置"制造商"为"MQTT"，如图 2-22 所示。

图 2-22　设置"制造商"为"MQTT"

（8）将"设备类型"设为"FEMQTT_Standard"，如图 2-23 所示。

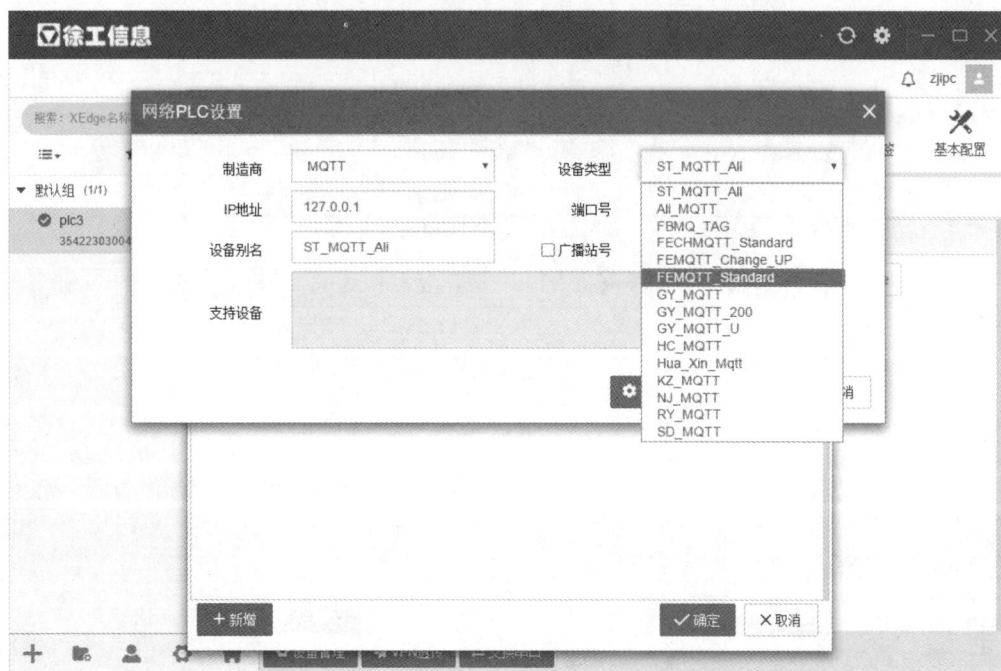

图 2-23　将"设备类型"设为"FEMQTT_Standard"

（9）其他信息采用默认设置，单击"确定"按钮，如图 2-24 所示。

图 2-24　完成添加

（10）正常情况下，完成上述操作后，显示两项都添加成功，如图 2-25 所示。

图 2-25　添加的两项设备

2.2.2　添加监控点

（1）选择待配置的网关盒子。此处以默认分组下的 plc3 为例。选择
plc3 网关盒子，再选择"数据监控"，单击"新建监控"按钮，如图 2-26
所示。

09-2.2.2 添加监控点

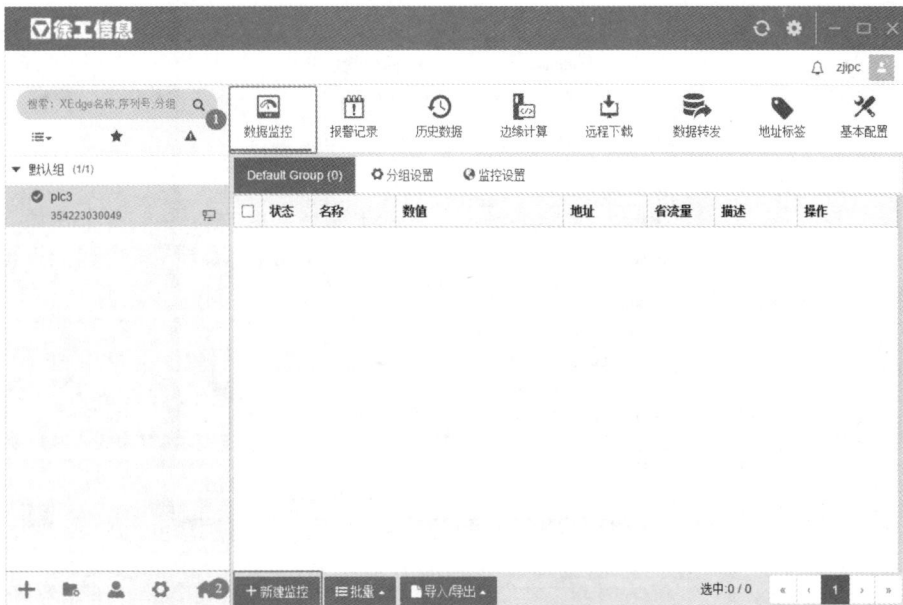

图 2-26　单击"新增监控"按钮

（2）新建监控数据，这里以监控工作温度为例（注意："名称"一栏必须用英文，这里
我们填写 Temp），将"数据类型"设为"单精度浮点"，如图 2-27 所示。

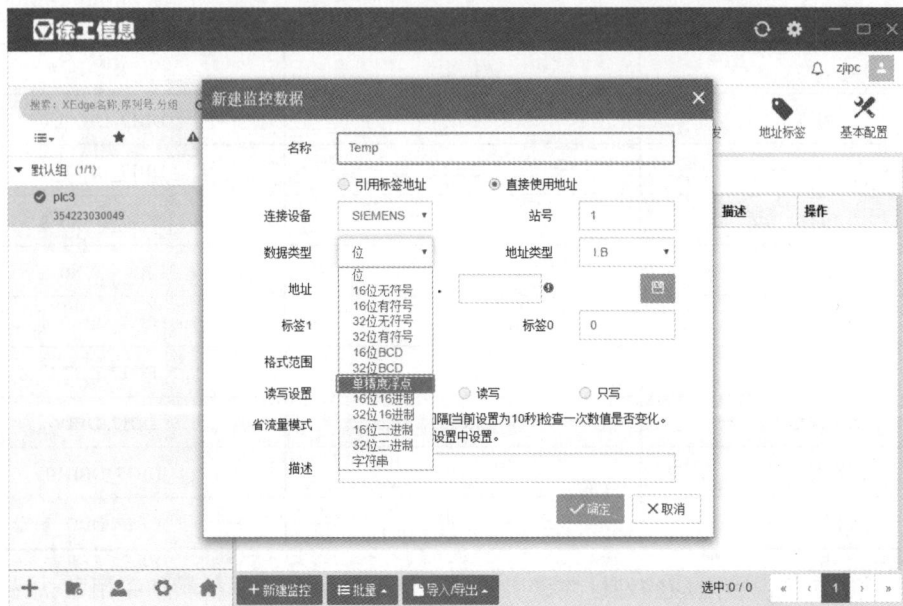

图 2-27　设置名称和数据类型

（3）将"地址类型"设为"DBn.DBD"，如图 2-28 所示。

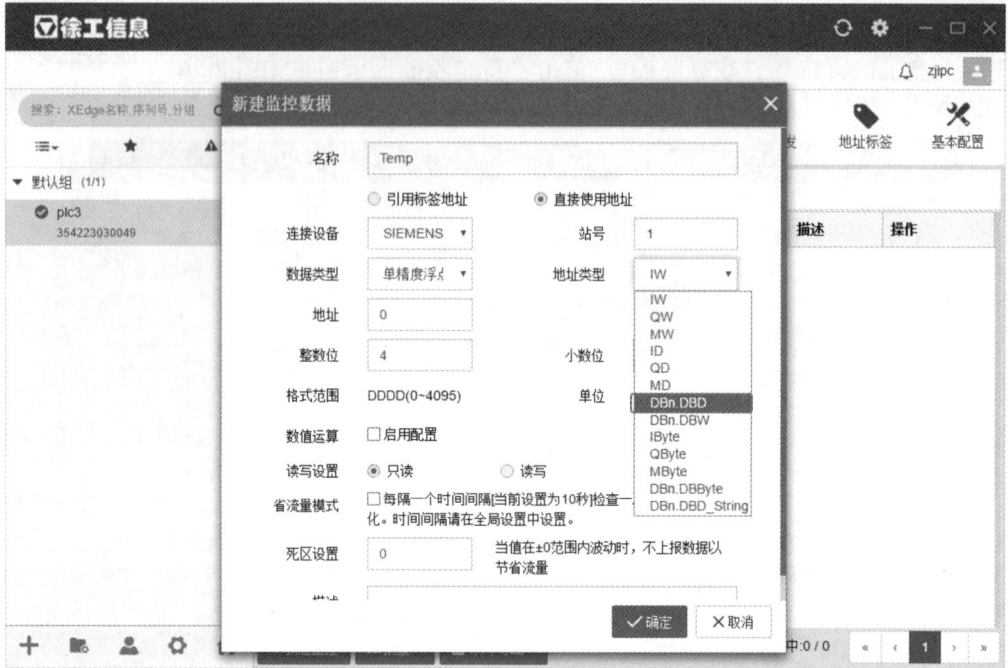

图 2-28　选择地址类型

（4）根据 PLC 点位表，找到工作温度的信息。PLC 点位表如表 2-2 所示。

表 2-2　PLC 点位表

PLC 点位表		
名称	数据类型	偏移量
启动	Bool	DB17_DBX0_0
停止	Bool	DB17_DBX0_1
复位	Bool	DB17_DBX0_2
急停	Bool	DB17_DBX0_3
真空检测	Bool	DB17_DBX0_4
在线时长/h	Real	DB17_DBD2
工作温度/℃	Real	DB17_DBD6
工作湿度/%	Real	DB17_DBD10
高度检测值/mm	Real	DB17_DBD14

（5）填入工作温度对应的地址块索引"17"和地址"6"，其他数值采用默认设置，单击"确定"按钮，如图 2-29 所示。

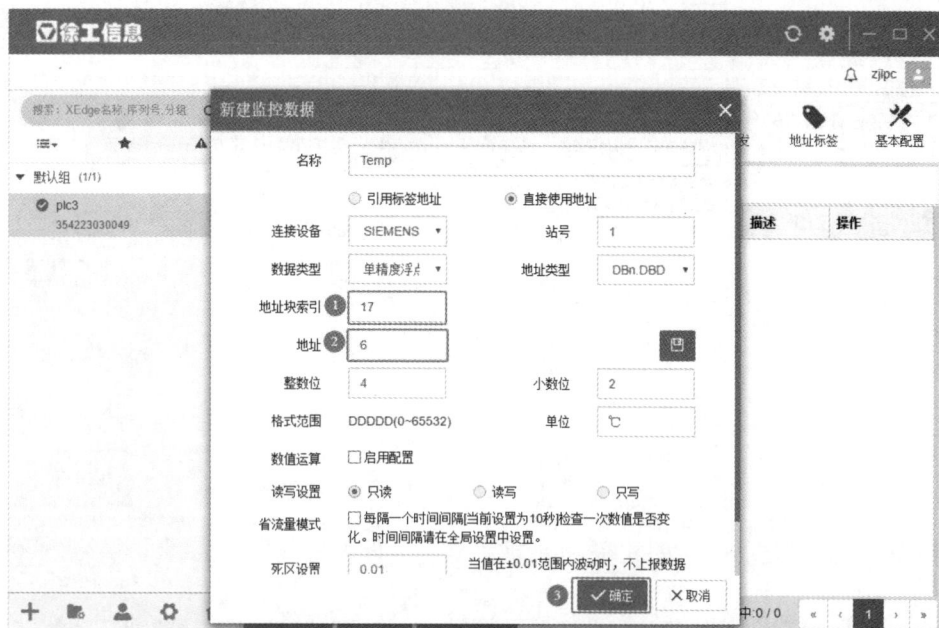

图 2-29　填入地址块索引和地址

（6）监控数据添加完成后，界面将显示监控数据的状态，如图 2-30 所示。绿色表示监控数据运行正常，红色表示监控数据超时。

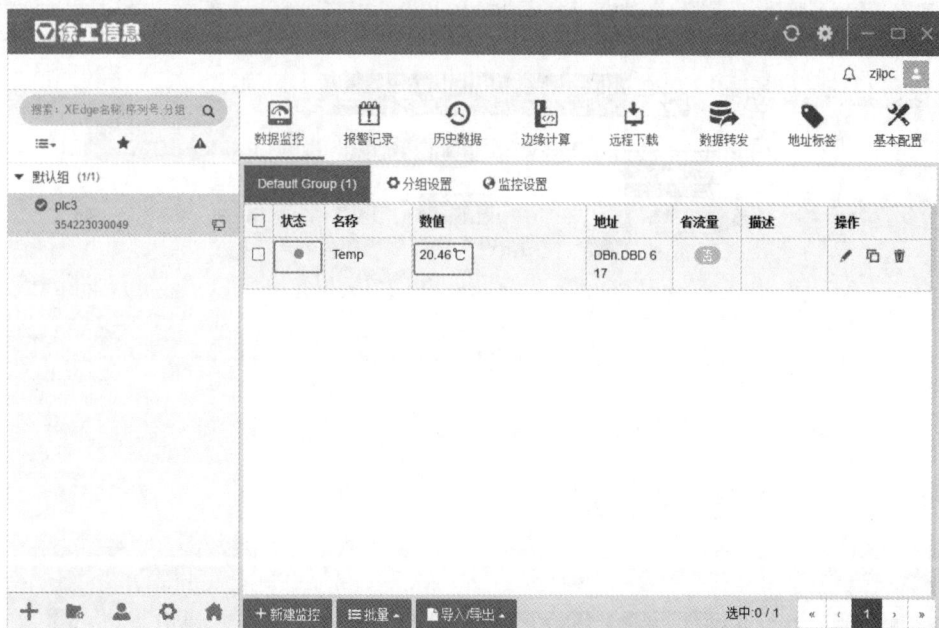

图 2-30　监控数据添加完成后的界面

（7）除了进行单个监控数据的创建，也可以批量导入监控数据。在"数据监控"界面中，单击"导入/导出"按钮，在弹出的菜单中选择"导入 CSV"命令，如图 2-31 所示。

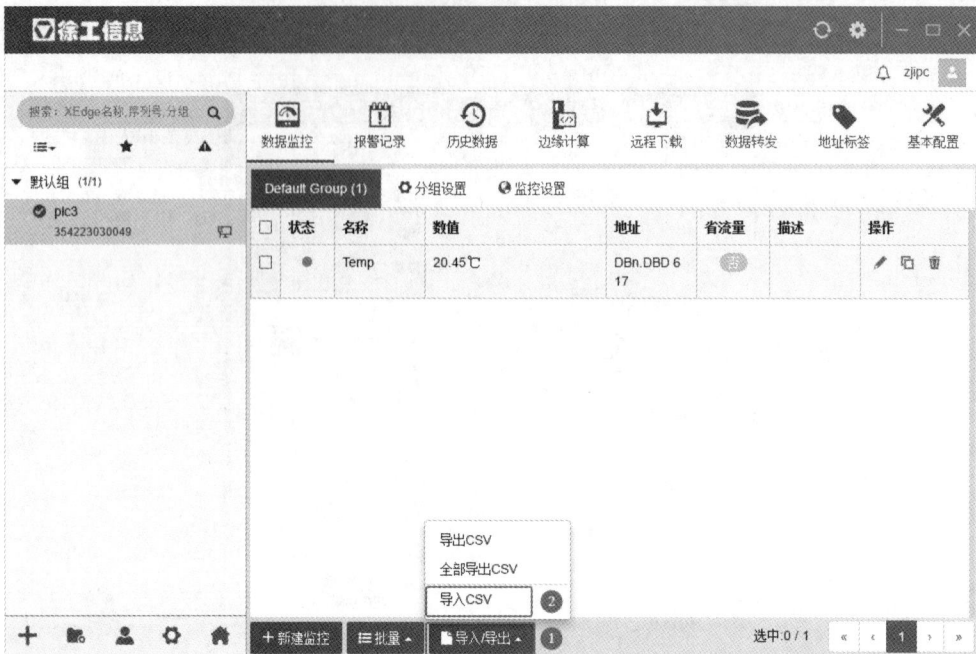

图 2-31　导入 CSV

（8）在弹出的"导入 CSV 文件"界面中，单击"选择文件"按钮，如图 2-32 所示。

图 2-32　选择文件

（9）在"打开文件"界面中选择需要导入的数据点位表，单击"打开"按钮，如图 2-33
所示。

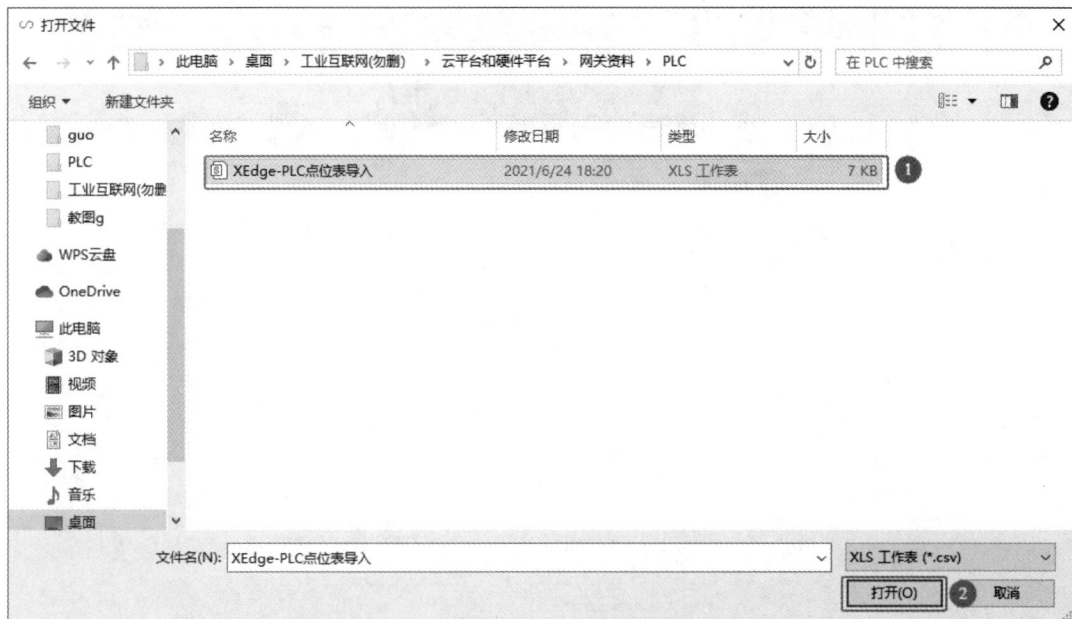

图 2-33 选择点位表

（10）返回"导入 CSV 文件"界面，单击"确定"按钮，如图 2-34 所示。

图 2-34 确认导入文件

（11）批量导入完成后，会弹出系统提示，如图 2-35 所示，根据提示内容，查看导入的点位（监控数据），确认无误后单击"确定"按钮，返回上一级。

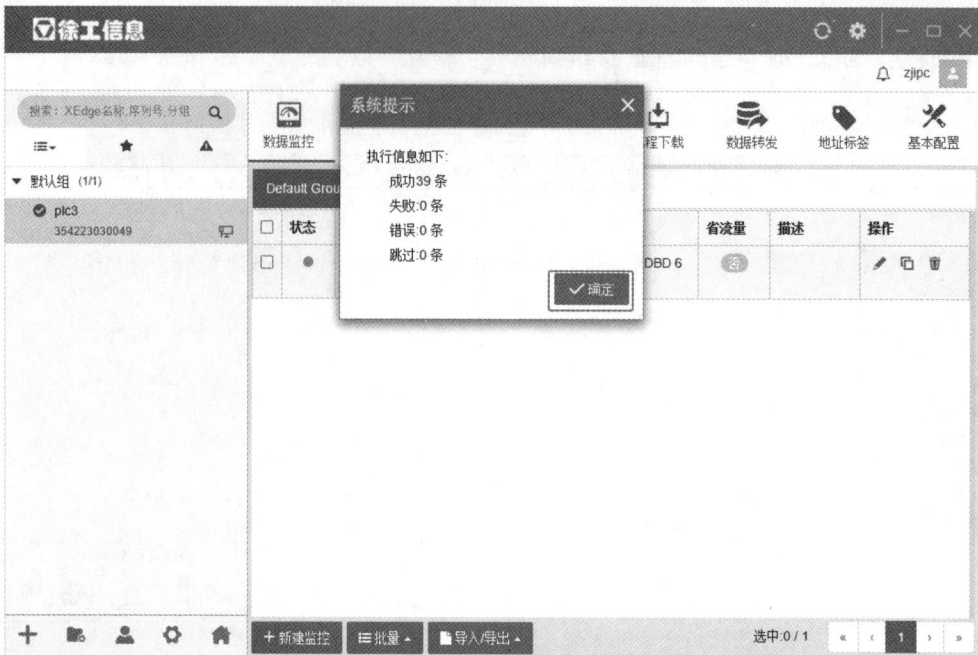

图 2-35　系统提示

（12）导入完成后，"数据监控"界面中会出现相应的监控数据，如图 2-36 所示。

图 2-36　相应点位

（13）添加监控。填入名称，此处以"connect"为例，设置"连接设备"为"FEMQTT_Standard"，如图 2-37 所示。

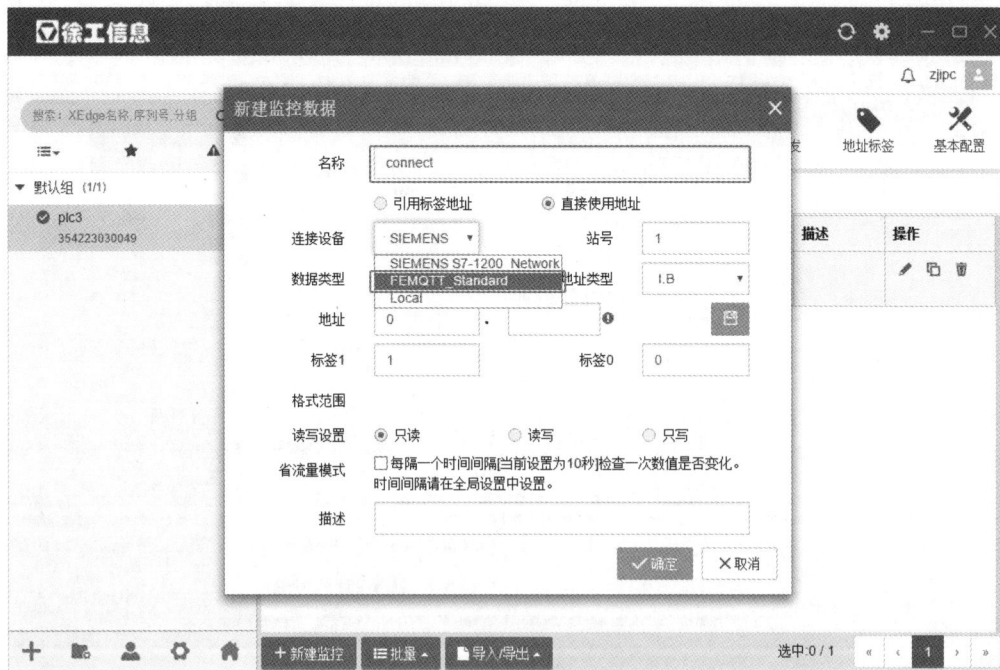

图 2-37　添加监控

（14）设置"数据类型"为"16 位无符号"，如图 2-38 所示。

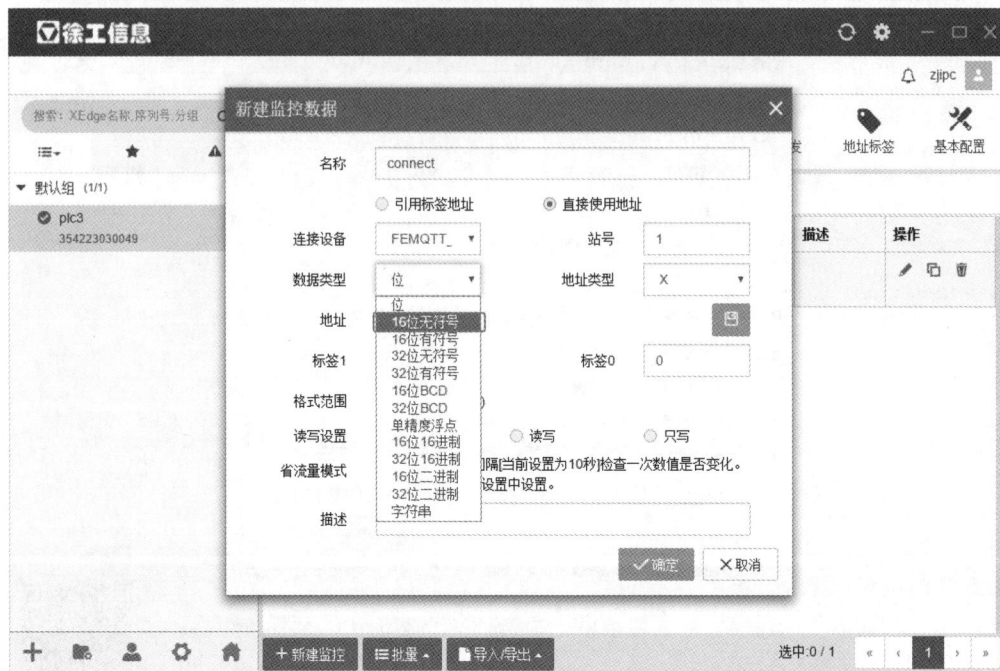

图 2-38　设置数据类型

（15）设置"地址类型"为"mqtt_connect"，如图 2-39 所示。

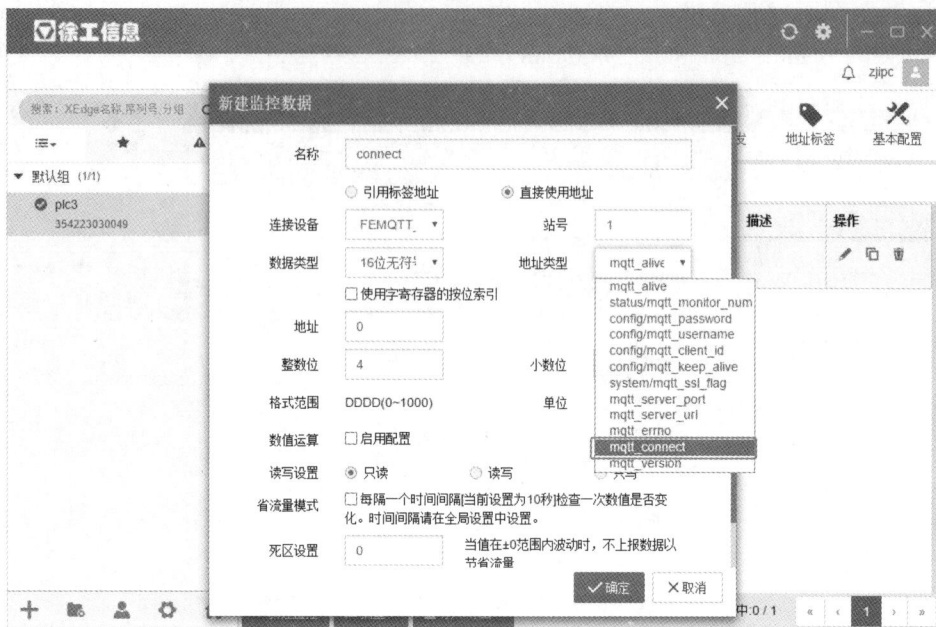

图 2-39 设置地址类型

（16）其他数值采用默认设置，单击"确定"按钮，如图 2-40 所示。

图 2-40 完成设置后的界面

2.2.3 云服务配置

10-2.2.3 云服务配置

（1）选择带配置功能的网关盒子。此处以默认分组下的 plc3 为例。选择 plc3 网关盒子，在"报警记录"界面中单击"报警登记"标签页，单击"新建报警"按钮，如图 2-41 所示。

图 2-41 单击"新建报警"按钮

（2）在"新建报警记录"页面，将"名称"设为"MQTT"，将"连接设备"设为"FECHMQTT"（图中显示不全，下同），将"数据类型"设为"16 位无符号"，将"地址类型"设为"mqtt_connect"，确认信息后，单击"确定"按钮，如图 2-42 所示。

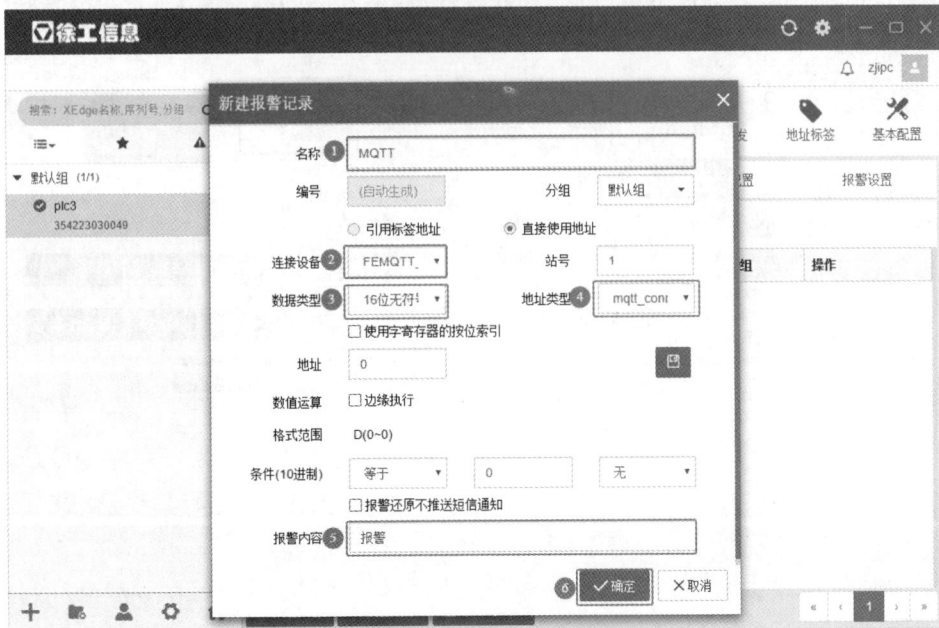

图 2-42 设置报警记录

（3）系统显示添加报警记录成功，如图 2-43 所示。

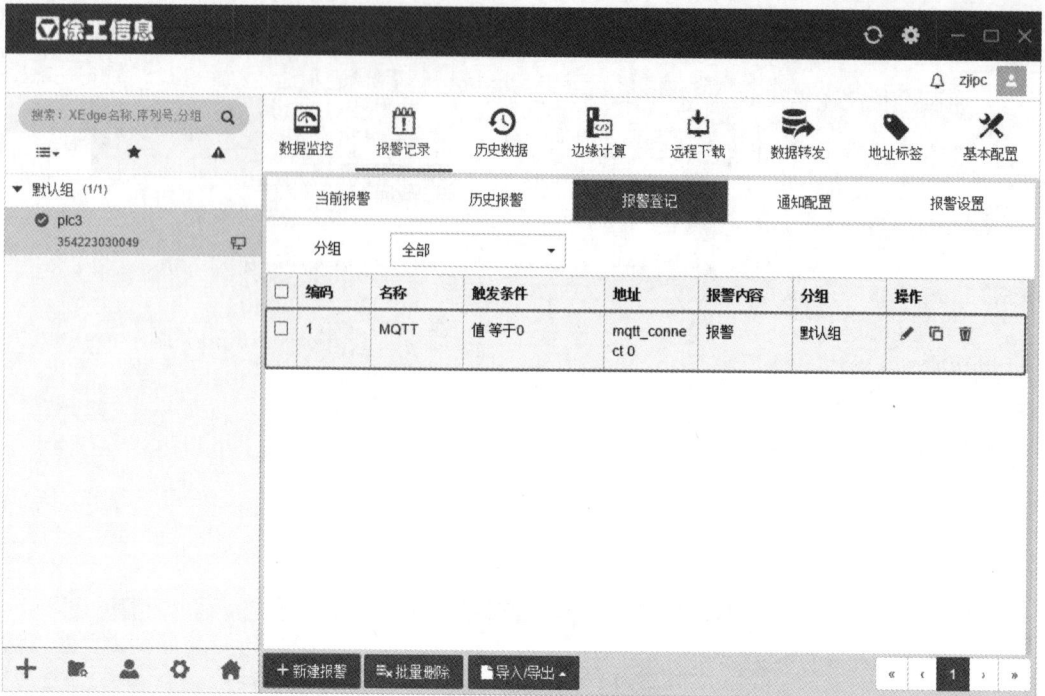

图 2-43　添加报警记录成功

（4）进入"远程下载"页面，单击"设备管理"按钮，如图 2-44、图 2-45 所示。

图 2-44　进入"远程下载"页面

图 2-45　单击"设备管理"按钮

（5）在打开的"设备管理"界面中，依次选择"云服务"→"MQTT"，服务地址与端口根据每台设备的信息表而定，单击"同步监控点"按钮，如图 2-46 所示。

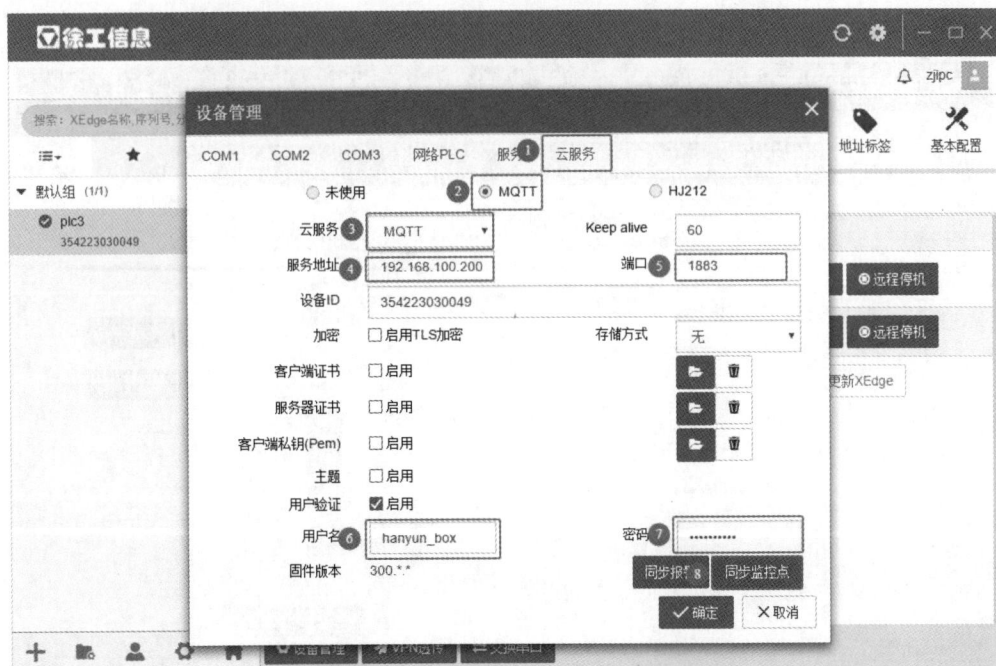

图 2-46　"设备管理"界面的设置

（6）在弹出的"选择编码"界面中，将"编码方式"设为"GB2312"，单击"确定"按钮，如图 2-47 所示。

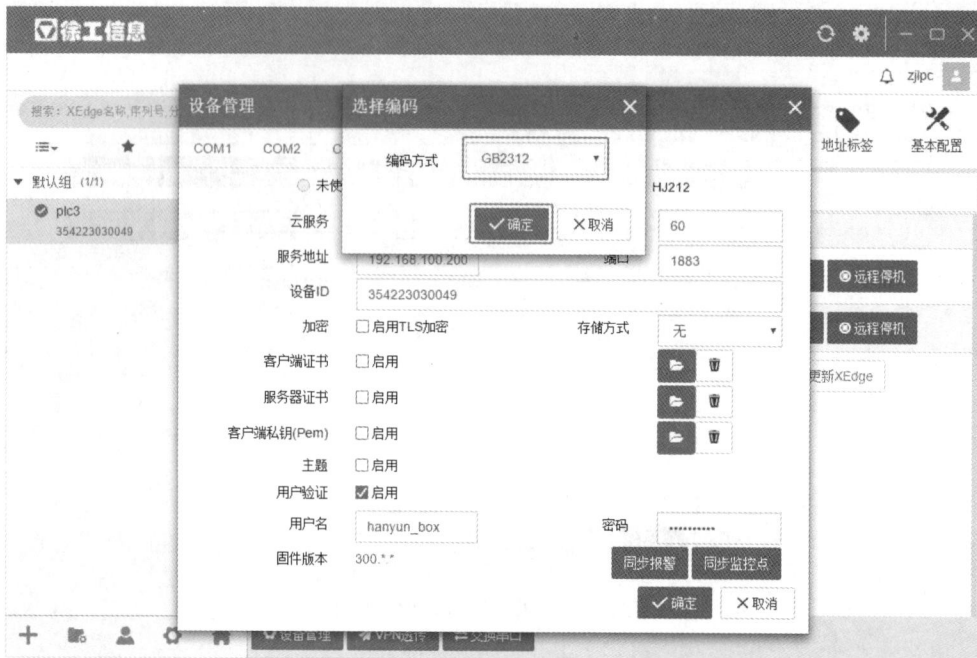

图 2-47　同步监控点

（7）系统提示"同步监控点成功"后，单击"确定"按钮，如图 2-48 所示。

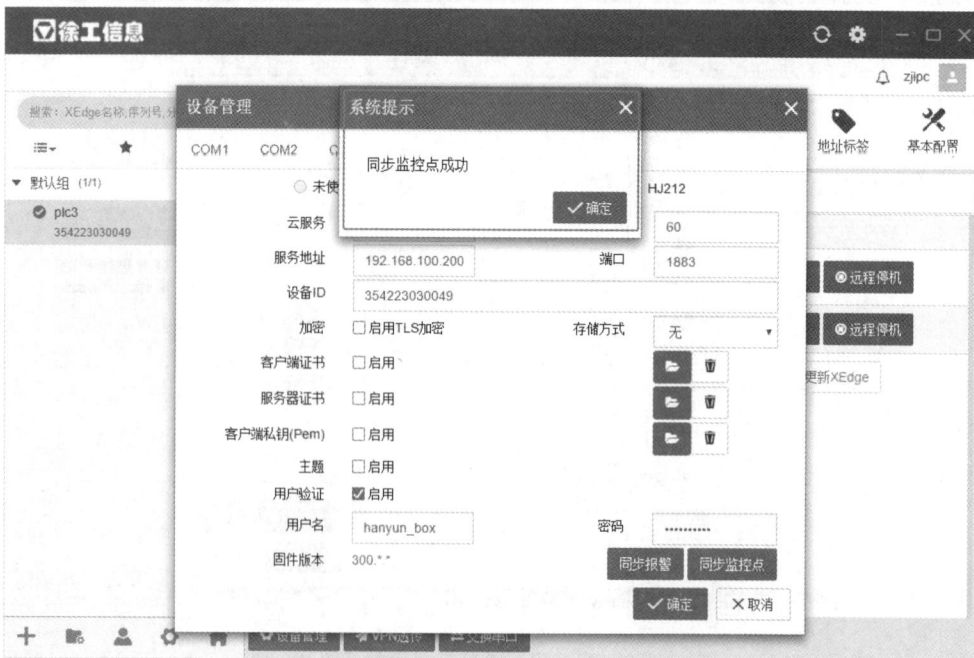

图 2-48　同步监控点成功

（8）返回到"设备管理"界面，单击"同步报警"按钮，将"编码方式"设为"GB2312"，单击"确定"按钮，如图 2-49 所示。

图 2-49　将"编码方式"设为"GB2312"

（9）系统提示"同步报警点成功"后，单击"确定"按钮，如图 2-50 所示。

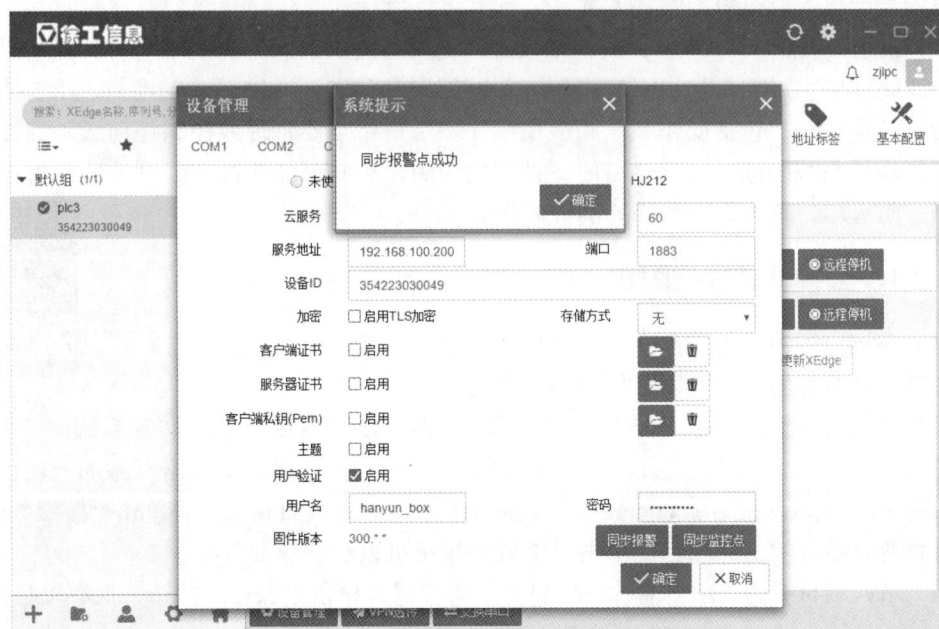

图 2-50　同步报警点成功

任务 2.3　适配 PLC 的数据上云

工业互联网作为新一代信息技术与制造业深度融合的产物，通过实现人、机、物的全面互联，构建起全要素、全产业链、全价值链全面连接的新型工业生产制造和服务体系，成为支撑第四次工业革命的基础设施。工业互联网平台面向制造业数字化、网络化、智能化需求，构建基于海量数据采集、汇聚、分析的服务体系，支撑制造资源泛在连接、弹性供给、高效配置的工业云平台。

工业互联网平台架构核心要素包括边缘层、平台层（工业 PaaS）、应用层（工业 SaaS）、云基础设施（IaaS 层）。

（1）边缘层：边缘层主要通过深层次采集数据实现不同协议数据基层的汇聚。作为工业互联网平台驱动源头，边缘层主要依赖传感器、工业控制系统、物联网技术，面向设备、系统、产品、软件等要素数据进行实时采集；面向以智能网关为代表的新型边缘计算设备实现智能传感器和设备数据的汇集处理。

（2）平台层（工业 PaaS）：平台层是核心，基于平台层的架构集成了工业服务、大数据服务、应用开发功能，其能力可媲美移动互联网操作系统。平台层将云计算、大数据技术与工业经验知识相结合，形成工业数据基础分析能力，把技术、知识、经验等资源固化为专业软件库、应用模型库、专家知识库等移植、复用的开发工具和微服务。

（3）应用层（工业 SaaS）：应用层是关键，基于开放环境部署应用，面向工业各环节、场景，是工业互联网平台服务的最终输出。应用层面向智能化生产、网络化协同、个性化定制、服务化延伸等智能制造和工业互联网典型应用场景，为用户提供各类在平台中定制化开发的智能化工业应用的解决方案。

（4）云基础设施（IaaS 层）：云基础设施向消费者提供的服务利用了所有计算基础设施（包括 CPU、内存、存储器、网络和其他基本的计算资源）。通过云基础设施，用户能够部署和运行任意软件，包括操作系统和应用程序。用户不需要管理或控制任何云基础设施，但能控制操作系统的选择、存储空间、部署的应用，也有可能获得有限制的网络组件（如路由器、防火墙、负载均衡器等）的控制权。

2.3.1　云端基础数据配置

（1）在浏览器中输入平台网址 192.168.100.200，进入工业互联网云应用开发软件系统的登录界面，如图 2-51 所示。

11-2.3.1　云端基础数据配置

（2）根据机床给定的专属云平台的账号和密码（如图 2-52 所示）登录系统。

（3）进入云端后，依次选择"基础数据模块"→"工程项目"，单击"添加子项目"按钮，如图 2-53 所示。在菜单基础数据下选择工程项目，输入查询条件，单击"搜索"按钮，可以查找符合条件的工程项目，单击"重置"按钮可以清空查询条件。

（4）填入项目编码、项目名称、项目分类等信息，单击"保存"按钮，保存项目信息，如图 2-54 所示。

（5）在"工程项目"界面中可查看创建的工程项目。单击待编辑的工程项目所在行的"编辑"按钮，可以对工程项目进行编辑，编辑完成后，单击"保存"按钮，返回主界面，此时系统提示操作成功。界面显示工程项目已经成功添加，如图 2-55 所示。在工程项目列表中单击需要删除的工程项目所在行的"删除"按钮，可以删除该工程项目。

图 2-51　工业互联网云应用登录界面

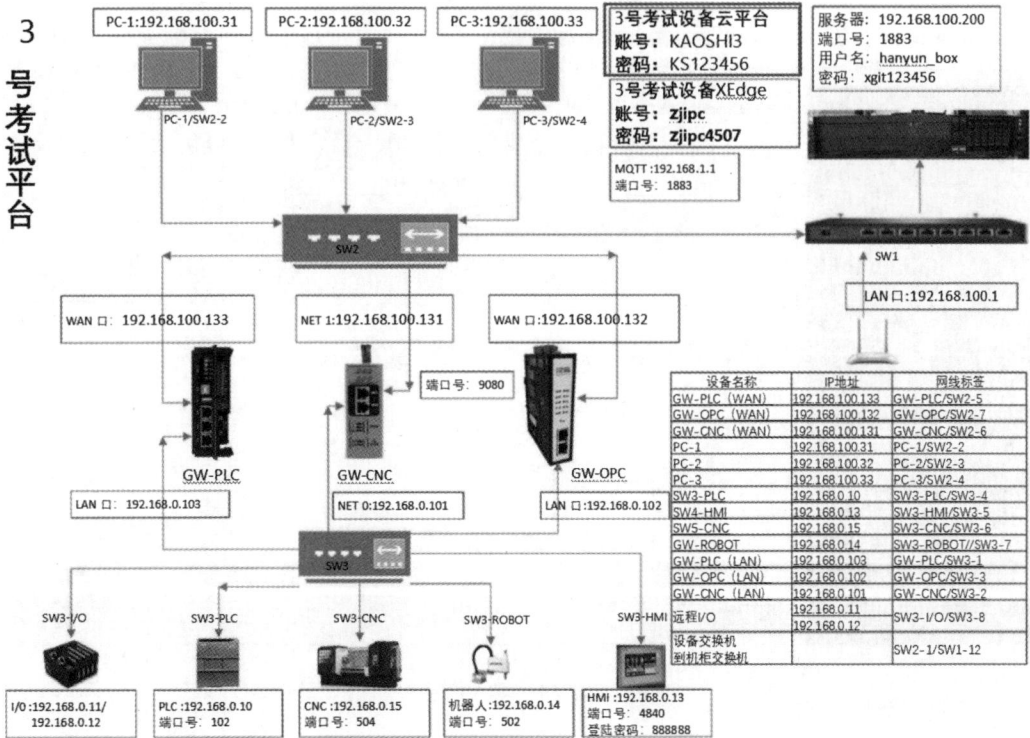

图 2-52　机床给定的专属云平台的账号和密码

图 2-53　添加工程项目

图 2-54　填入信息

图 2-55 成功添加工程项目

（6）单击"设备型号"标签页，再单击"新增"按钮，如图 2-56 所示。

图 2-56 新增设备型号

（7）输入想要的型号编码和型号名称，如图 2-57 所示。

图 2-57　填入信息

（8）对于型号的设置，需要单击"添加"按钮，如图 2-58 所示。

图 2-58　添加型号分类

（9）输入想要的型号名称，此处以"PLC"为例，单击"确认"按钮，如图 2-59 所示。

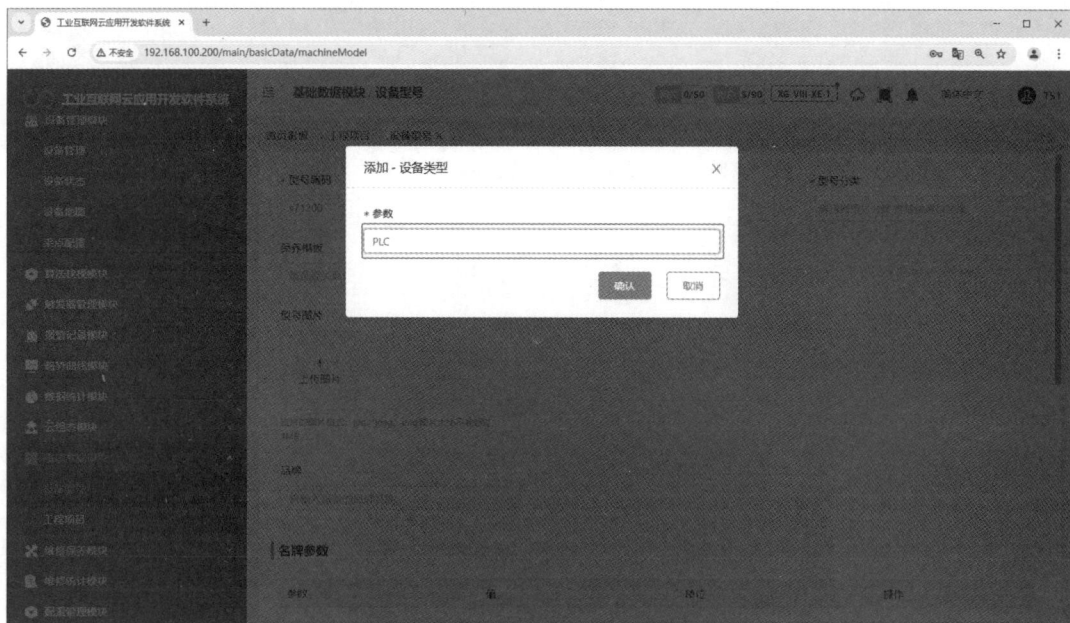

图 2-59 填入型号分类名称

（10）添加完成后，在"型号分类"下的输入框中单击，就可以在出现的列表中选择自己添加的型号分类，如图 2-60 所示。

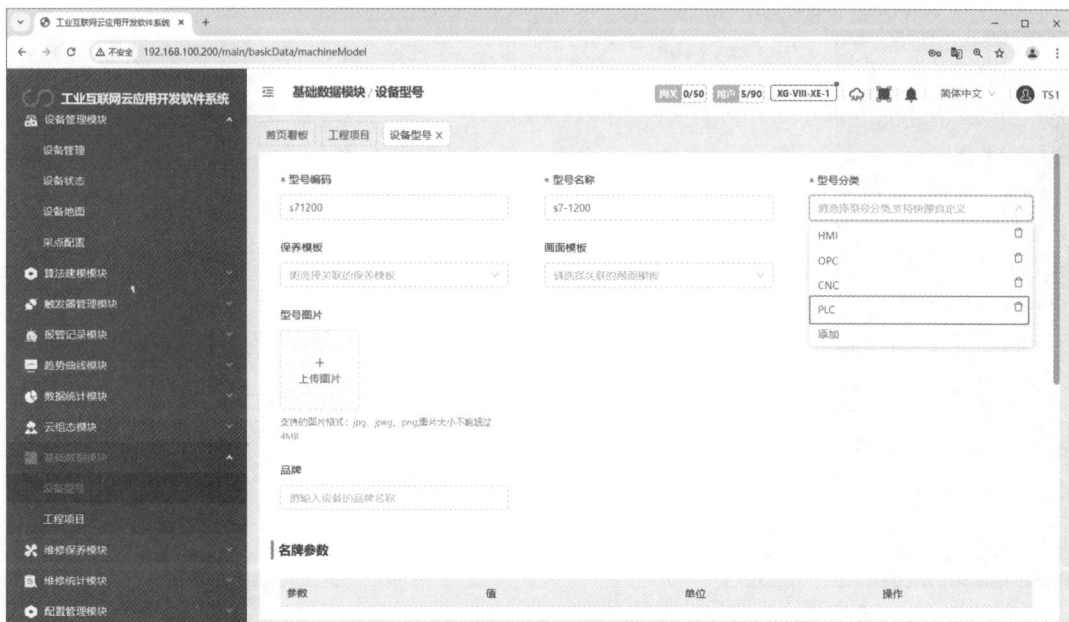

图 2-60 选择添加的型号分类

（11）填入上述三项信息后，其他信息采用默认设置，结果如图 2-61 所示。

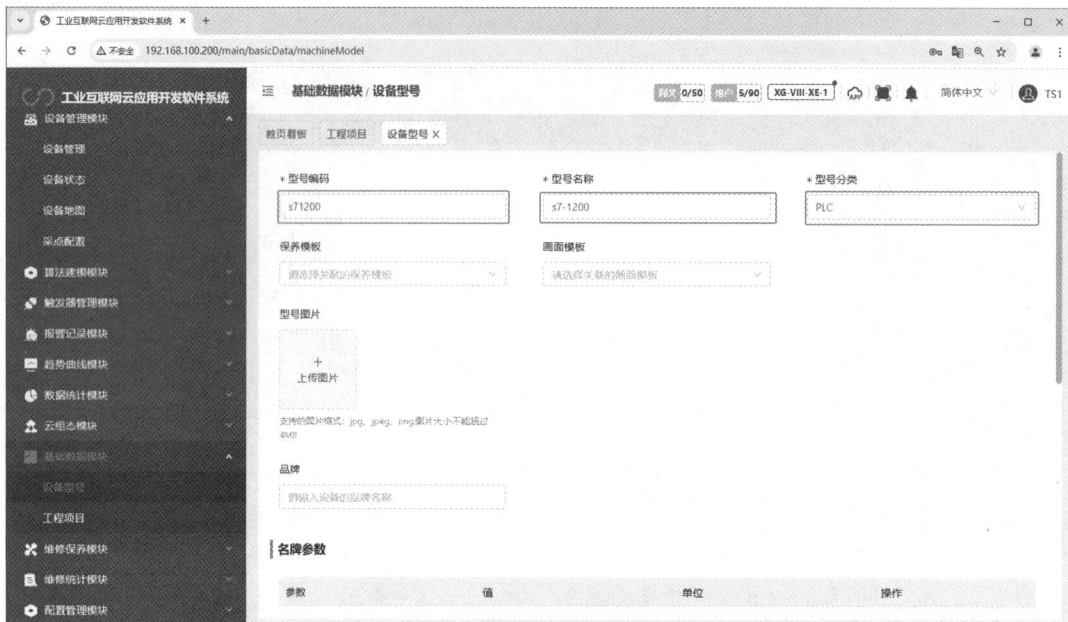

图 2-61　填入各项信息后的界面

（12）下拉滑块条，在界面下方单击"保存"按钮，如图 2-62 所示。

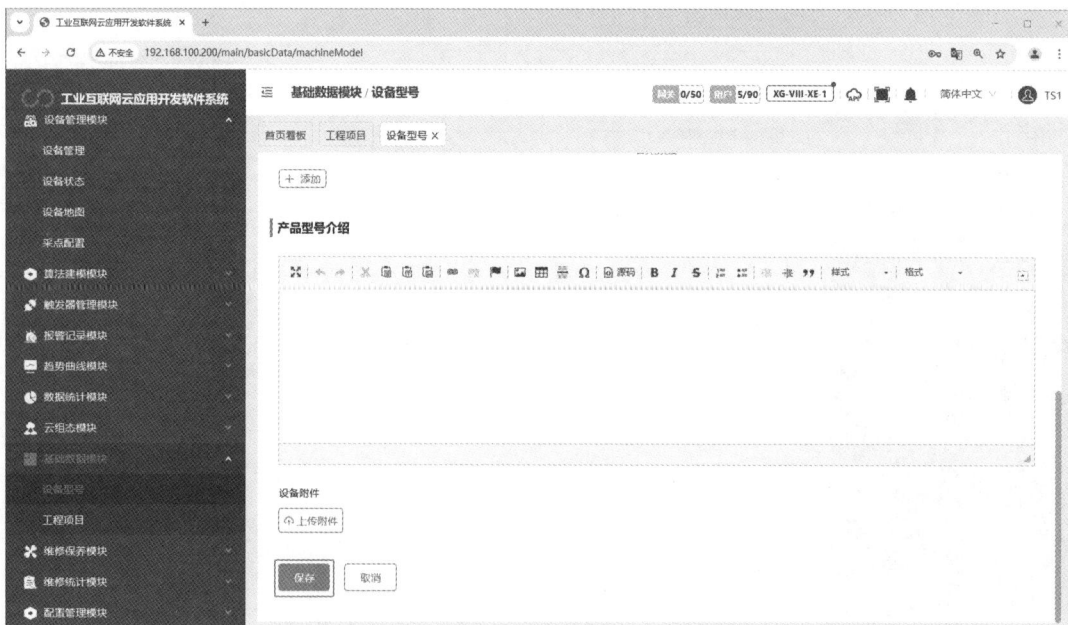

图 2-62　保存信息

（13）系统显示成功添加设备型号，如图 2-63 所示。在设备型号列表中可查看创建的设备型号，选中需要删除的设备型号，单击"删除"按钮，可以删除该设备型号。

图 2-63　成功添加设备型号

2.3.2　云端网关管理

（1）依次选择"网关管理模块"→"网关管理"，单击"新增"按钮，如图 2-64 所示。

12-2.3.2　云端网关管理

图 2-64　添加网关管理

（2）如图 2-65 所示，在弹出的界面填入网关编码信息（注：网关编码须和 XEdge 建立的网关序列号一致，如图 2-66 所示）。

图 2-65　填入网管编码信息

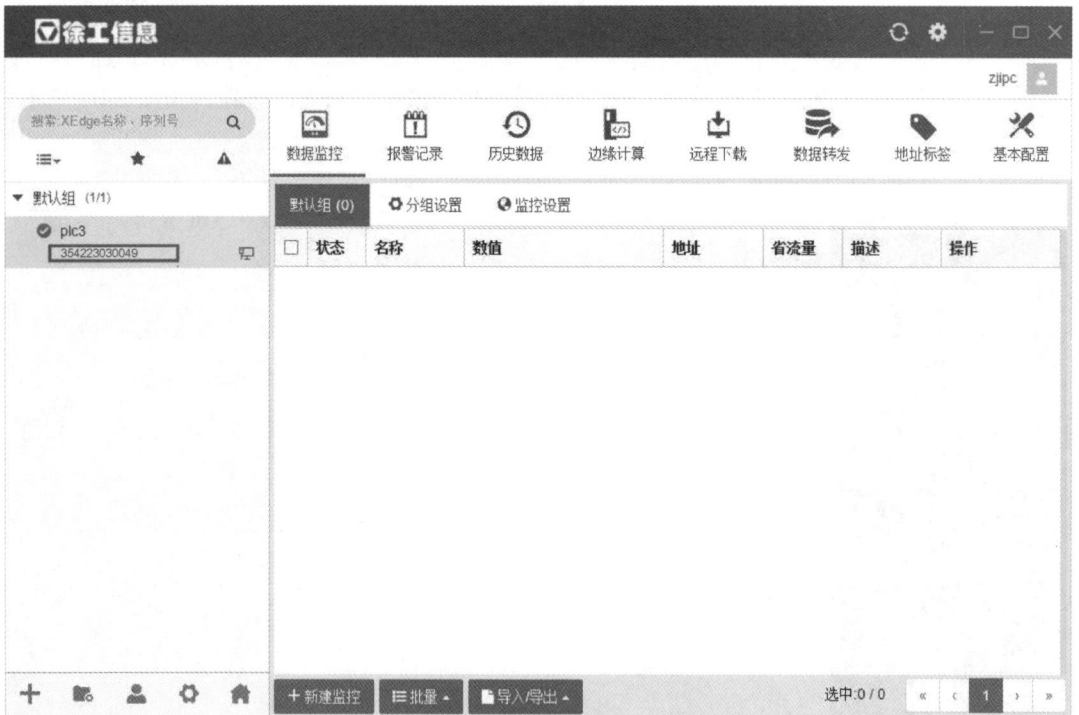

图 2-66　XEdge 建立的网关序列号

（3）将"网关型号"设为"汉云 Box-PLC"，如图 2-67 所示。

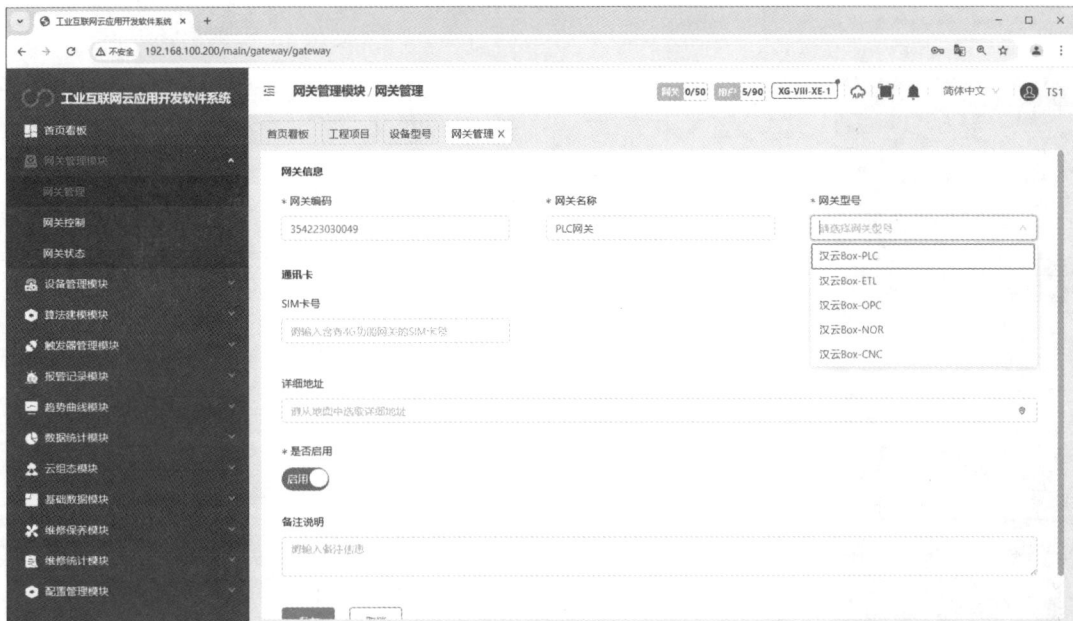

图 2-67　设置网关型号

（4）其他项采用默认设置，单击"保存"按钮，如图 2-68 所示。

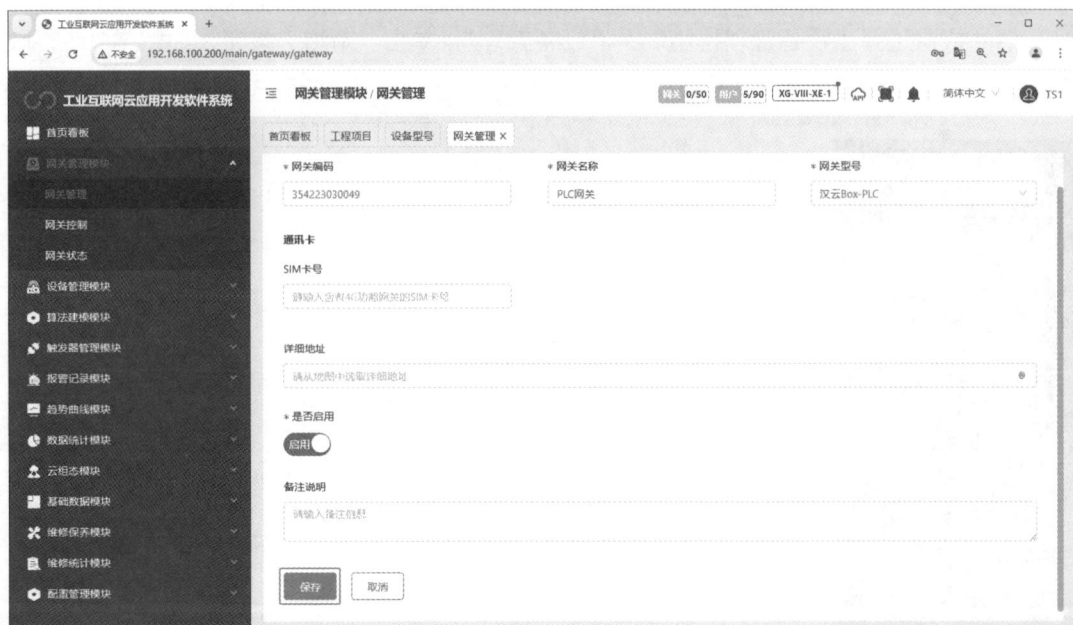

图 2-68　保存网关设置信息

（5）系统显示添加成功，并处于在线状态，在网关管理列表中可以查看创建的网关，如图 2-69 所示。

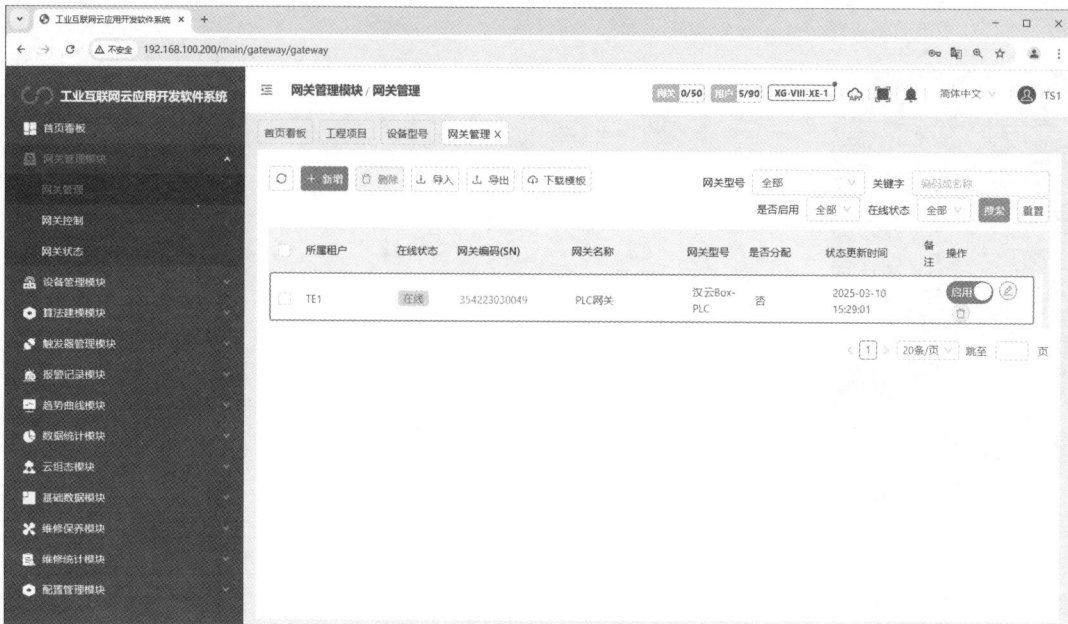

图 2-69　成功添加网关

2.3.3　云端设备管理

（1）依次选择"设备管理模块"→"设备管理"，单击"新增"按钮，如图 2-70 所示。

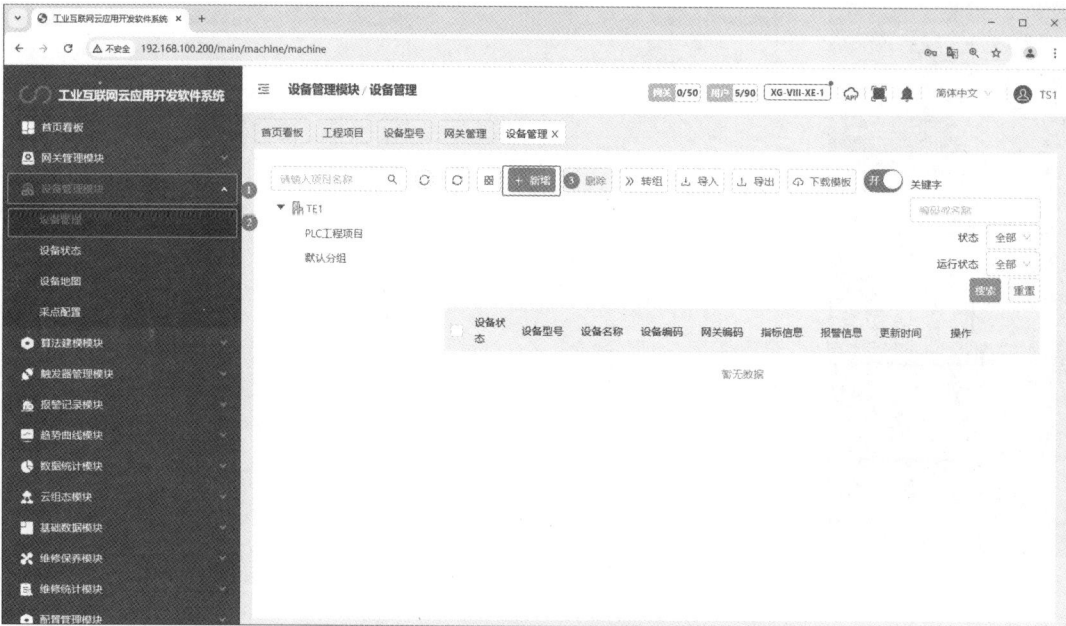

13-2.3.3　云端设备管理

图 2-70　新增云端设备管理

（2）填入想要的设备编码、设备名称，将"型号分类"和"设备型号"设为之前添加的设备型号信息，如图 2-71 所示。

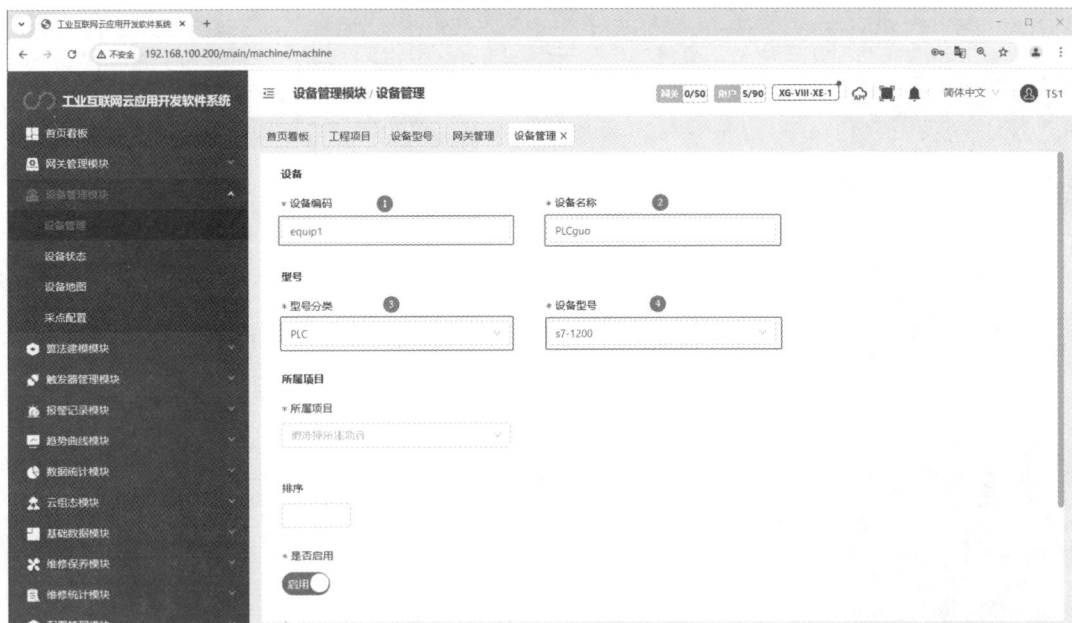

图 2-71　填入建立好的相关信息

（3）将"所属项目"设为之前建立好的项目，如图 2-72 所示。

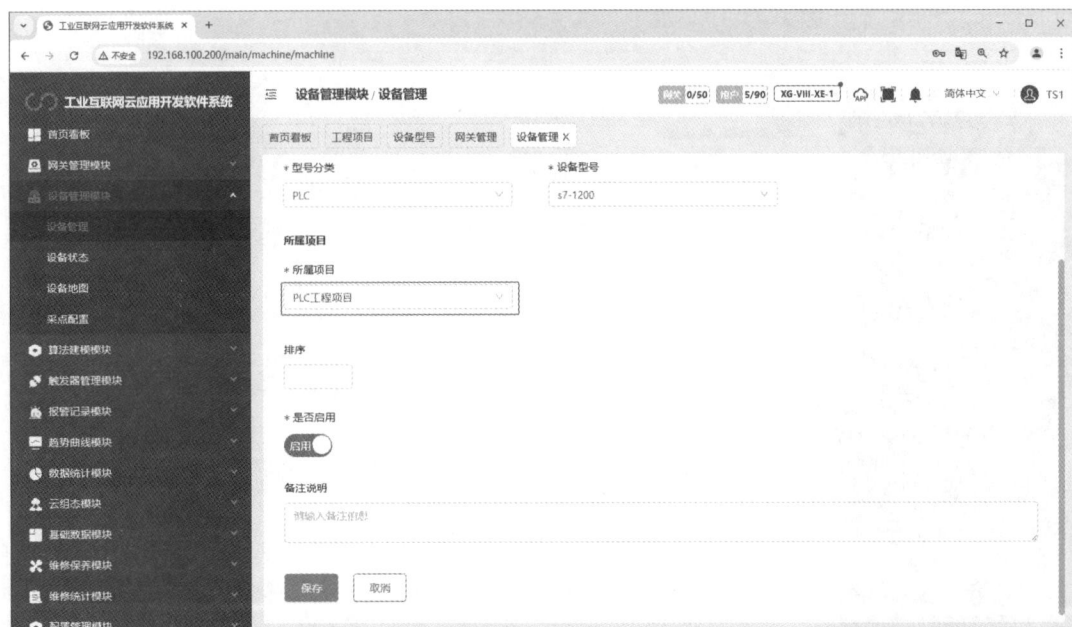

图 2-72　选择建立的项目

（4）单击"保存"按钮，如图 2-73 所示。

图 2-73　保存信息

（5）在"采点配置"页面中单击展开新增的设备管理项，单击其右侧的锁链形状按钮🔗进行绑定，如图 2-74 所示。

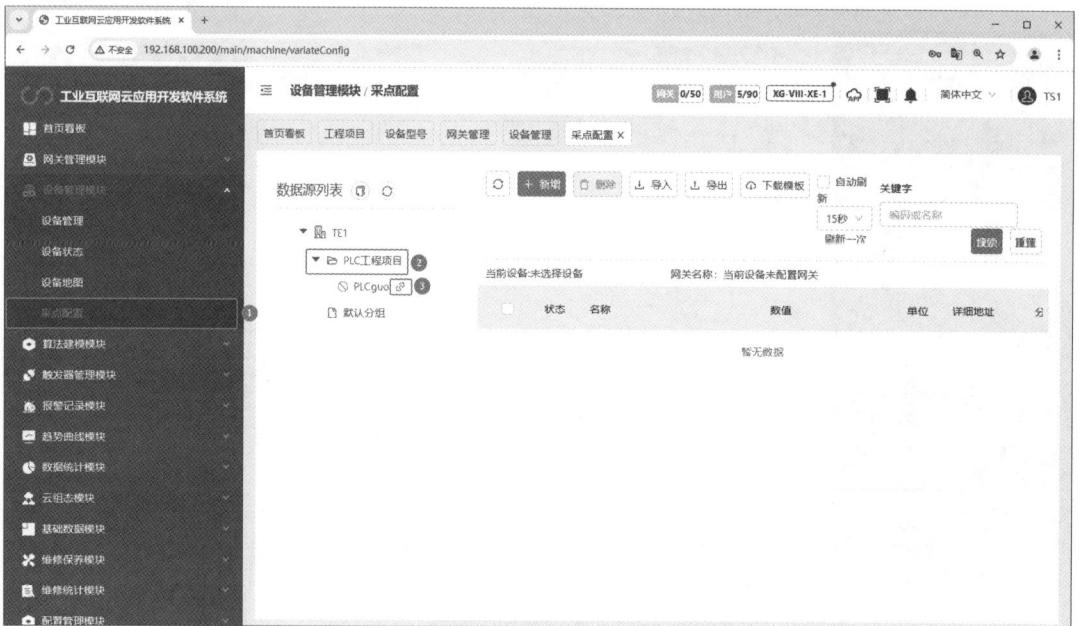

图 2-74　绑定

（6）在弹出的界面中选择网关绑定的硬件，单击其右侧的"选择"按钮，如图 2-75 所示。

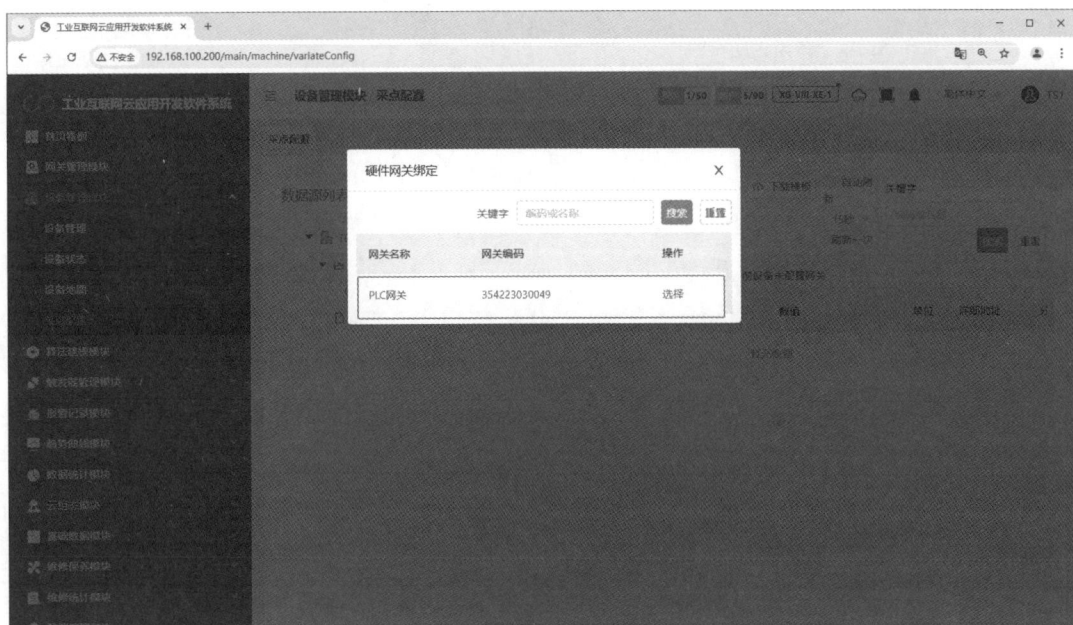

图 2-75　选择硬件

（7）绑定成功的界面如图 2-76 所示。

图 2-76　绑定成功的界面

（8）单击"新增"按钮，如图 2-77 所示。

图 2-77　新增采点

（9）在弹出的界面中输入编码、名称、单位并设定类型。注意，编码须对应 XEdge 上监控的名称，名称可以填其对应的中文，如图 2-78 所示。

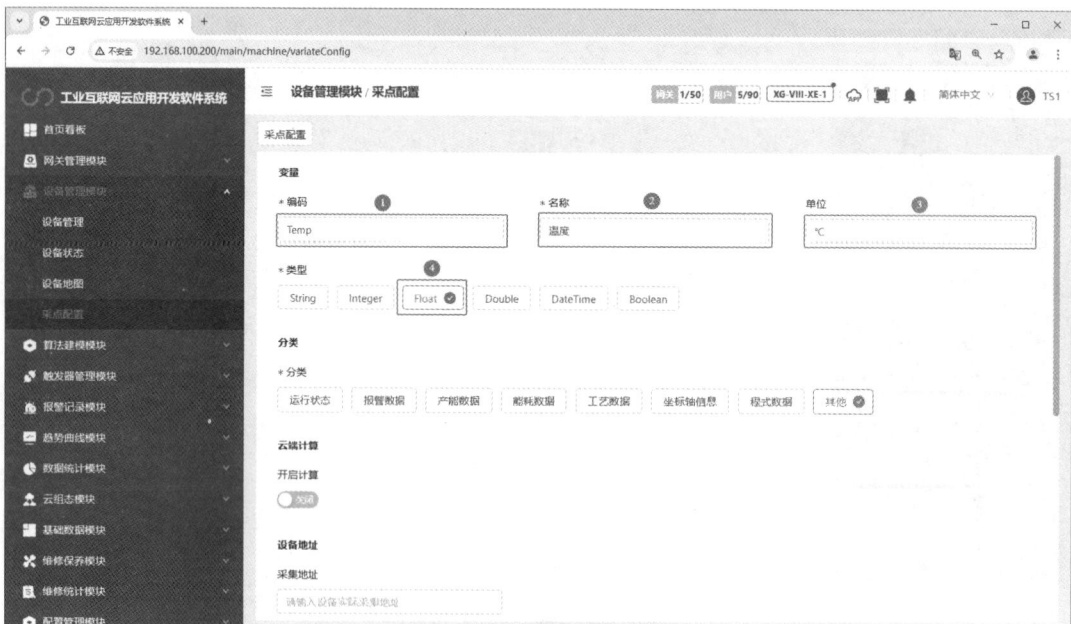

图 2-78　填入采点信息

（10）其他信息采用默认设置，单击"保存"按钮，如图 2-79 所示。

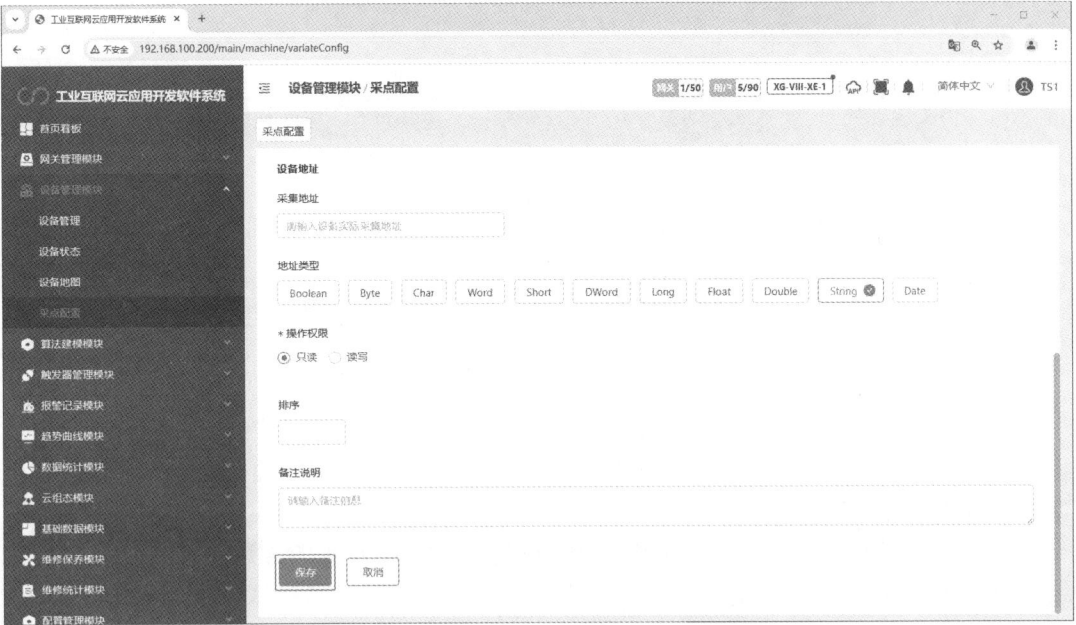

图 2-79　保存采点信息

（11）成功添加采点后，系统显示工作温度，即 Temp（温度）的采点信息，如图 2-80 所示。

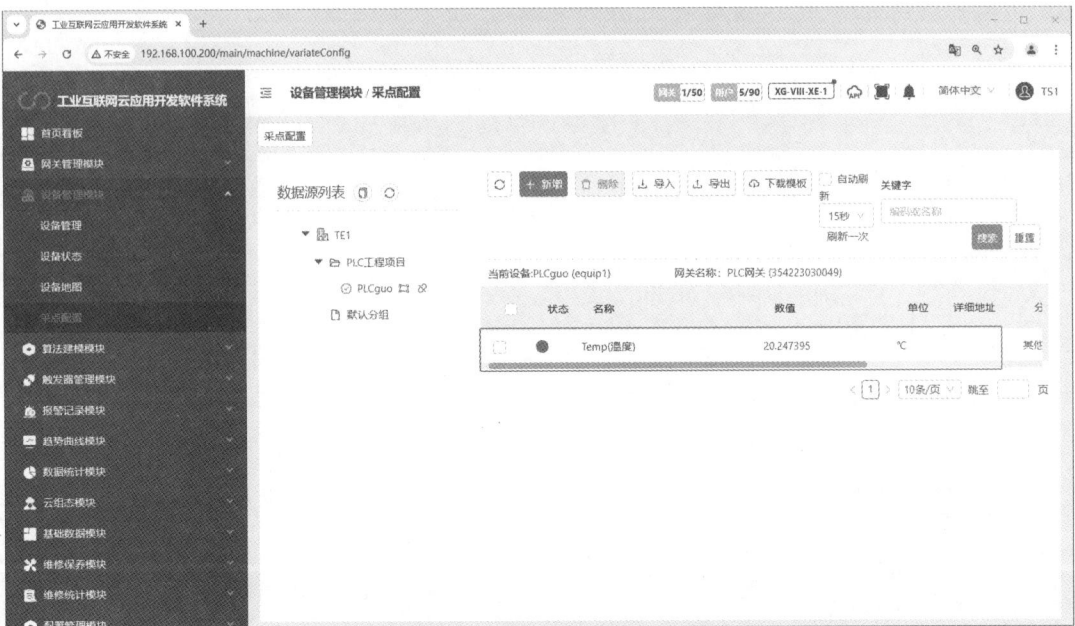

图 2-80　显示的采点信息

（12）删除之前的配置，采用与前述步骤相反的顺序，如图 2-81 所示。

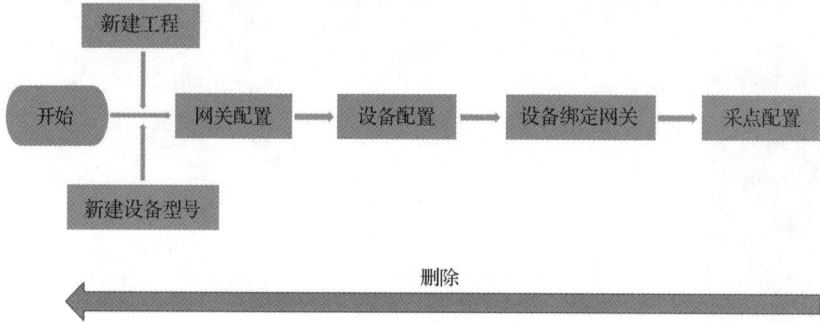

图 2-81 配置的删除方法

在云平台端将设备数据进行映射与配置，以真正意义上地完成数据上传至云平台的过程。在采点配置过程中，对数据类型的设置需要根据实际采点数据的类型进行，以保证数据的准确性和实时性。

为避免 IP 地址出现冲突，建议学生计算机采用固定 IP 地址的设置方式，其中 IPv4 地址为 192.168.100.11（常用值为 11、12、13、21、22、23、31、32、33、41、42、43 等），子网掩码为 255.255.255.0，默认网关为 192.168.100.1，DNS 服务器为 192.168.0.11 及 202.96.107.27。

项目 3　工业数据的编程处理

"十四五"规划中将工业互联网列为五年发展规划的重要内容并指出，通过深度融合信息化和工业化，全面落实"三高四新"战略定位和使命任务，将安全保障作为工业互联网的一个重点研究方向，明确完备网络基础设施保护和网络数据安全体系的任务。这些政策将引导通信及信息产业发展的趋势，而产业发展离不开大量技艺精湛的人才。可以预见，未来国家还会发布更多政策，继续扶持工业互联网安全发展。因此，在政策引领下，面向产业驱动的工业互联网安全学科建设符合社会需要，势必能够产出一定成果。

任务 3.1　算法建模

云平台数据算法建模基于大数据技术和理念，以云平台为基础，集中、拓宽和整合内外部数据资源，统一规范数据应用范畴，为各需求主体提供了更为全面、丰富的决策和参考支持，构建了开放、协作的数据生态环境，主要应用在大数据算法设计、海量用户支持，以及关系云、风险动态积分、用户画像的生成等方面。实现了以数据为中心，以技术基础平台为依托，以分析类应用实现为目标，形成了涵盖数据"采、存、通、用"全生命周期的一体化生态系统，是大数据、互联网+、云计算等理念、方法论、技术手段和解决方案的集成展现。

在工业互联网应用中，现场数据经采集上传到云平台后，如果需要对数据进行再处理，就可以在算法建模中实现。

3.1.1　启用模型工具

（1）进入工业互联网云应用开发软件系统（工业互联网云平台）　14-3.1.2 模型及实例化
的登录界面（IP 地址为 192.168.100.200），填入账号、密码，如图 3-1 所示（在 PLC 数据采集以及上云都完成的基础上，以计算温度为例）。

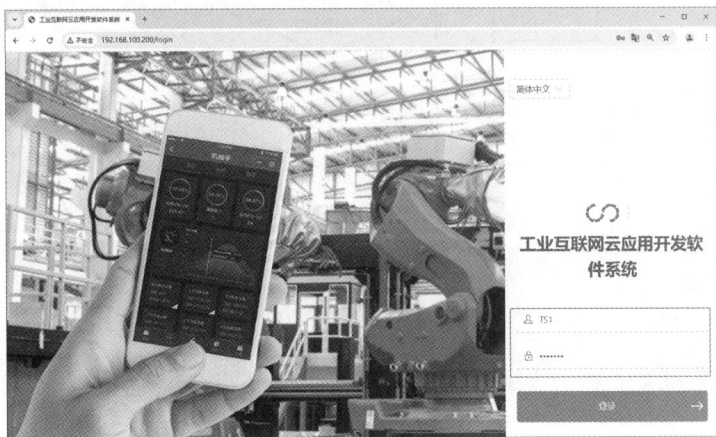

图 3-1　工业互联网云应用开发软件系统的登录界面

（2）进入云端后，选择"算法建模模块"→"模型及实例化"选项，单击"新增模型"按钮，如图 3-2 所示。

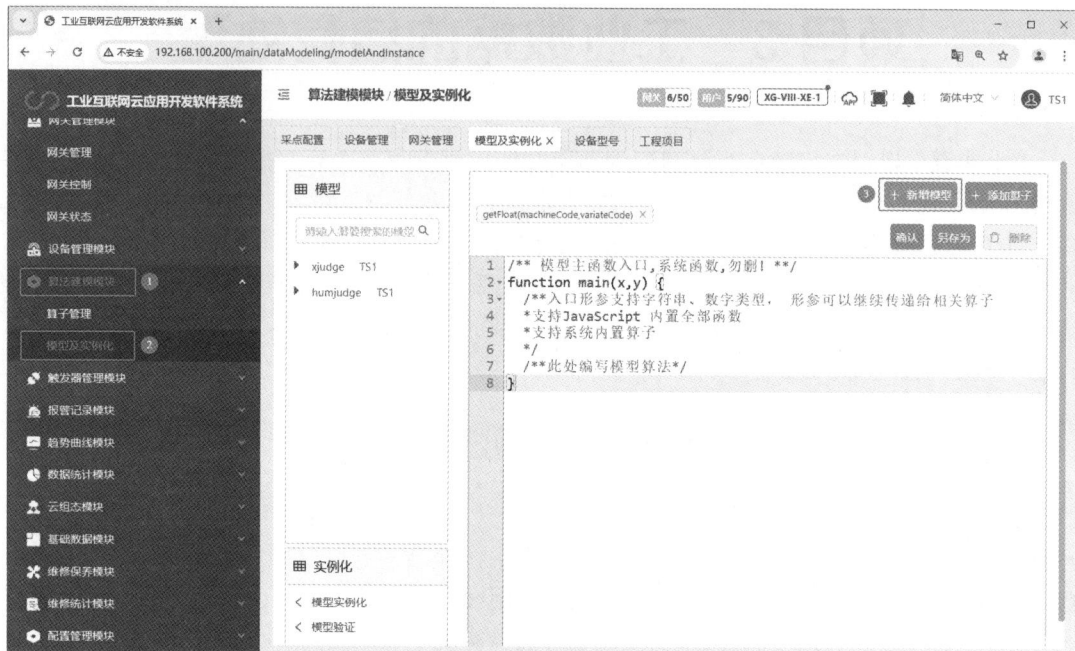

图 3-2　新增模型

3.1.2　算子的使用

（1）在模型算法输入框输入自己的模型算法，这里我们输入以图 3-3 所示内容为要求的温度监控模型算法。

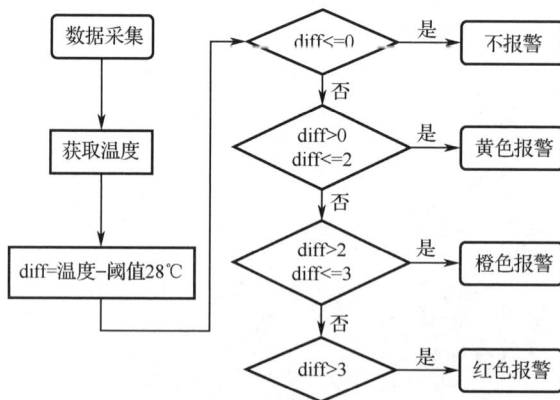

图 3-3　温度监控要求

（2）当需要算子的时候，单击"添加算子"按钮，如图 3-4 所示。

图 3-4 添加算子

（3）温度的数据类型为单精度浮点，所以添加算子时我们选择"getFloat(machineCode,variateCode)"，单击"确认"按钮，如图 3-5 所示。

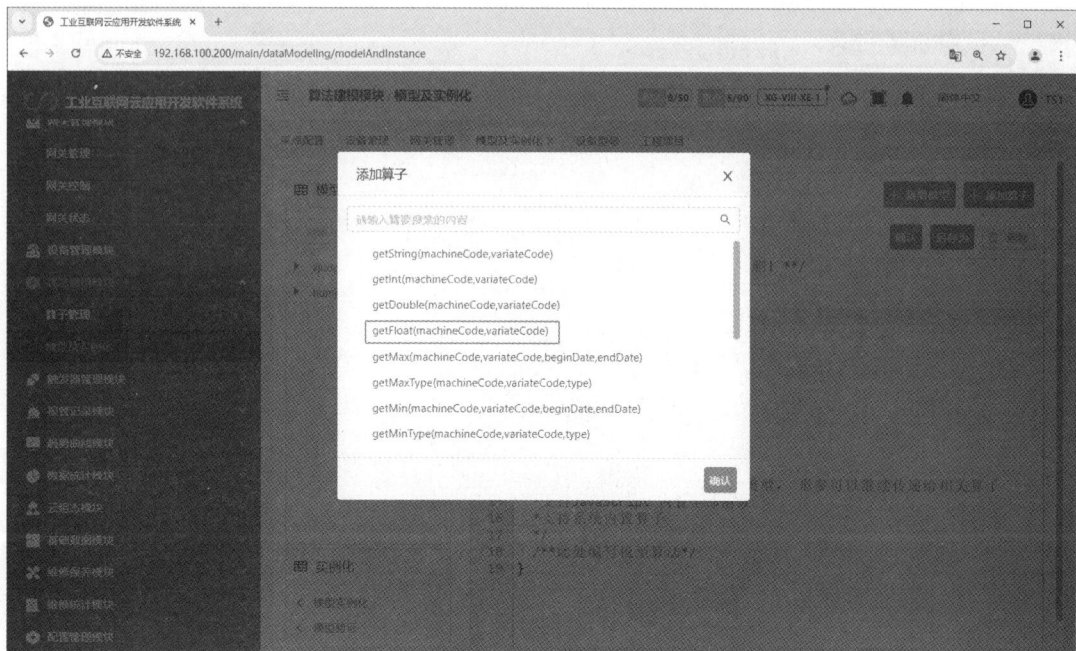

图 3-5 选择算子

（4）添加的算子会出现在模型算法输入框上方，如图 3-6 所示。

图 3-6 添加算子成功

（5）单击添加的算子后，算子会出现在模型算法输入框内，如图 3-7 所示。

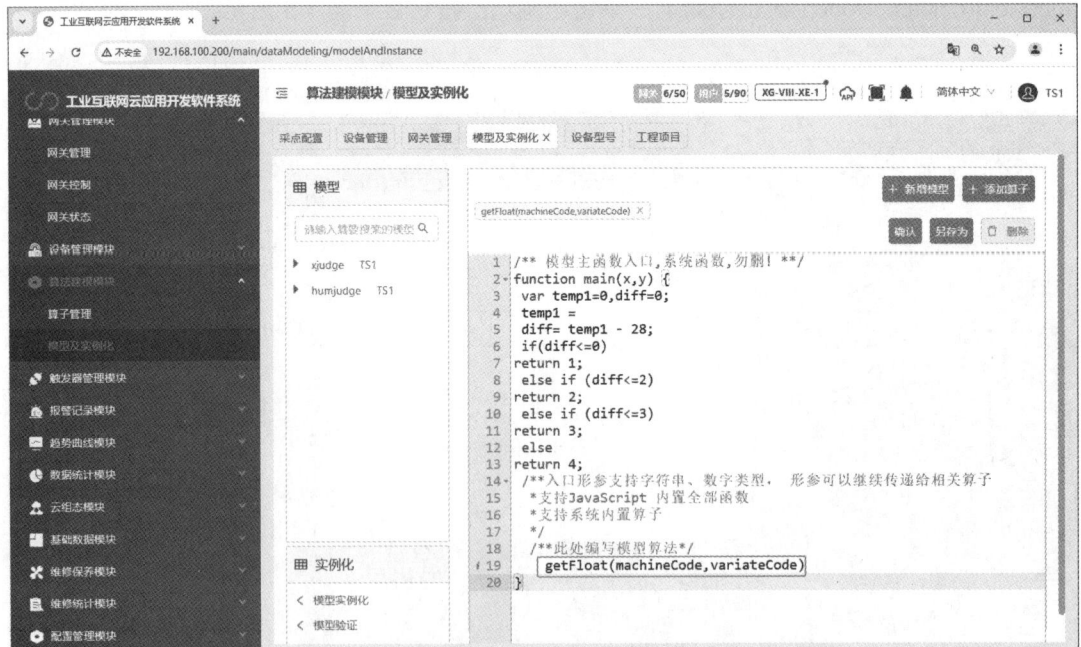

图 3-7 将算子加入模型算法

（6）将添加的算子放入需要算子的部分，并修改 function main 的内容，完成编辑后，单击"确认"按钮，如图 3-8 所示。

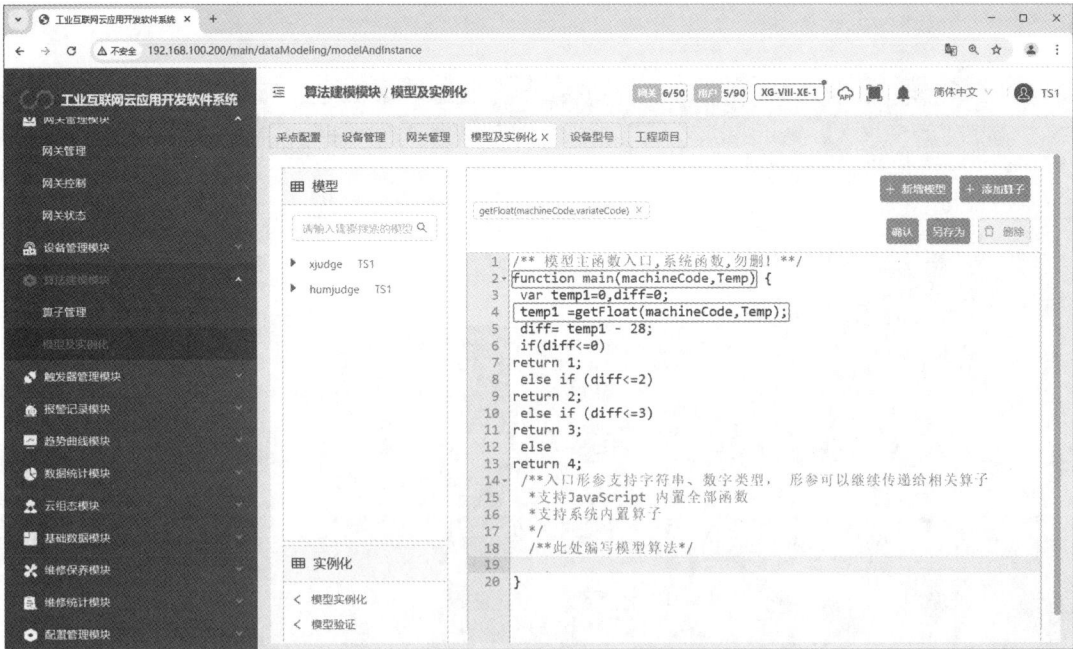

图 3-8　完成编辑后的算法

（7）此时，系统提示：是否需要保存该模型？单击"确定"按钮，如图 3-9 所示。

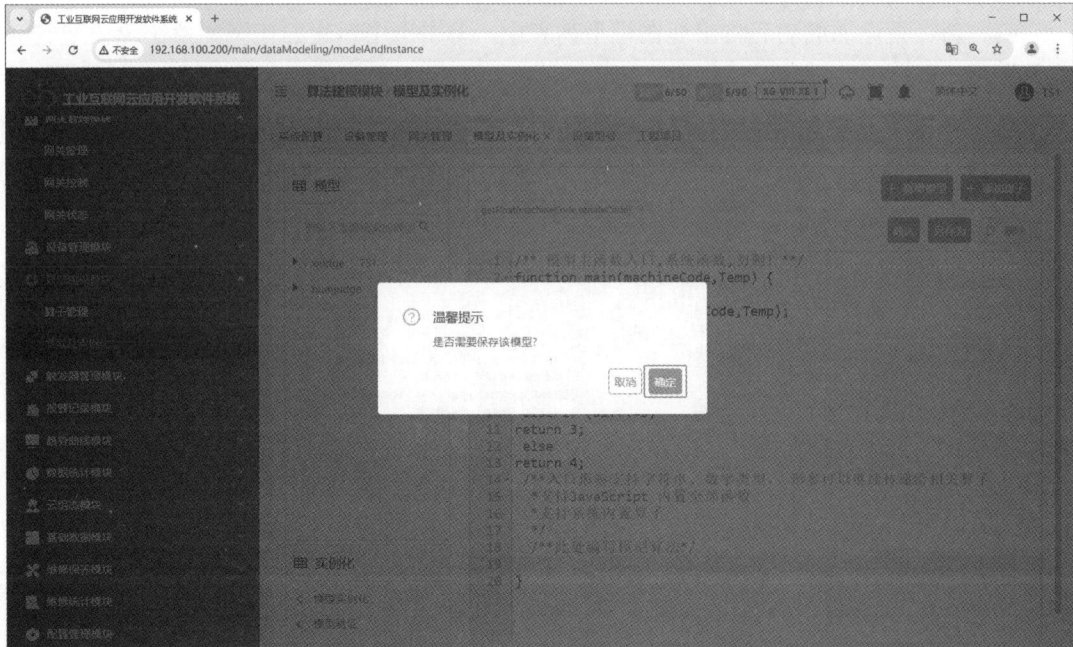

图 3-9　保存模型

（8）输入新模型的名称，此处以"tempjk"为例，单击"确认"按钮，如图 3-10 所示。

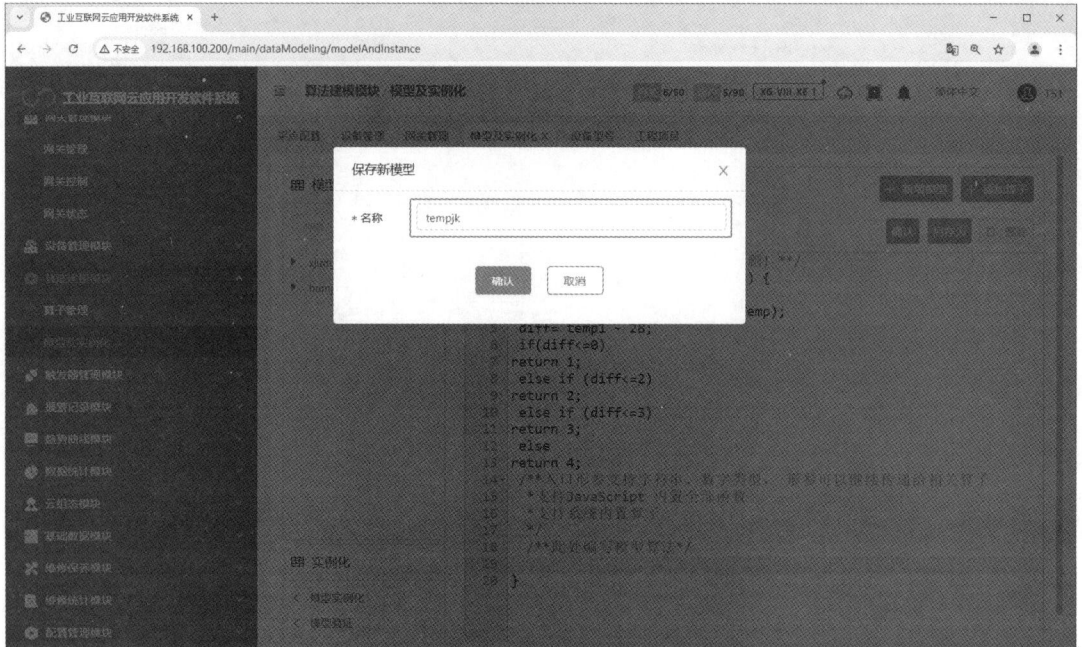

图 3-10　输入新模型的名称

3.1.3　模型的实例化

（1）新模型添加成功后将出现在模型列表中，单击选中新建的模型，单击"模型实例化"选项，如图 3-11 所示。

图 3-11　模型实例化

（2）在"模型导入"界面选择新建的模型，单击"下一步"按钮，如图 3-12 所示。

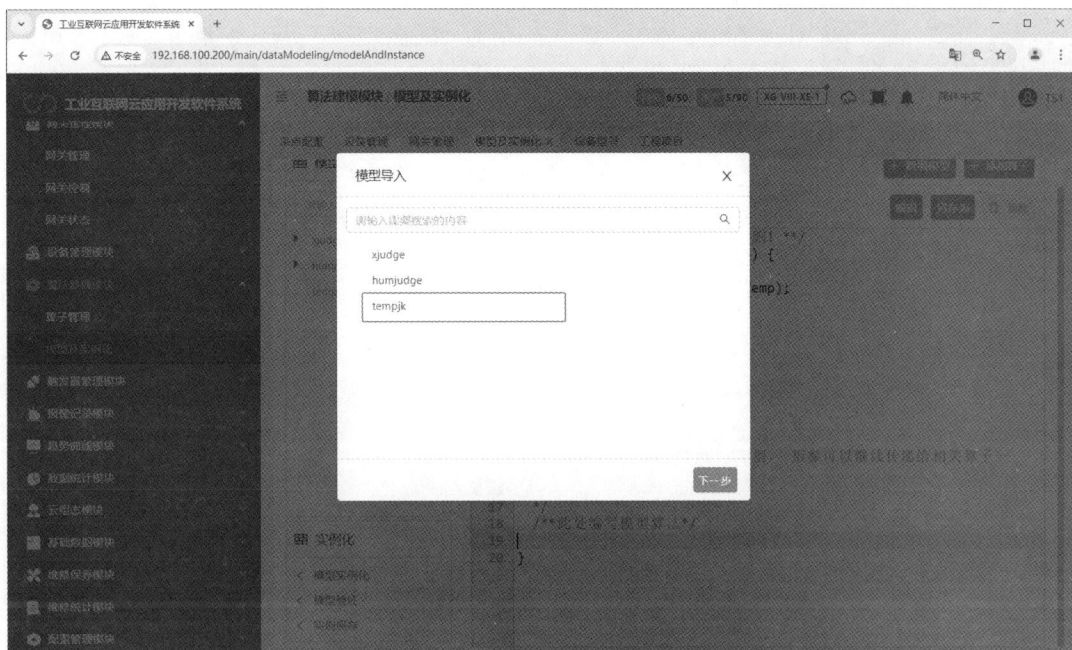

图 3-12 模型导入

（3）输入参数，注意："machineCode"的设置值要和"工程项目"的"项目名称"相同，"Temp"的设置值须和"XEdge 数据监控的名称"相同，如图 3-13、图 3-14、图 3-15 所示。

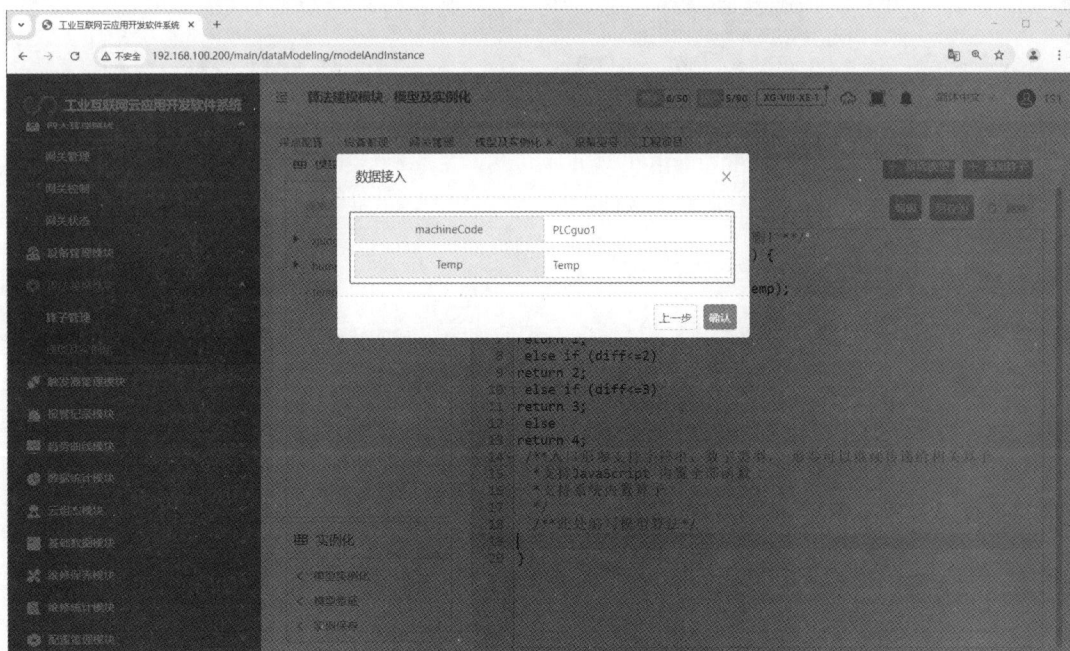

图 3-13 输入参数（1）

图 3-14　输入参数（2）

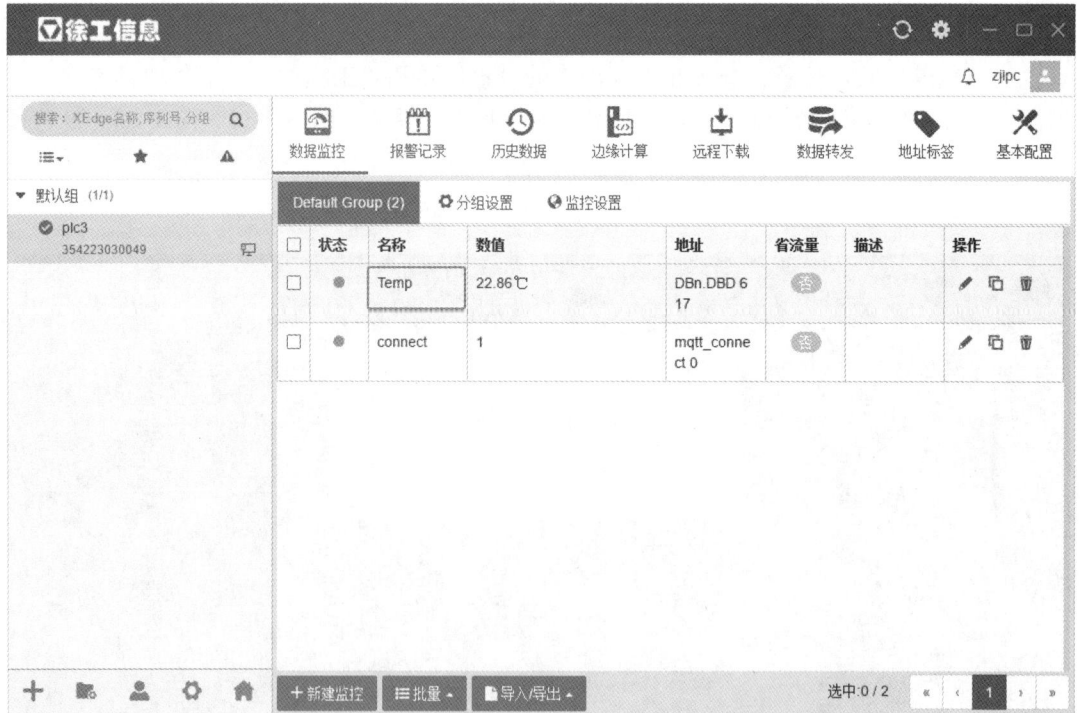

图 3-15　输入参数（3）

（4）参数输入完成后，单击"确认"按钮，系统弹出提示界面，单击其中的"确定"按钮，如图 3-16 所示。

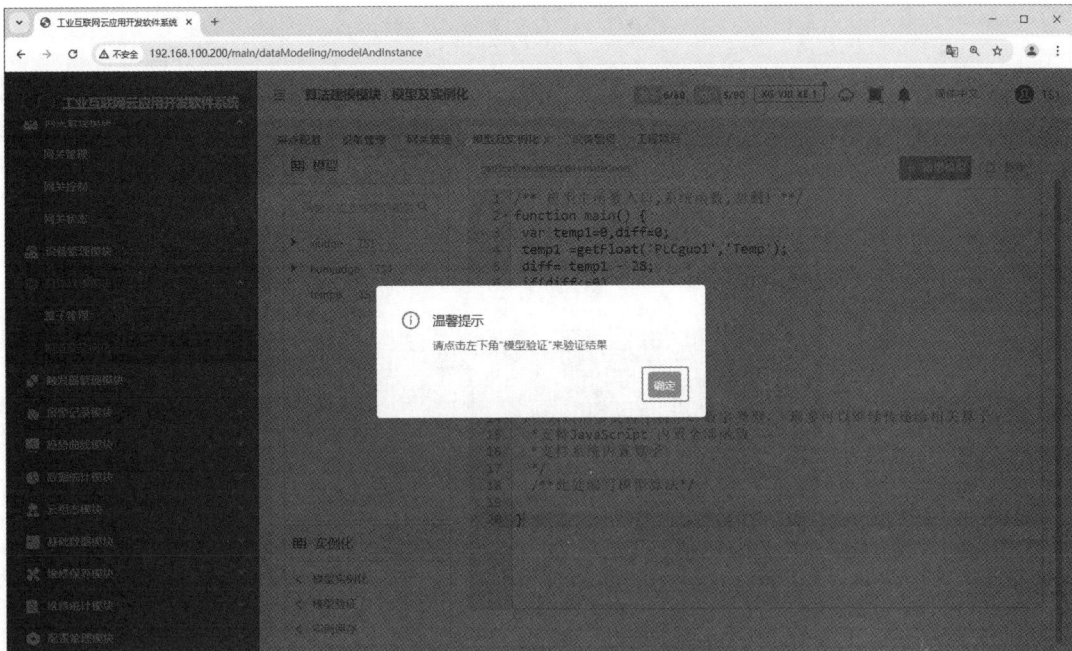

图 3-16　完成模型实例化

（5）单击"模型验证"选项，系统会显示验证的结果，本例中，验证结果"4"为正确结果，单击"确定"按钮，如图 3-17 所示。

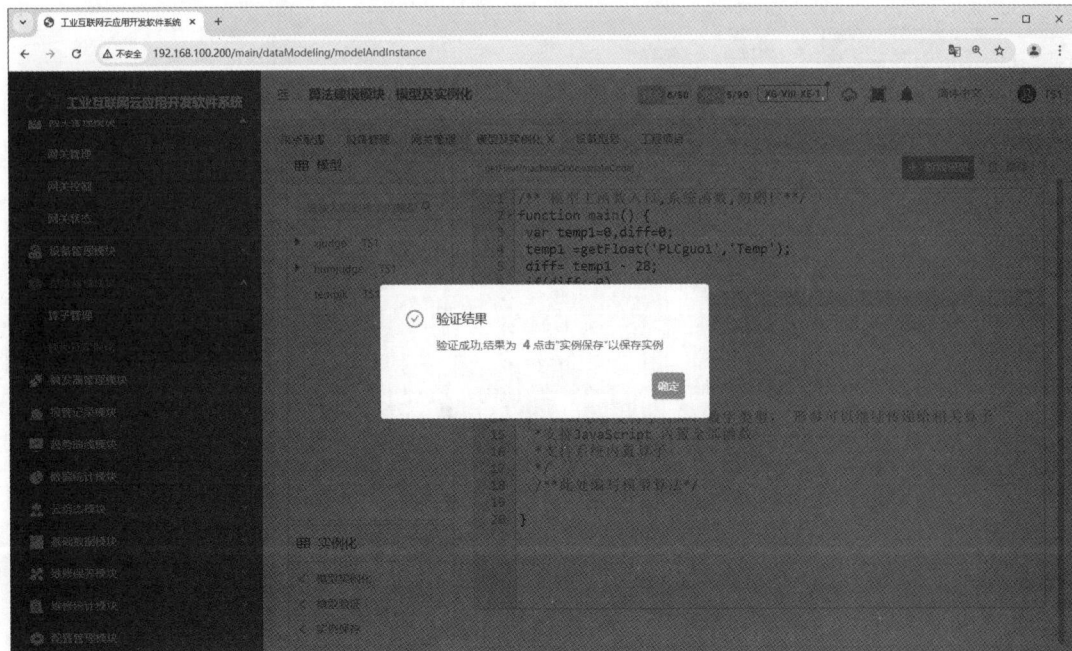

图 3-17　验证结果

（6）单击"实例保存"选项，在弹出的界面中填入实例名称，单击"确认"按钮，如图 3-18 所示。

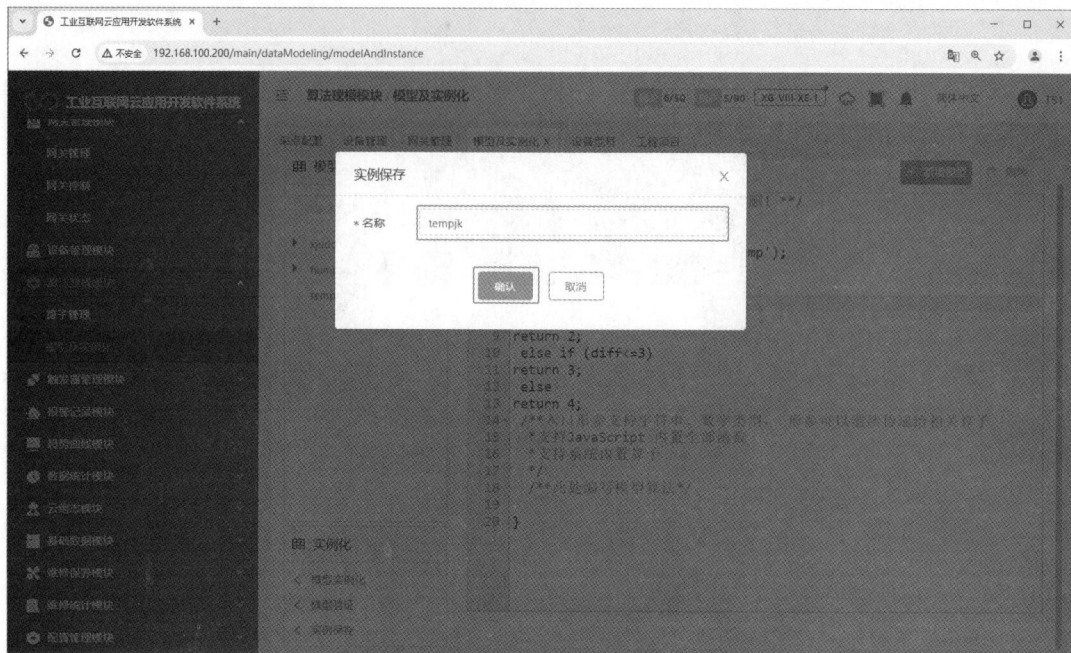

图 3-18　实例的保存

（7）保存后的实例将显示在模型列表中其所属模型的下方，如图 3-19 所示。

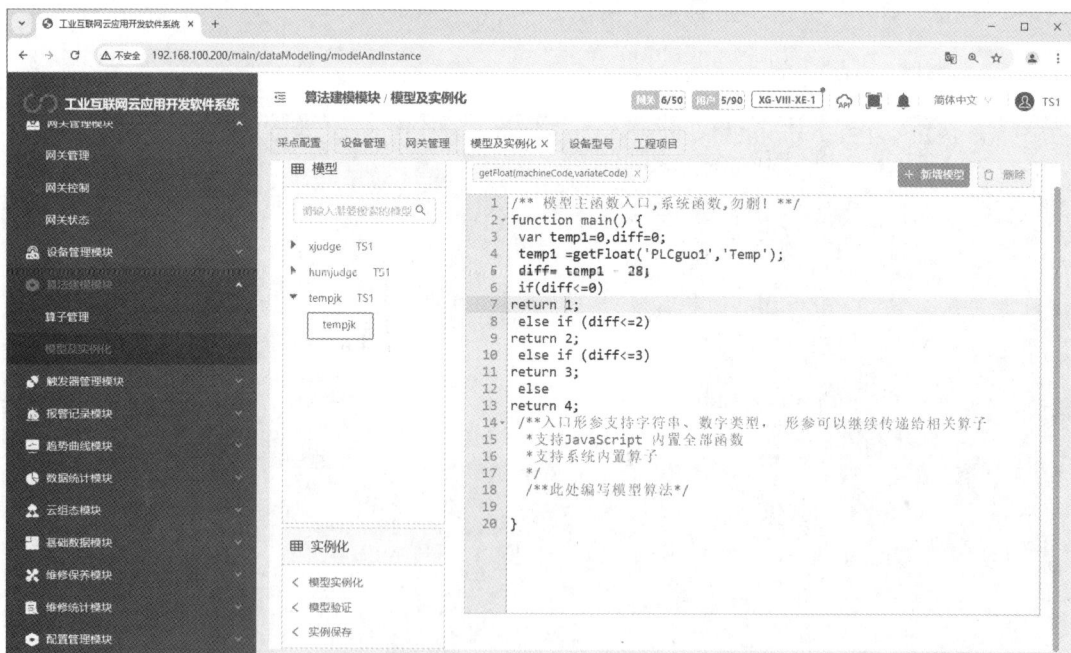

图 3-19　成功保存

3.1.4　数据上云

（1）数据上云之前，检查"XEdge"的报警记录信息，若没有，则选中需要配置的网关盒子（此处以默认分组下的 plc3 为例），选择"报警记录"→"报警登记"，单击"新建报警"按钮，如图 3-20 所示。

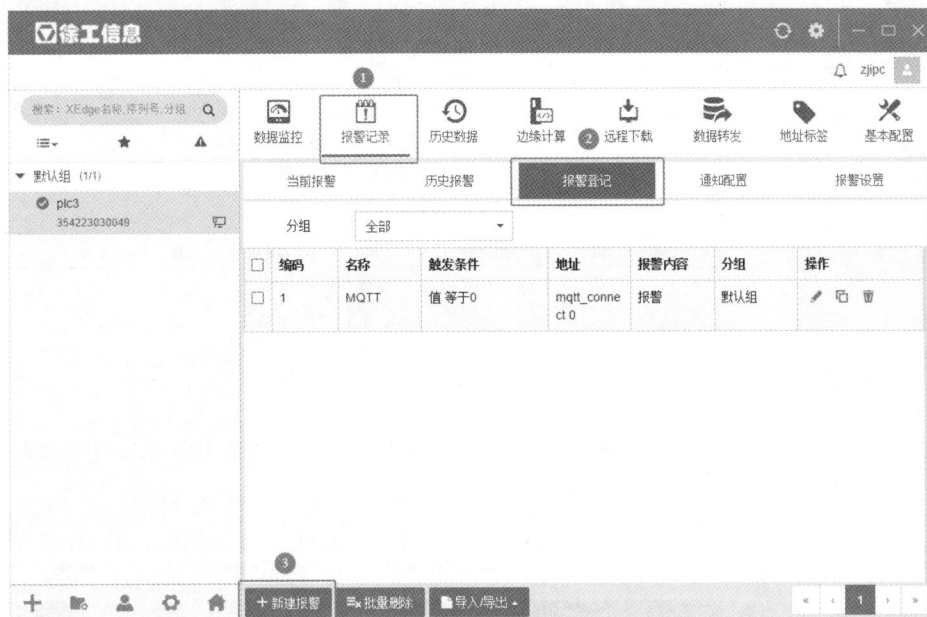

图 3-20 新建报警

（2）在弹出的"新建报警记录"界面输入名称（本例中输入"MQTT"），将"连接设备"设为"FECHMQTT"（图中字符显示不完整，下同），将"数据类型"设为"16 位无符号"，将"地址类型"设为"mqtt_connect"，将"报警内容"设为"报警"，确认信息后，单击"确定"按钮，如图 3-21 所示。

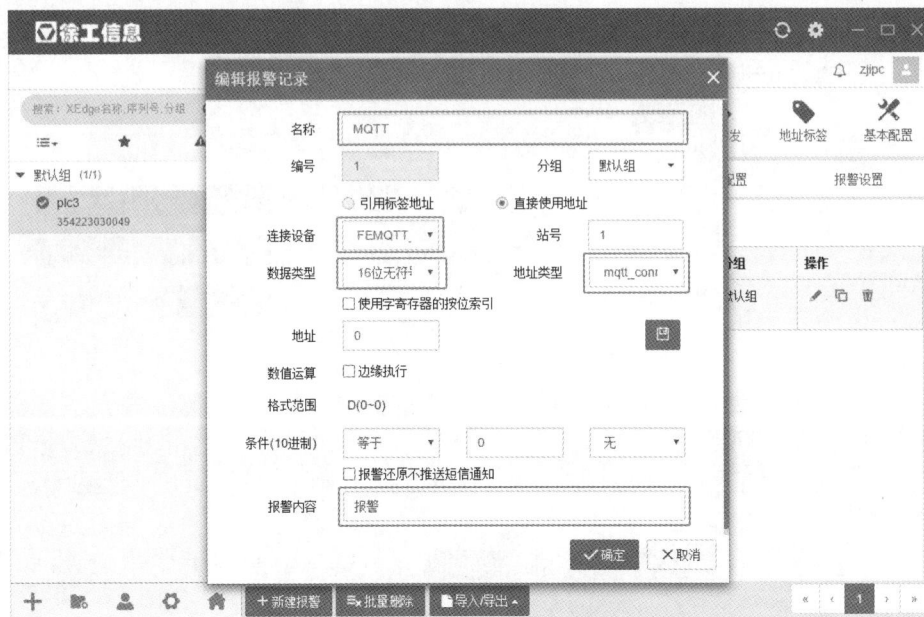

图 3-21 新增报警记录

（3）显示添加报警记录成功后的界面如图 3-22 所示。

图 3-22　显示添加报警记录成功后的界面

（4）选择"远程下载"项目，单击"设备管理"按钮，如图 3-23 所示。

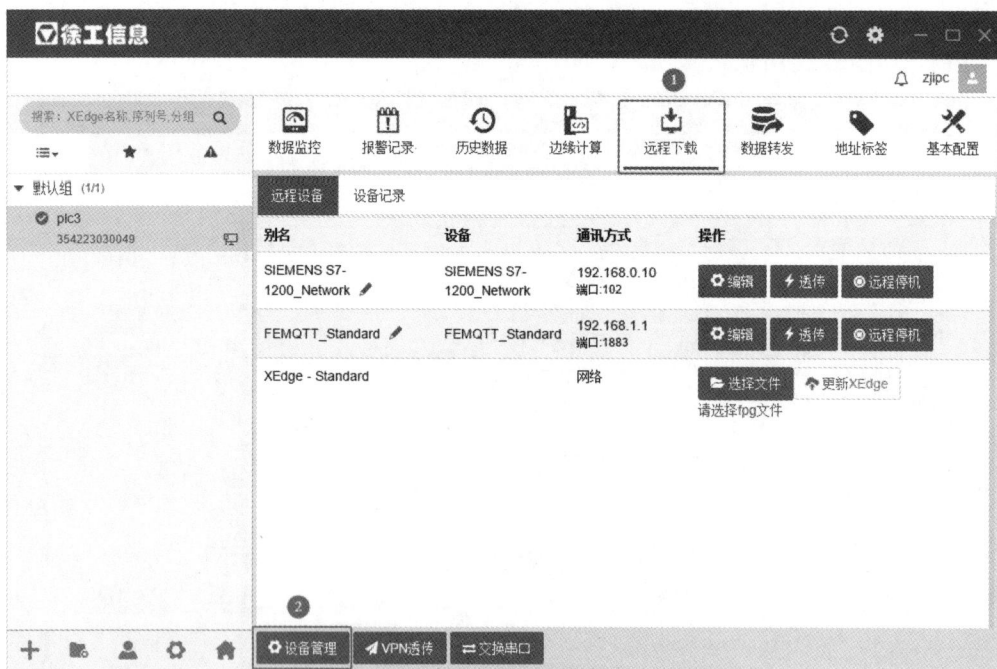

图 3-23　添加云服务

（5）在弹出的"设备管理"界面中，选择"云服务"标签页，选择"MQTT"，服务地址与端口根据每台设备的信息表（如图 3-24 所示）而定，其他设置如图 3-25 所示，单击"同步监控点"按钮。

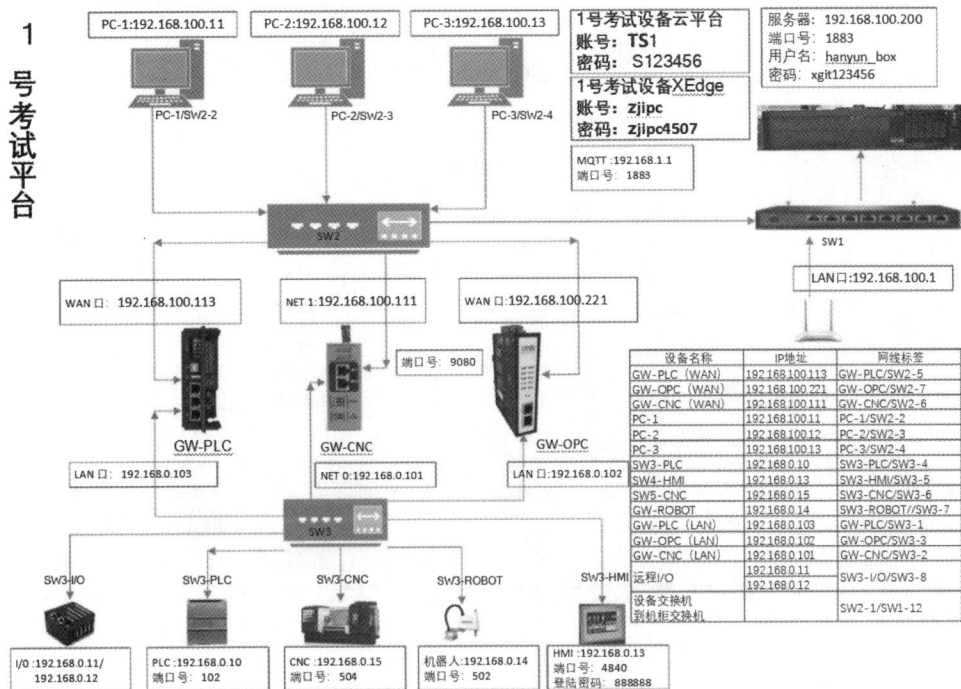

图 3-24　1 号考试平台的信息表

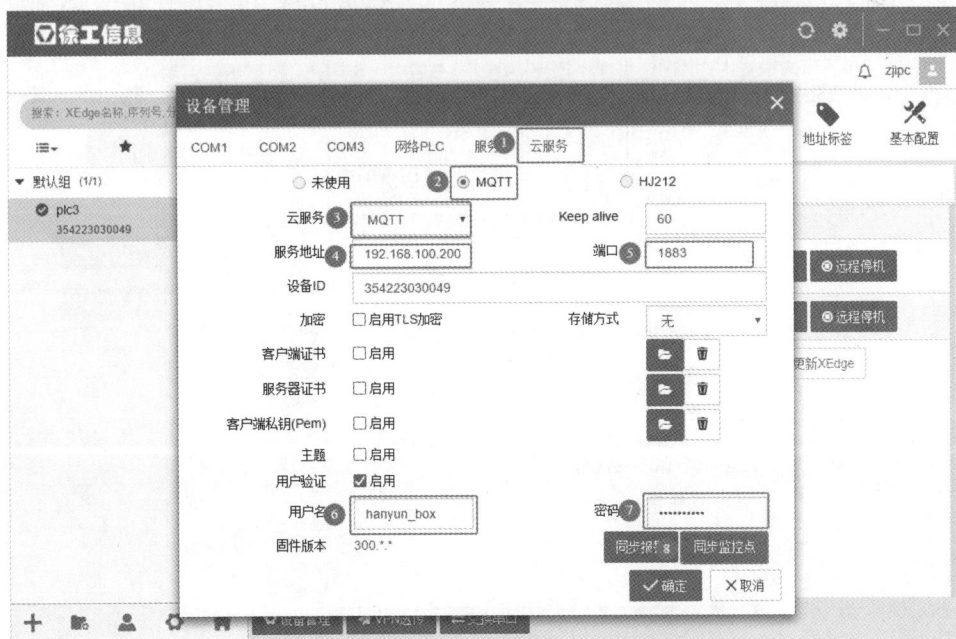

图 3-25　设置设备管理信息

（6）在弹出的"选择编码"界面中，将"编码方式"设为"GB2312"，单击"确定"按钮，如图 3-26 所示。

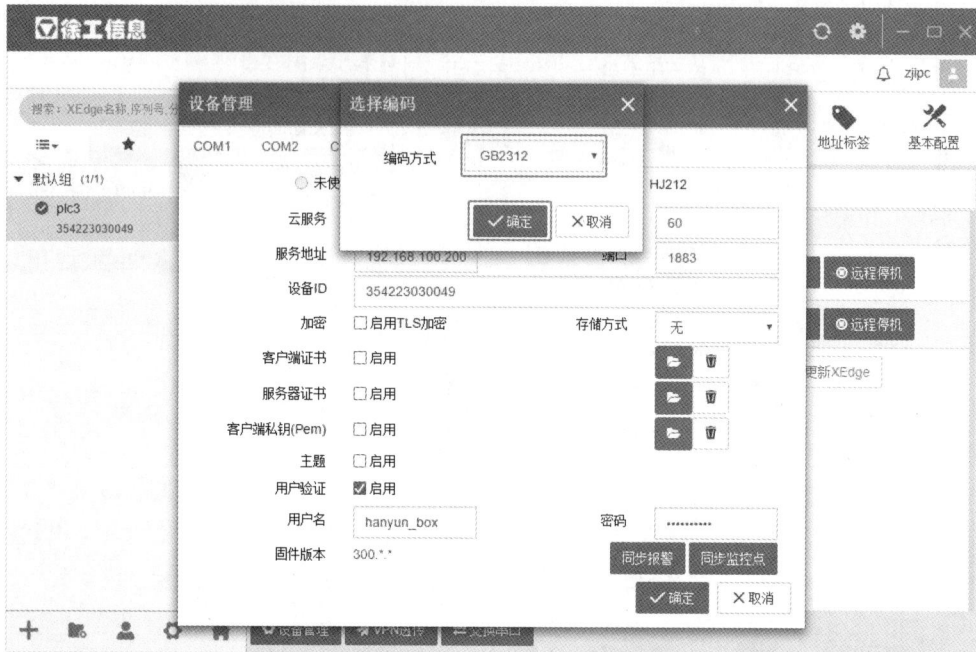

图 3-26　同步监控点

（7）系统提示"同步监控点成功"后，单击"确定"按钮，如图 3-27 所示。

图 3-27　同步监控点成功

（8）返回"设备管理"界面，单击"同步报警"按钮，在弹出的界面中将"编码方式"设为"GB2312"，单击"确定"按钮，如图 3-28 所示。

图 3-28　同步报警点

（9）系统提示"同步报警点成功"后，单击"确定"按钮，如图 3-29 所示。

图 3-29　同步报警点成功

（10）回到工业互联网云应用开发软件系统，进入"设备管理模块"，选择"采点配置"选项，单击"新增"按钮，如图 3-30 所示。

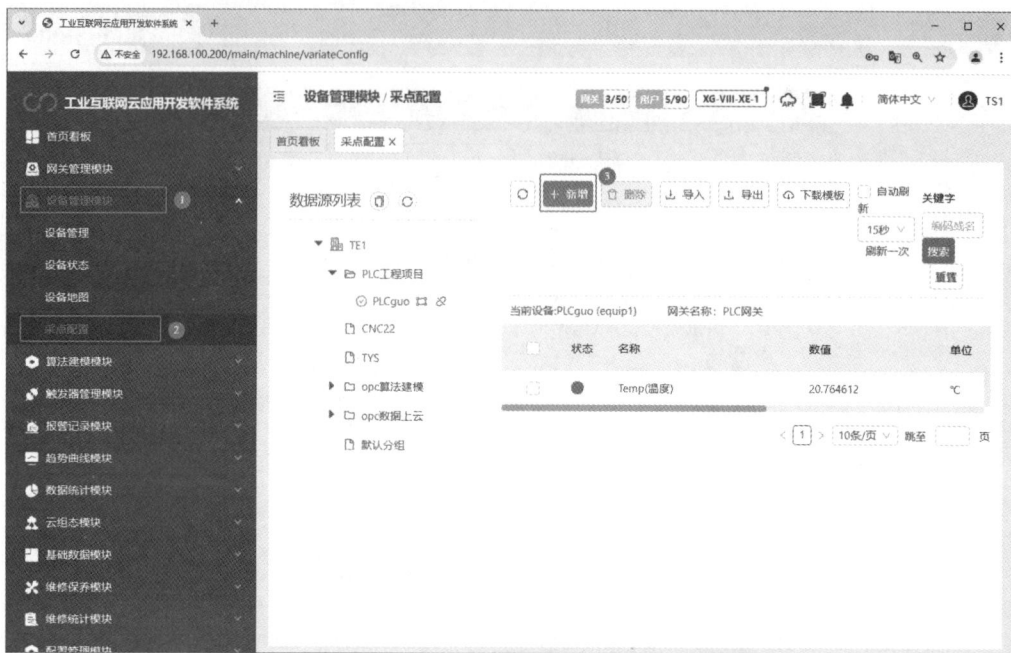

图 3-30　新增采点

（11）将"编码"设为"XEdge"数据监控中没有上云的监控的编码，本例中此处设为"MQTT"，也可新增监控并选择新的编码。本例中将"名称"设为"tempjk"，如图 3-31 所示。

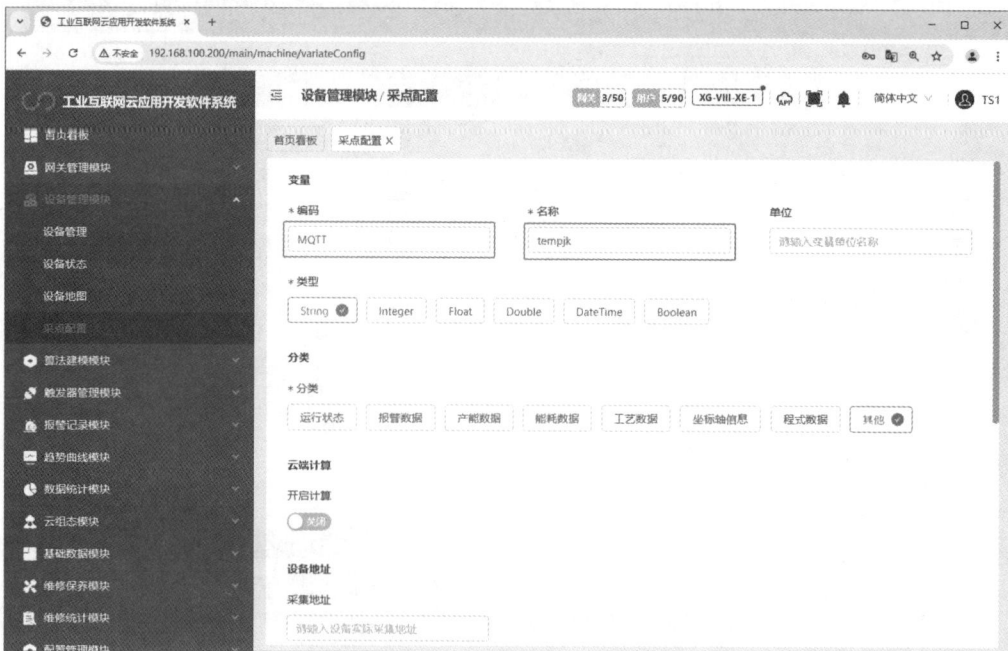

图 3-31　填写编码和名称

（12）单击"开启计算"开关使其状态为"ON"，单击"添加模板/实例"按钮，如图 3-32 所示。

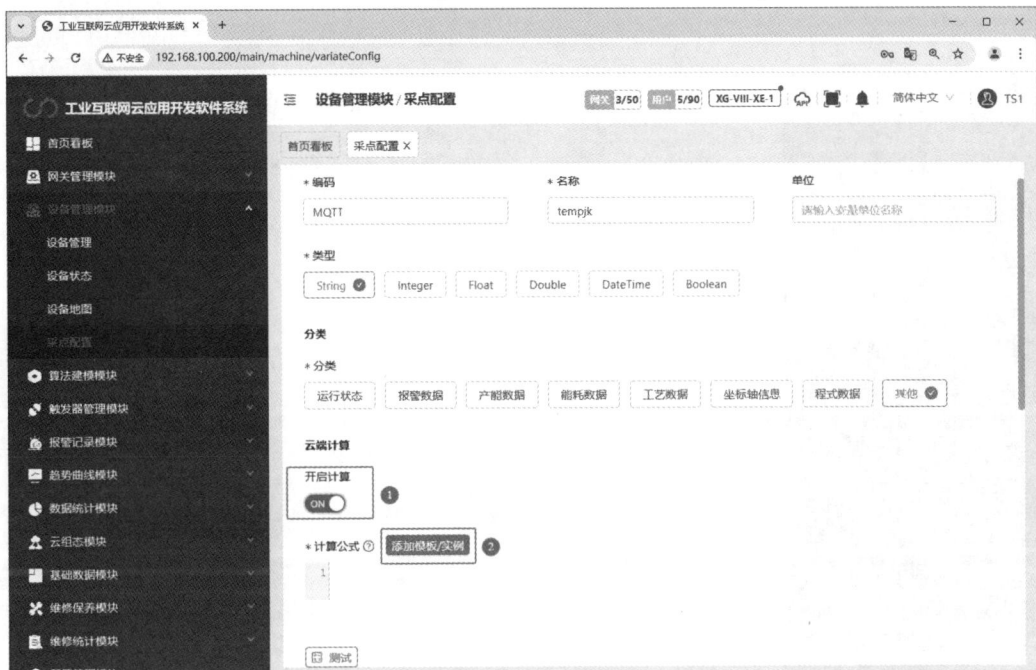

图 3-32　添加模型实例

（13）在弹出的界面中选择保存好的模型实例，单击"确定"按钮，如图 3-33 所示。

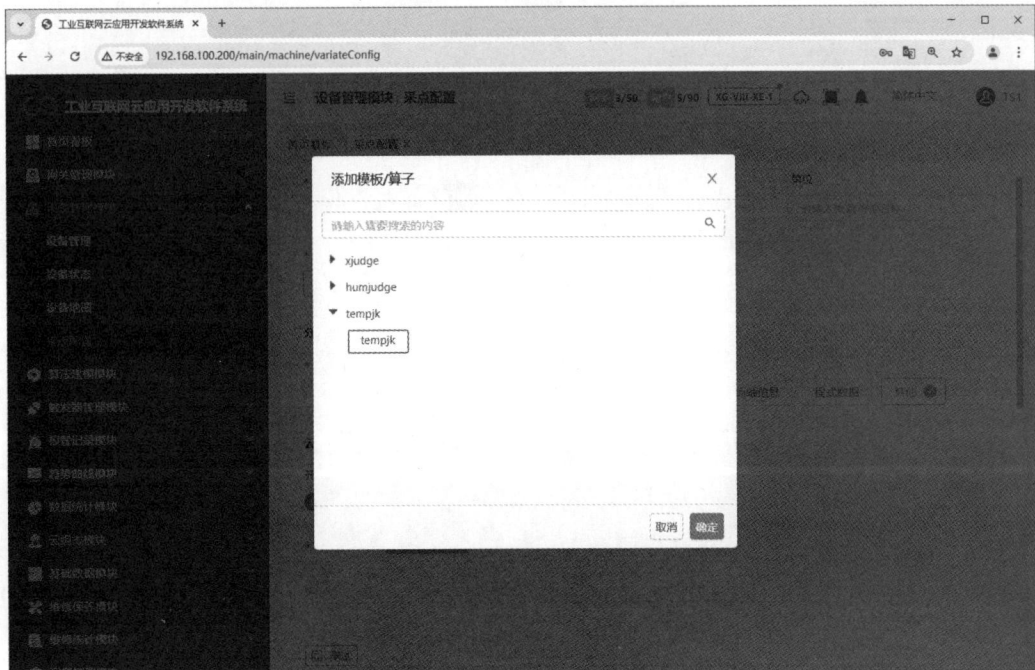

图 3-33　选择模型实例

（14）添加成功后，单击"测试"按钮，如一切正常，系统会提示测试通过，之后保存前面的设置，完成新增采点操作，如图 3-34 所示。

图 3-34　测试模型实例

（15）添加成功后，系统将显示监控数据，如图 3-35 所示。

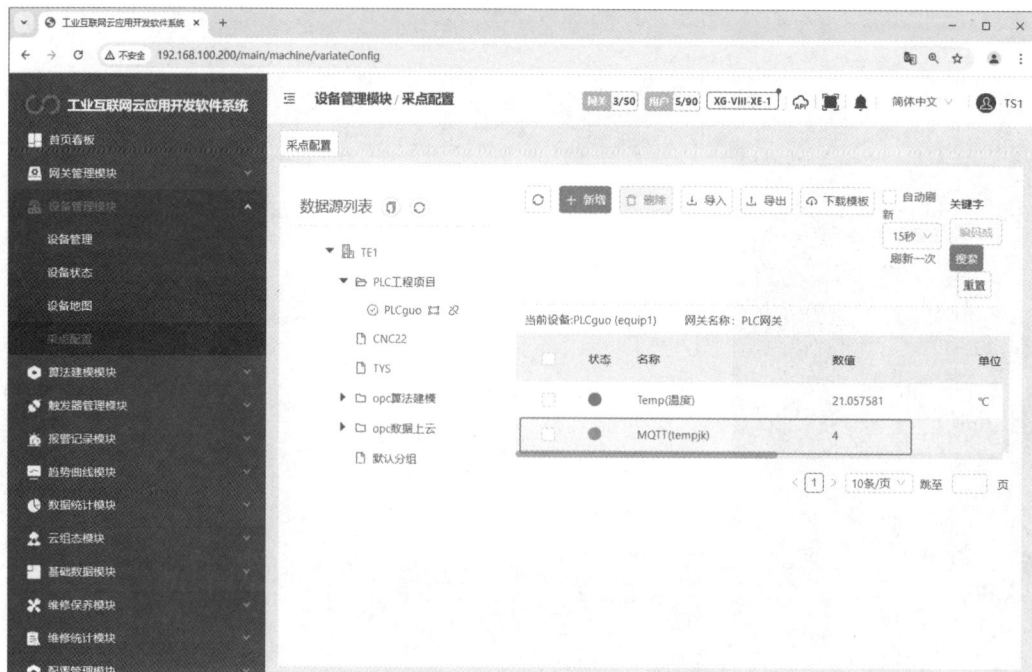

图 3-35　成功添加采点后显示的监控数据

附：算法建模程序示例

（1）设备综合效率代码：

```
function main(machineCode,productLineSpeed,onlineDuration,qualifiedOutput,totalOutput) {
var passNum=0,allNum=0,onTime=0,planTime=3,
speed=0,theorySpeed=60,passRate=0,
bootRate=0,performanceRate=0,oee=0;
passNum =getInt(machineCode,qualifiedOutput);
allNum = getInt(machineCode,totalOutput);
if(allNum!==0) {
passRate = passNum/allNum;
}
onTime = getFloat(machineCode,onlineDuration);
bootRate=onTime/planTime;
speed = getInt(machineCode,productLineSpeed);
performanceRate=speed/theorySpeed;
oee=passRate*bootRate*performanceRate*100;
return oee.toFixed(3);
}
```

（2）温度范围判断代码：

```
function main(machineCode,temperature) {
var temp = 0;
temp = getFloat(machineCode,temperature);
if(temp>=10&&temp<=45)
return 1;
else
return 0;
}
```

（3）温度报警代码：

```
function main(machineCode,temperature) {
var temp1=0,diff=0;
temp1 = getFloat(machineCode,temperature);
diff= temp1 - 28;
if(diff<=0)
return 1;
else if (diff<=2)
return 2;
else if (diff<=3)
return 3;
else
return 4;
}
```

任务 3.2　边缘计算

5G 时代的到来，给工业互联网提供了一个非常好的平台，我国华为 5G 技术在全球范围内备受瞩目，作为全球领先的通信技术，华为 5G 技术主要有以下几点优势：（1）华为 5G 网络极大地提升了通信速度，下载速度可以达到每秒数百兆比特，大幅缩短了传输时间；（2）华为 5G 技术通过独特的算法优化了网络性能，提高了网络连接的稳定性和可靠性；（3）华为 5G 技术采用了一系列先进的加密和安全机制，保障了用户的通信隐私和数据安全。

以上事实说明，在未来，数据传输将不再成为制约信息社会进步的瓶颈，那么，既然数据传输速度这么高了，为什么还要发展边缘计算？

分布式结构在探知、获取信息的方面的应用，旨在通过多信息融合的方式去获取信息、感知环境，边缘计算解决的就是如何对这些信息进行处理的问题。

分布式传感器获取的数据是海量的，如果不在前端进行分析和处理，把采集到的原始数据都通过网络传到后台或传到云端再处理的话，对后台的压力和要求是非常高的。算力如何分配是一个关键问题。哪些应用、哪些算法可以运行在前端？哪些比较"重"的模型需要运行在后端？这需要从实际场景出发进行合理配置。

边缘计算是指在靠近物或数据源头的一侧，采用"融网络、计算、存储、应用核心能力为一体"的开放平台（网络边缘侧可以是从数据源到云计算中心之间的任意功能实体，这些实体搭载着融合网络、计算、存储、应用核心能力的边缘计算平台），为终端用户提供实时、动态和智能的计算服务。

边缘计算采用的是一种分布式运算架构，将应用程序的运行、数据资料的处理与运算，由网络中心节点移往边缘节点来处理，这样就将原本完全由中心节点处理的大型服务加以分解，切割成更小与更容易管理的单元，并将其分散到边缘节点去处理。边缘节点更接近用户终端装置，可以提高资料的处理与传送速度，减少延迟。

简单地说，边缘计算就是在靠近数据源头的地方提供智能分析处理服务，减少了时延，提升了效率，提高了安全性，增强了对隐私的保护。

通俗地说，边缘计算是去中心化或分布式的云计算，原始数据不传回云端，而是在本地完成分析。边缘计算是驱动物联网的关键技术，因此边缘计算的推动者往往是从事物联网研究的人员。

在边缘计算中，传感器、控制器和其他连接的设备本身收集和分析物联网数据，或将其传输到附近的计算设备（如服务器或笔记本计算机）进行分析。当数据处理和分析发生在网络边缘（与数据中心或云相对）时，数据分析可以立即运行。

工业互联网数据处理中，边缘计算的具体操作如下。

3.2.1　PLC 网关的边缘计算

（1）启动网关盒子，在"边缘计算"标签页中单击"脚本"按钮，再单击"新建脚本"按钮，如图 3-36 所示。

15-3.2.1 PLC 网关的
边缘计算

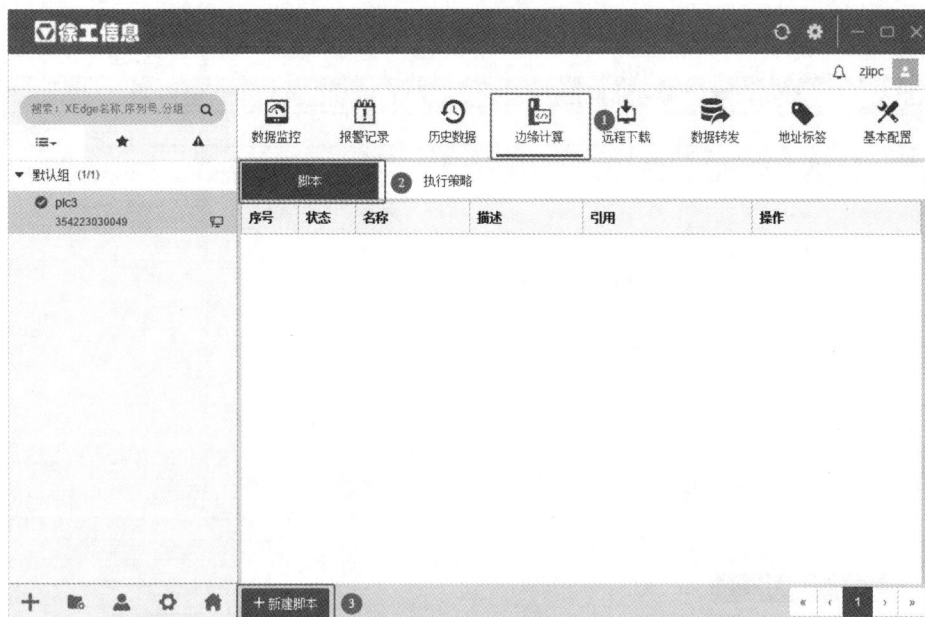

图 3-36　边缘计算步骤 1

（2）新建脚本界面，添加脚本名称和说明，并单击"新增"按钮，如图 3-37 所示。名称：temppd（支持中文）；说明：温度判断（支持英文）。

图 3-37　边缘计算步骤 2

（3）在"选择变量"界面填入名称（本例中此处填入"Temp"）；选择"直接使用地址"；将"连接设备"设为"SIEMENS S7-1200_Network"（图中字符显示不全，下同）；将"地址类型"设为"DBn.DBD"；将"地址块索引"设为"17"；将"地址"设为"6"；将"站号"设为"1"。完成后单击"确定"按钮，如图 3-38 所示。

图 3-38　边缘计算步骤 3

（4）再次新增一个变量，在"选择变量"界面填入名称（本例中此处填入"temppd"）；选择"直接使用地址"；将"连接设备"设为"Local"；将"地址类型"设为"RW"；将"地址"设为"8888"（此处"地址"填入范围为 3000~9999），完成后单击"确定"按钮，如图 3-39 所示。

图 3-39　边缘计算步骤 4

（5）在界面右侧完成代码编写，然后单击三角形的运行按钮，查看输出内容。如果出现错误，可以查看帮助文档以便排错。确认无误后，单击界面右上方的"保存&关闭"按钮，如图 3-40 所示。

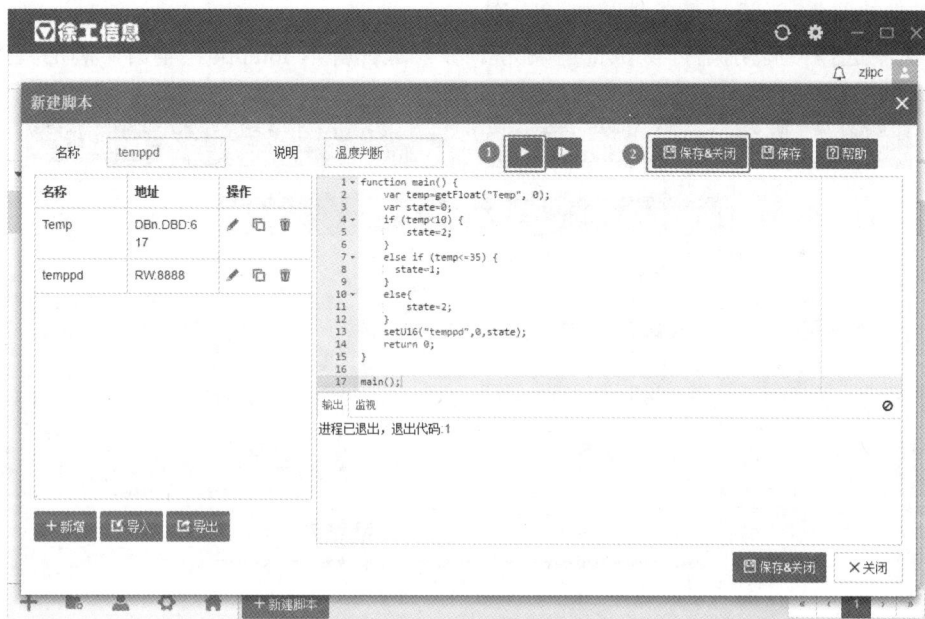

图 3-40　边缘计算步骤 5

（6）在"边缘计算"标签页中单击"执行策略"按钮，再单击"新建策略"按钮，如图 3-41 所示。

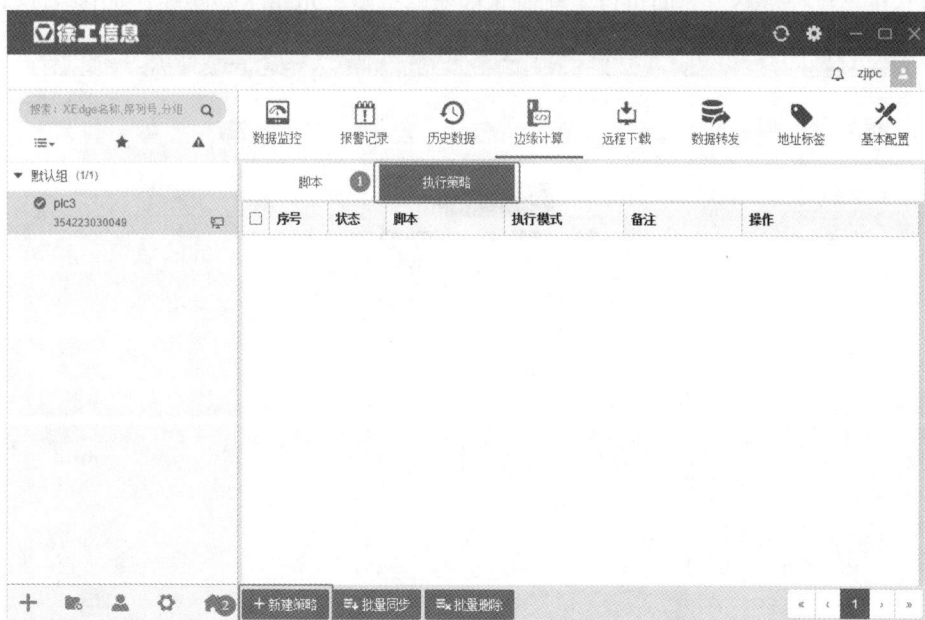

图 3-41　边缘计算步骤 6

（7）执行模式一共有三种，分别如下：

"XEdge 启动时执行"：设备启动（上电）后执行一次，之后不再执行。

"周期执行"：根据设定时间周期性执行。

"条件执行"：当满足某条件时执行一次。

本例中选择"周期执行"，执行周期为 5 秒。选择脚本 temppd，单击"确定"按钮，如图 3-42 所示。

图 3-42　边缘计算步骤 7

（8）在"执行策略"界面可以看到脚本的策略信息，单击下载按钮，如图 3-43 所示。

图 3-43　边缘计算步骤 8

（9）在弹出的"系统提示"界面中单击"确定"按钮，如图 3-44 所示。

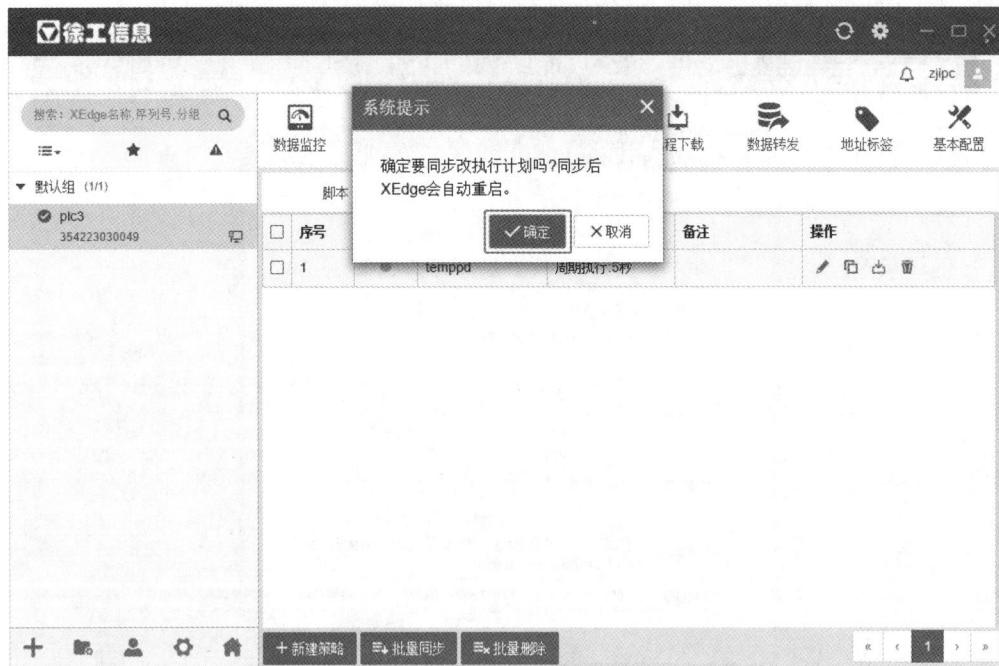

图 3-44　边缘计算步骤 9

（10）在"数据监控"标签页中单击"新建监控"按钮，如图 3-45 所示。

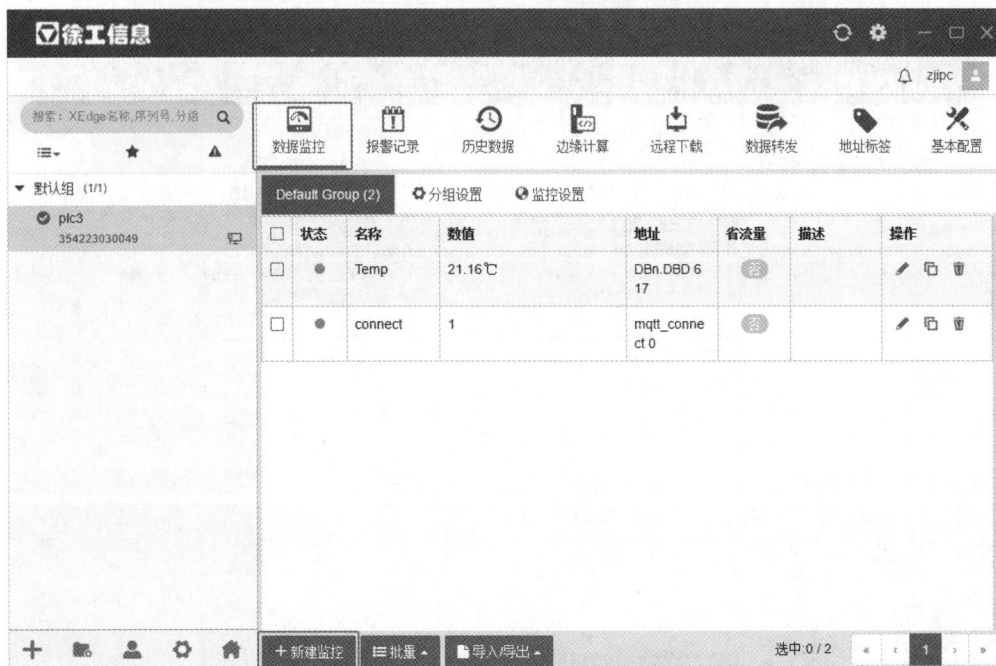

图 3-45　边缘计算步骤 10

（11）在"新建监控数据"界面填入相关数据，具体设置如图 3-46 所示（注意：其中的"地址"应与图 3-39 所示界面中的"地址"保持一致），单击"确定"按钮。

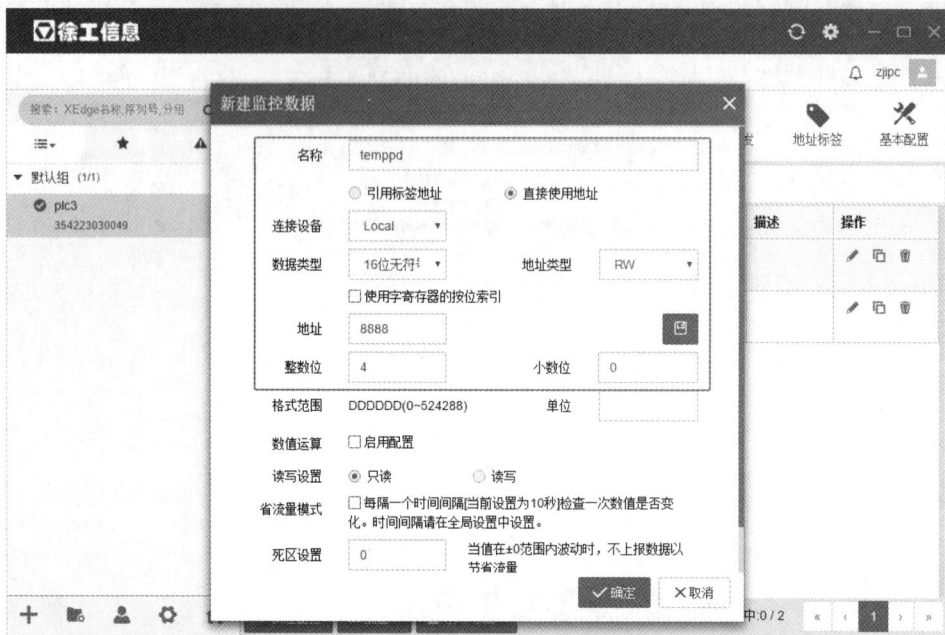

图 3-46　边缘计算步骤 11

（12）在完成设置之后我们可以看到"数据监控"标签页中已经有了数据，如图 3-47 所示，我们可以根据之前在网关中收集到的温度数据来判断我们的算法是否正确。

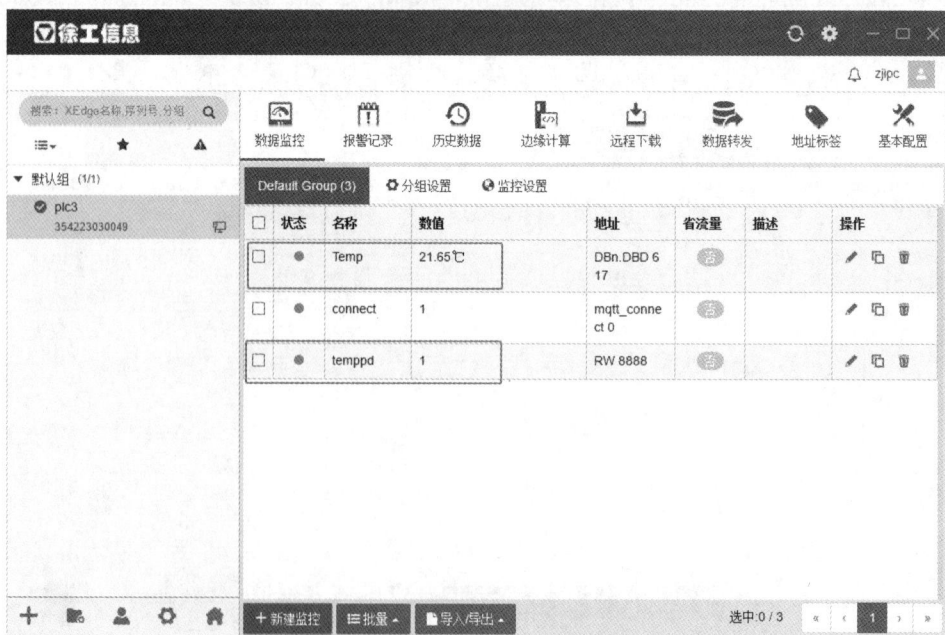

图 3-47　边缘计算步骤 12

3.2.2　CNC 网关的边缘计算

（1）登录 CNC 网关，选择"调试工具"→"边缘计算调试"模块，在界面右上方的下拉列表框中选择"全量计算"，如图 3-48 所示。

16-3.2.2 CNC 网关的边缘计算

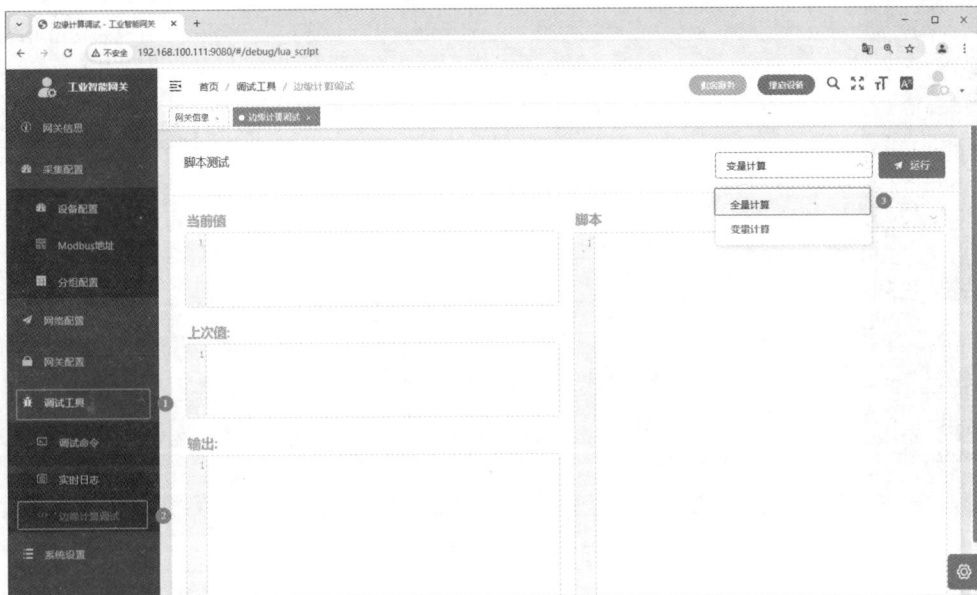

图 3-48　进入边缘计算调试

（2）例 1：判断"x"的值是否在正常范围内。在脚本中编辑判断的语句，如图 3-49 所示，语句中的（A）可以任意选用，但要与下文的变量前的定义名对应一致。在"全部变量"框输入一个变量值，下方"输出"框就会输出结果。

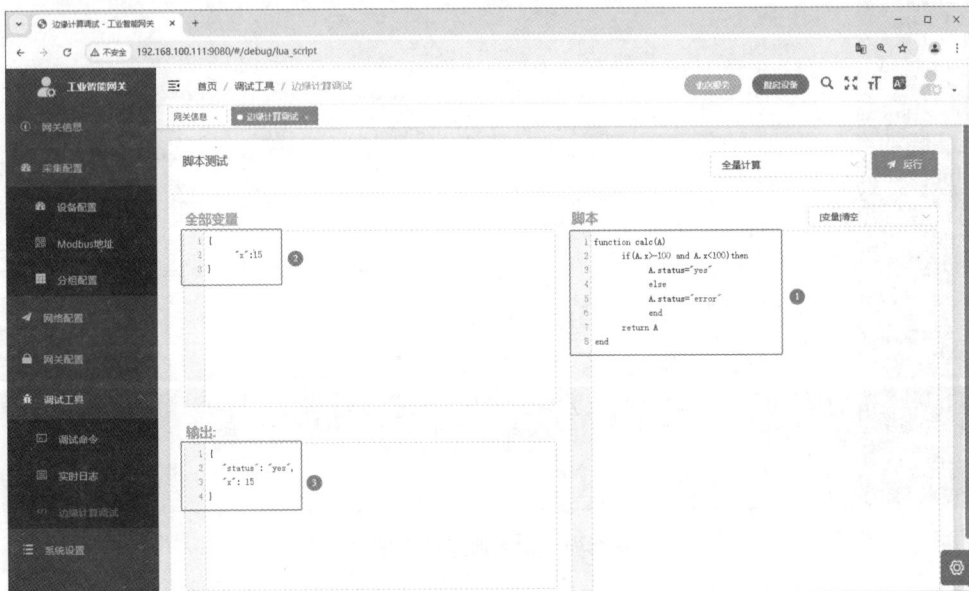

图 3-49　脚本输入与测试

进入"设备配置"项目，选择建立好的 CNC 配置，单击"修改"按钮，如图 3-50 所示。

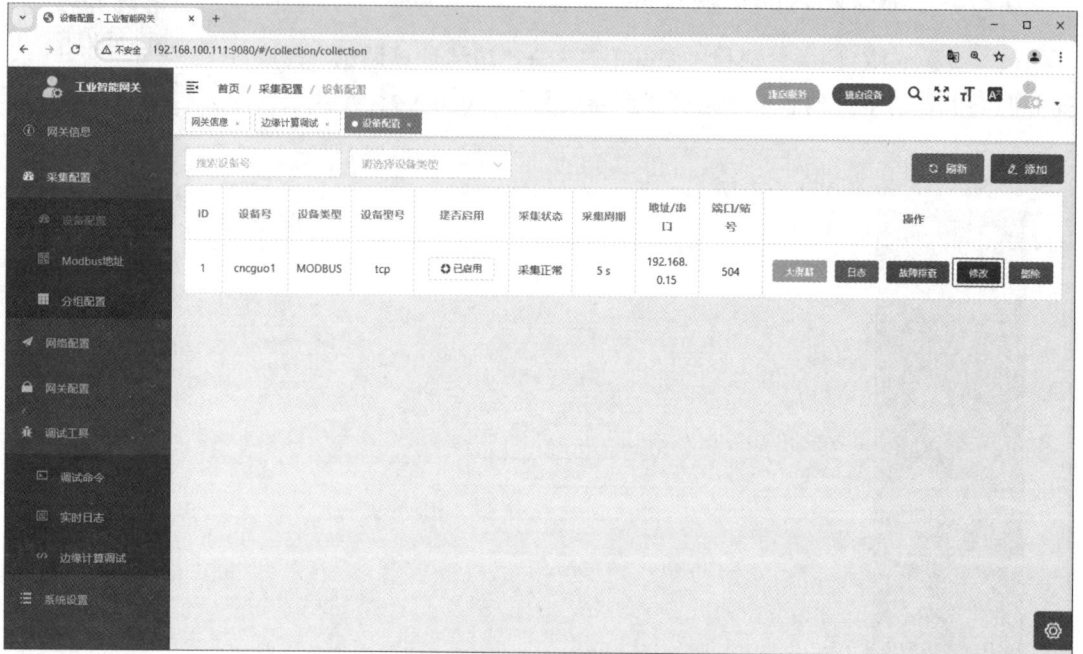

图 3-50　修改 CNC 配置

将边缘计算调试脚本中的计算语句放入到"边缘计算"框中并保存，如图 3-51 所示。

图 3-51　输入边缘计算模块

单击"重启服务"按钮，再单击"日志"按钮查看状态，如图 3-52 所示。

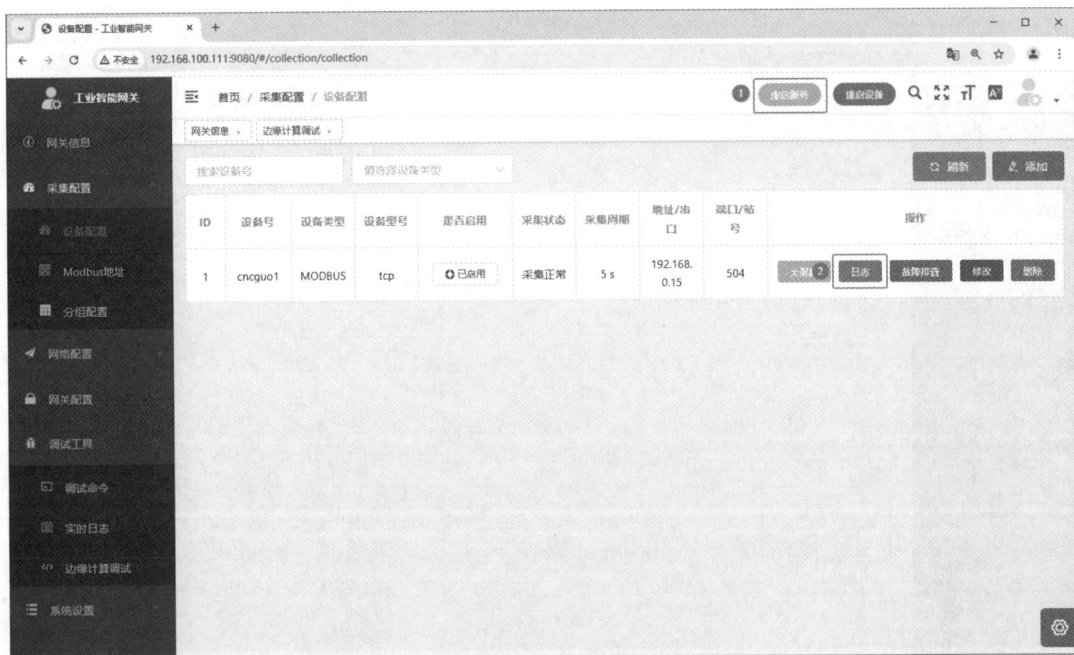

图 3-52　进入日志

在图 3-53 所示的界面可看到判断结果为"yes"，根据"x"的值可以发现判断正确。

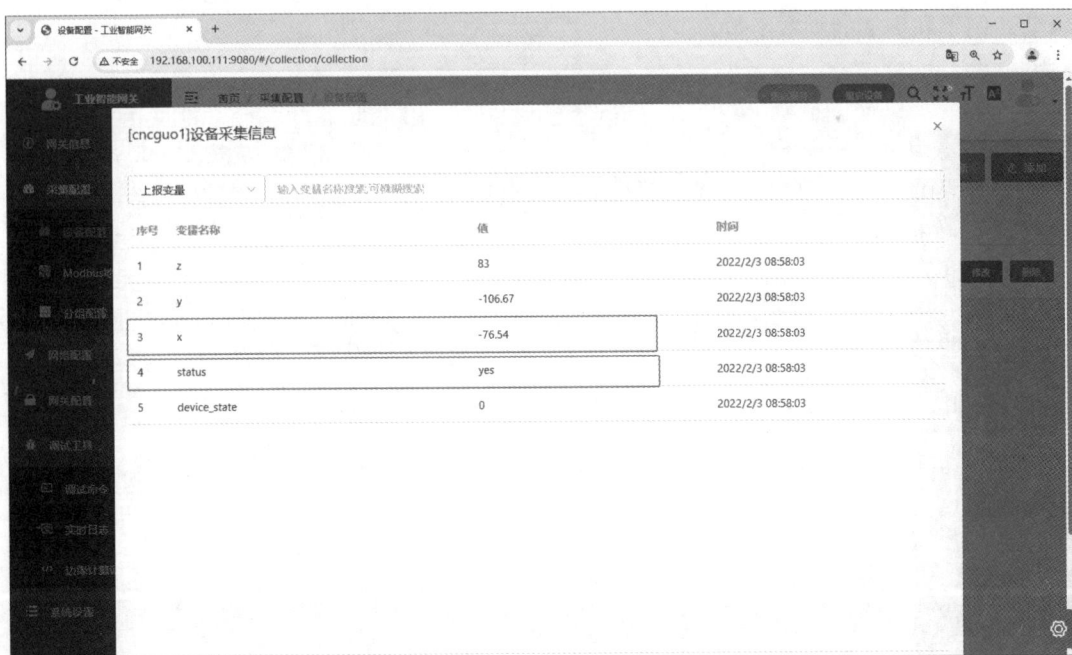

图 3-53　显示结果

（3）例 2：条件为计算"x""y""z"三变量之和。在脚本中输入计算"x""y""z"三变量之和的函数。可以在"全部变量"栏中分别输入三个变量的值，在"输出"栏显示其和，如图 3-54 所示。

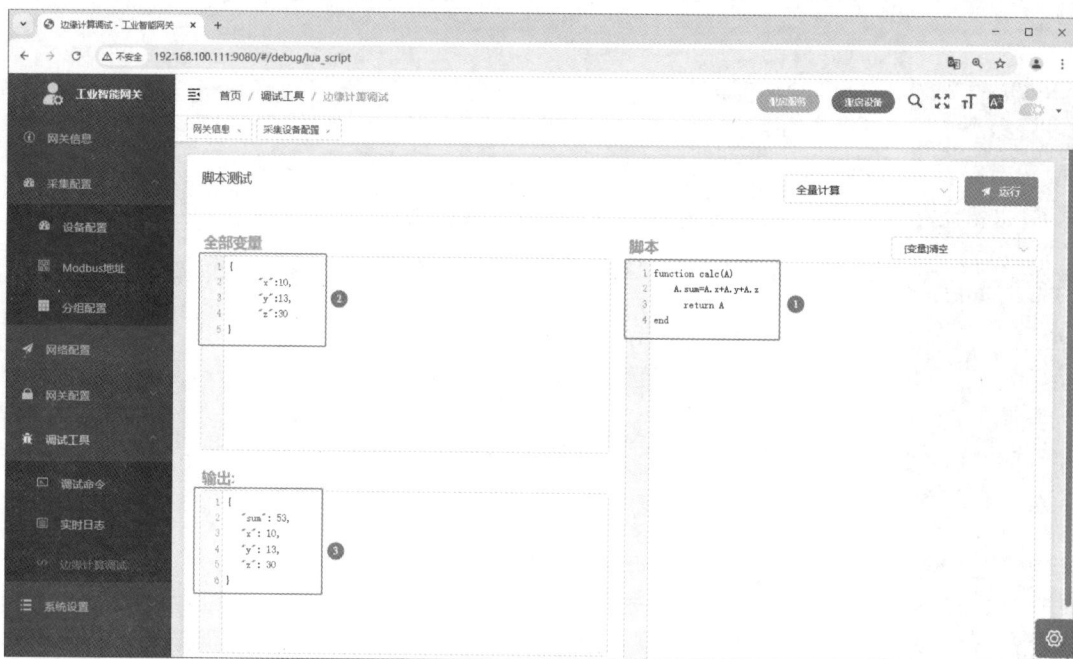

图 3-54　编辑函数

同样，进入 CNC 配置的"修改"项目，如图 3-55 所示，在边缘计算中，可以同时编辑前述例 1 和例 2 的脚本函数。

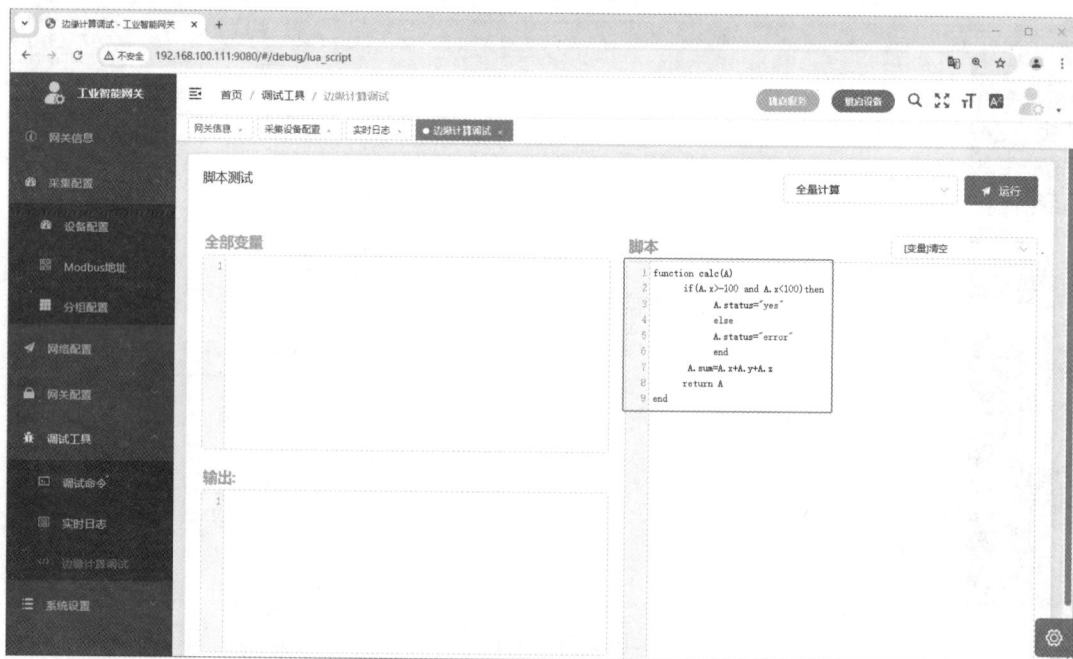

图 3-55　边缘计算

同样，保存脚本并重启服务后，进入日志，可以看到结果，如图 3-56 所示。

图 3-56　例 2 的结果

3.2.3　OPC 网关的边缘计算

17-3.2.3 OPC 网关的
边缘计算

（1）在"设备:B1 设备"对应界面中新建"x""y""z""sum"四
个 I/O 点，如图 3-57 所示，其中在建立"sum"时要将"权限"设为"读写"。

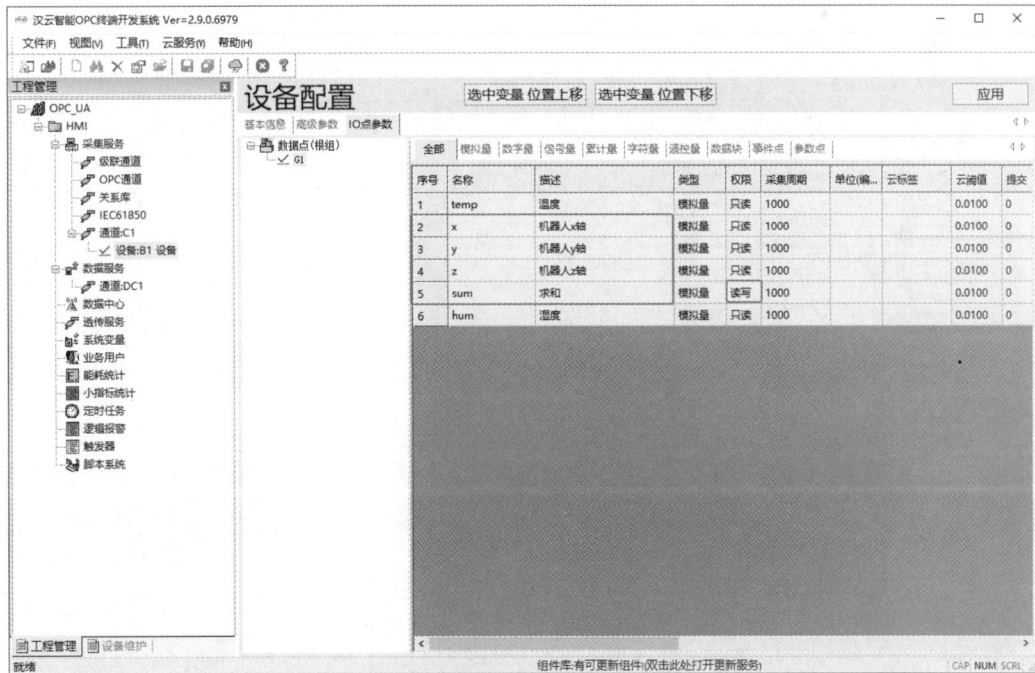

图 3-57　OPC 边缘计算步骤 1

（2）当 I/O 点建立完成后选中"脚本系统"，如图 3-58 所示，在空白栏处右键单击，并在弹出的菜单中选择"新建脚本"。

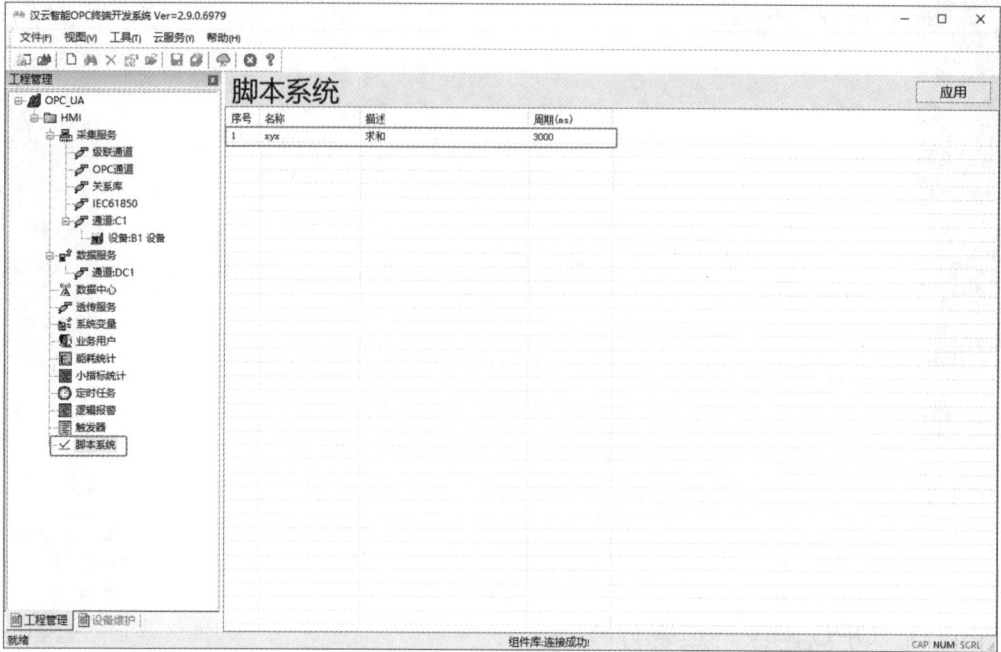

图 3-58　OPC 边缘计算步骤 2

（3）在新建的脚本中输入相应的程序，如图 3-59 所示。

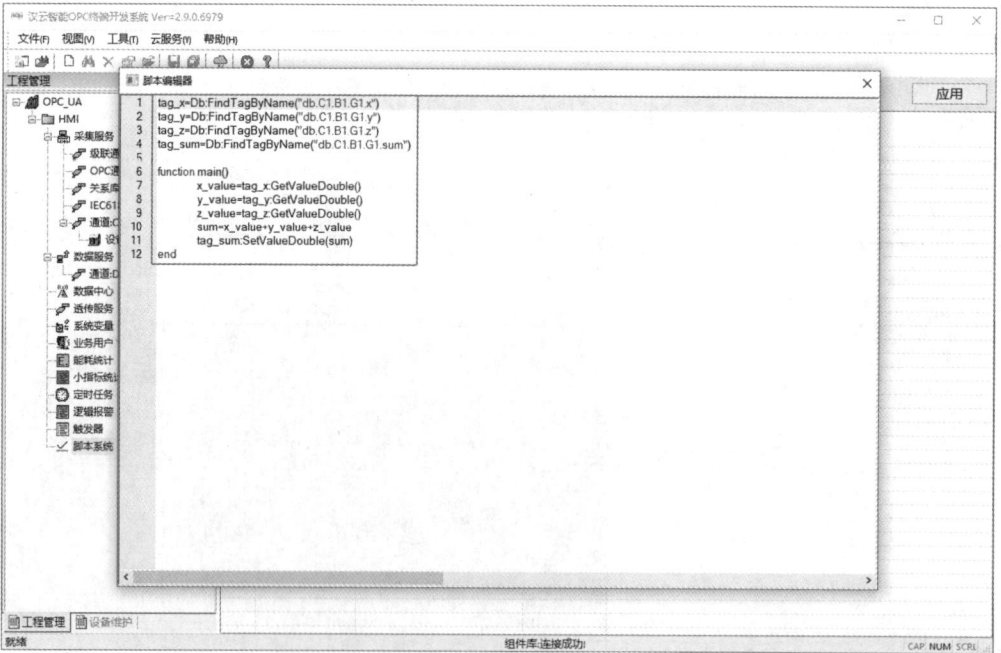

图 3-59　OPC 边缘计算步骤 3

（4）进入"设备维护"界面，双击"远程:123{192.168.100.112}"，在打开的界面中单击"登出"按钮，再单击"更新工程"按钮，如图 3-60 所示，直至出现"启动逻辑完成，进入工作状态"的提示后关闭界面。

图 3-60　OPC 边缘计算步骤 4

（5）打开汉云智能 OPC 终端，可在对应的界面查看到相应的数值，如图 3-61 所示。

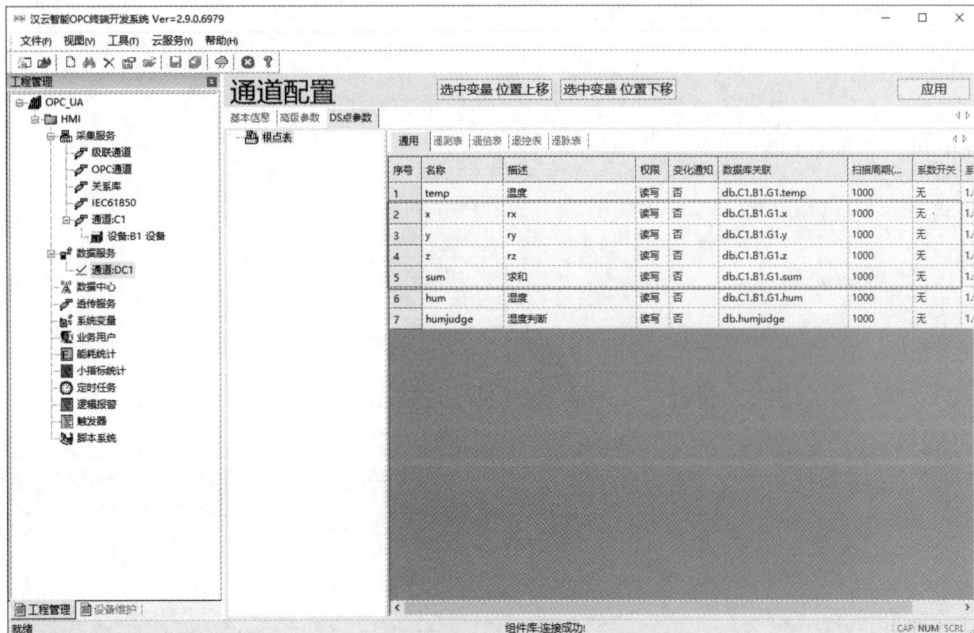

图 3-61　OPC 边缘计算步骤 5

通过以上 5 个步骤就完成了 OPC 的边缘计算。

附：边缘计算程序示例

（1）PLC 网关边缘计算程序：利用 PLC 网关边缘计算功能，根据图 3-62 所示输出零件的状态并存放在变量 status 内。

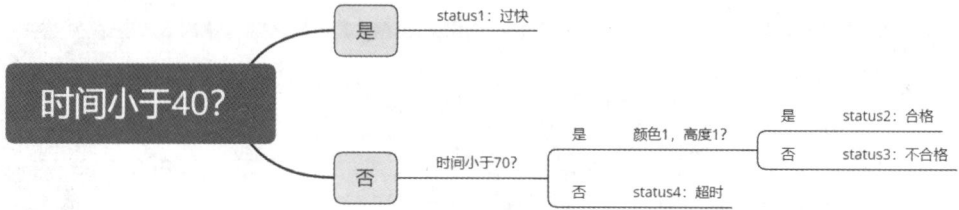

图 3-62　输出零件的状态

```
function main() {
    // Here to add macro code.
var s=0;
var t=getU16("time", 0);
var c=getBit("color", 0);
var h=getBit("height", 0);
if(t<40){
s=1;
}
else if(t<70){
if((c=1)&&(h=1)){
s=2;
}
else{
s=3;
}
}
else{
s=4;
}
setU16("status",0,s);
}
main();
```

（2）CNC 网关边缘计算程序：对数据点温度进行范围判定。

```
function calc(value)
if (value.temp>35 and value.temp<70) then
    value.status="ok"
    else value.status="error"
    end
    return value
end
```

（3）OPC 网关边缘计算程序：利用 OPC 网关的边缘计算功能计算 X、Y、Z 三变量之和，结果放在新建的变量 xyz_sum 中。

```
tag_x = Db:FindTagByName("db.C1.B1.G1.x")
tag_y = Db:FindTagByName("db.C1.B1.G1.y")
tag_z = Db:FindTagByName("db.C1.B1.G1.z")
tag_sum = Db:FindTagByName("db.C1.B1.G1.xyz_sum")

function main()
        x_value = tag_x:GetValueDouble()
        y_value = tag_y:GetValueDouble()
        z_value = tag_z:GetValueDouble()
        sum    =  x_value+y_value+z_value
        tag_sum:SetValueDouble(sum)
 end
```

任务 3.3　数据运维

3.3.1　云平台运维

（1）打开云平台网页。在网页浏览器的地址栏中输入 192.168.100.200，进入如图 3-63 所示网页。

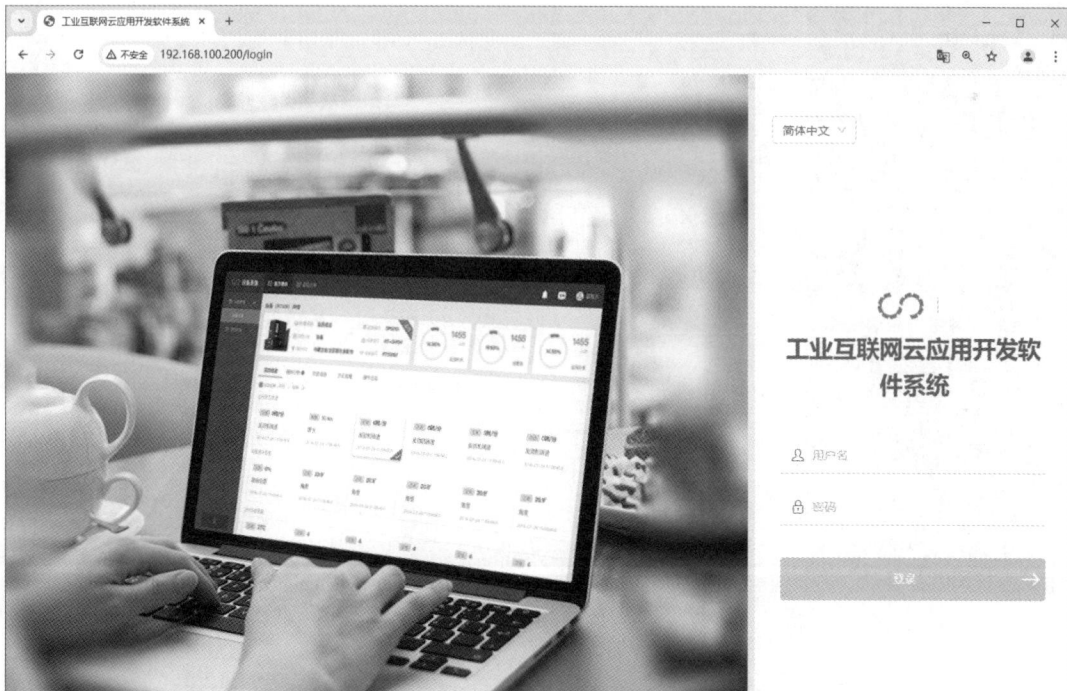

图 3-63　打开云平台网页

（2）登录账户。

如图 3-64 所示，输入第一层超级管理员（学校）的用户名和密码后登录。

用户名：ADMIN；

密码：Huatec123。

图 3-64 登录账户

（3）配置文件的导入。依次选择"配置管理模块"→"配置导入"，在界面右侧单击"配置导入"按钮，如图 3-65 所示。

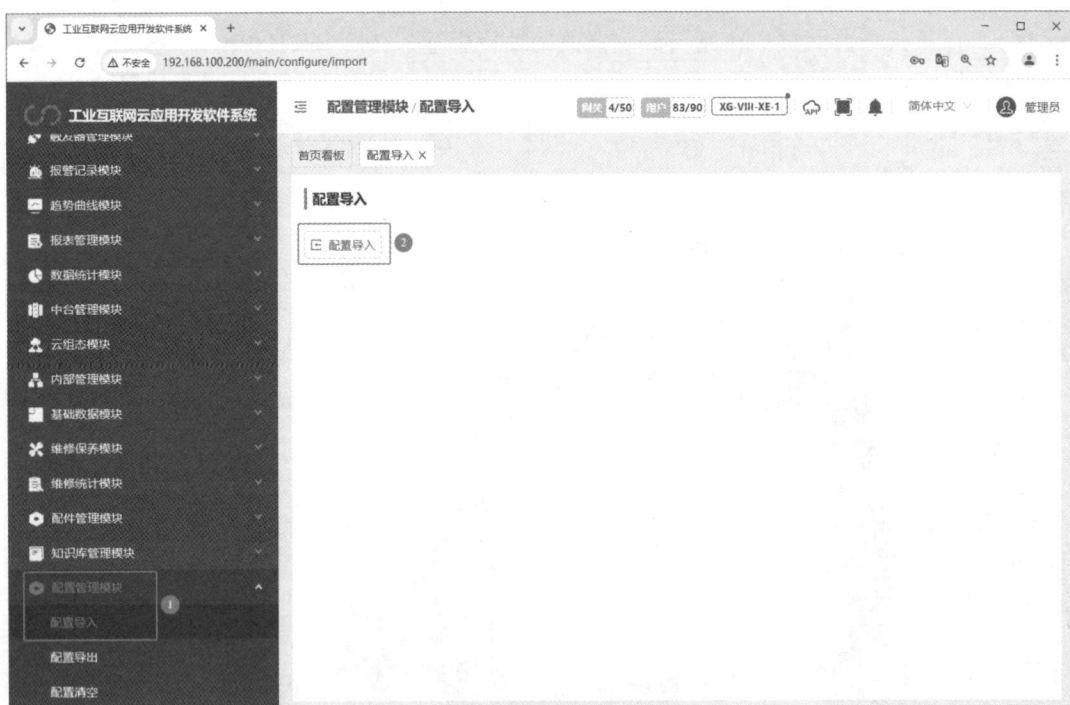

图 3-65 导入配置文件

选择配置文件，单击"打开"按钮，如图 3-66 所示，如操作无误，配置文件的导入此时就完成了。

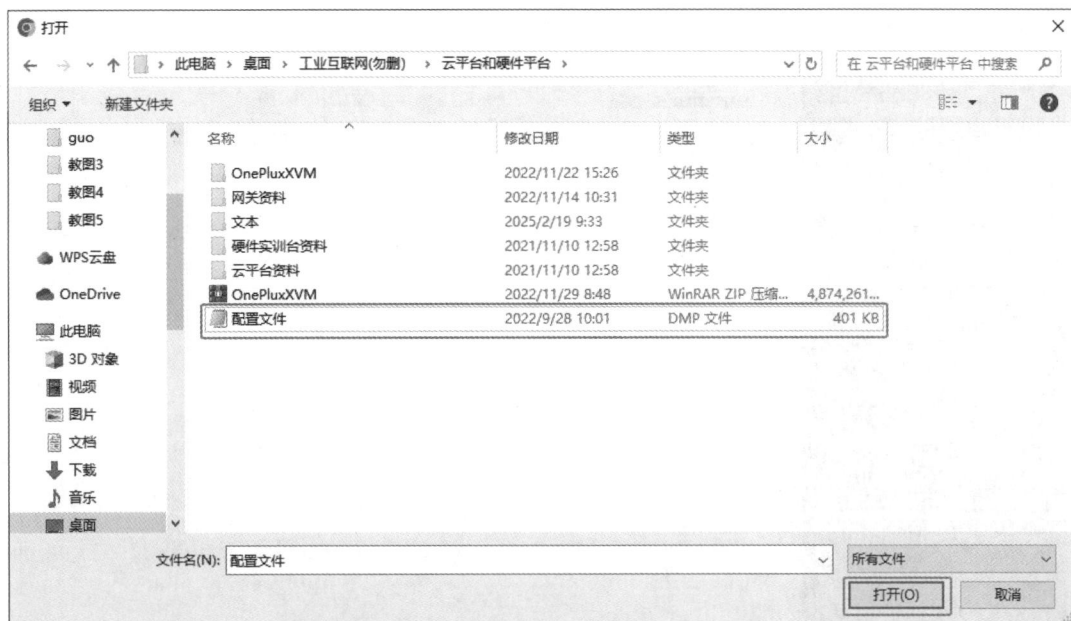

图 3-66　配置文件导入

（4）配置文件的导出。

如图 3-67 所示，单击"配置导出"按钮，即可通过网页浏览器下载配置文件，如图 3-68 所示，下载完成的配置文件如图 3-69 所示。

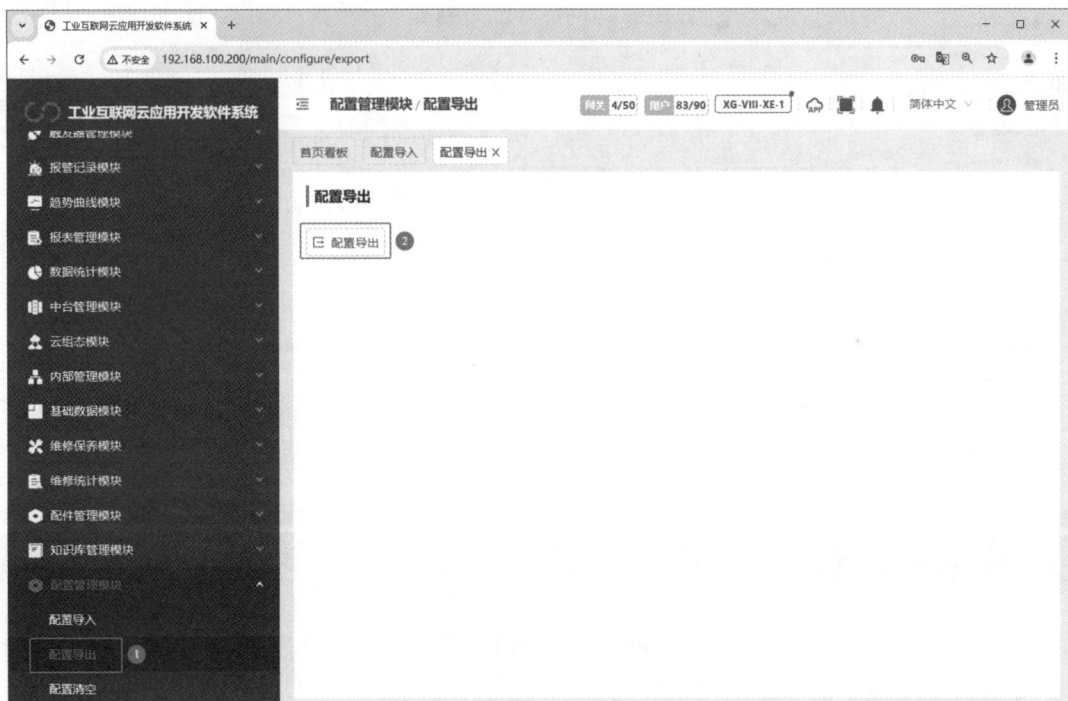

图 3-67　单击"配置导出"按钮

图 3-68　通过网页浏览器下载配置文件

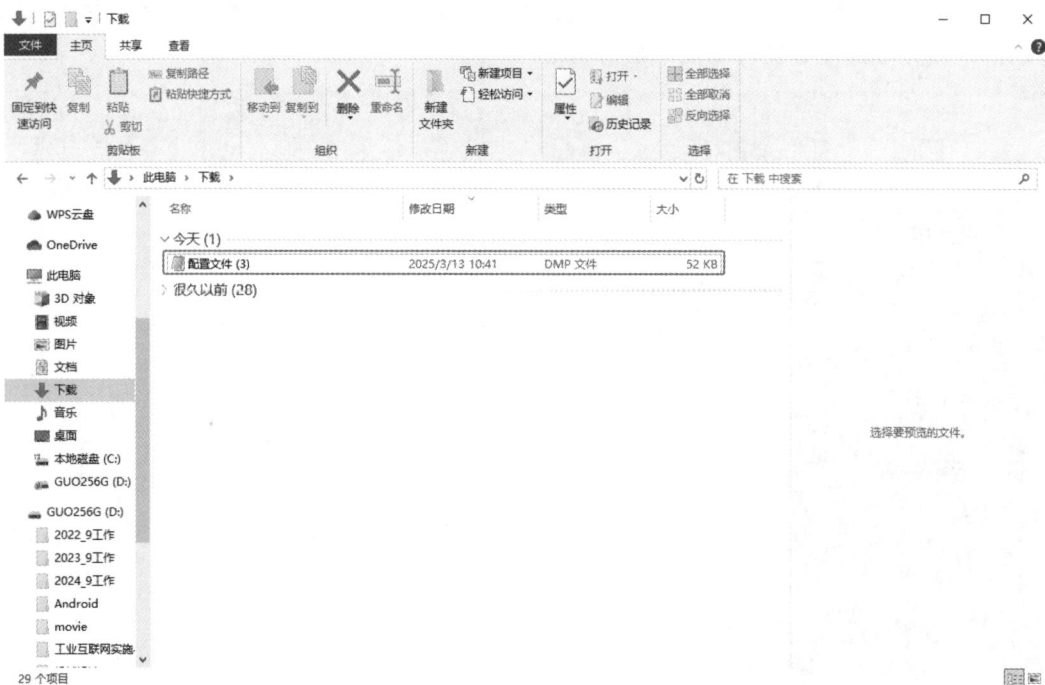

图 3-69　下载完成的配置文件

（5）清空配置信息。

如图 3-70 所示，单击"配置清空"按钮即可将系统中网关管理模块、设备管理模块、基础数据模块中所有的配置信息清空，系统恢复至初始状态，仅管理员账户支持该功能。

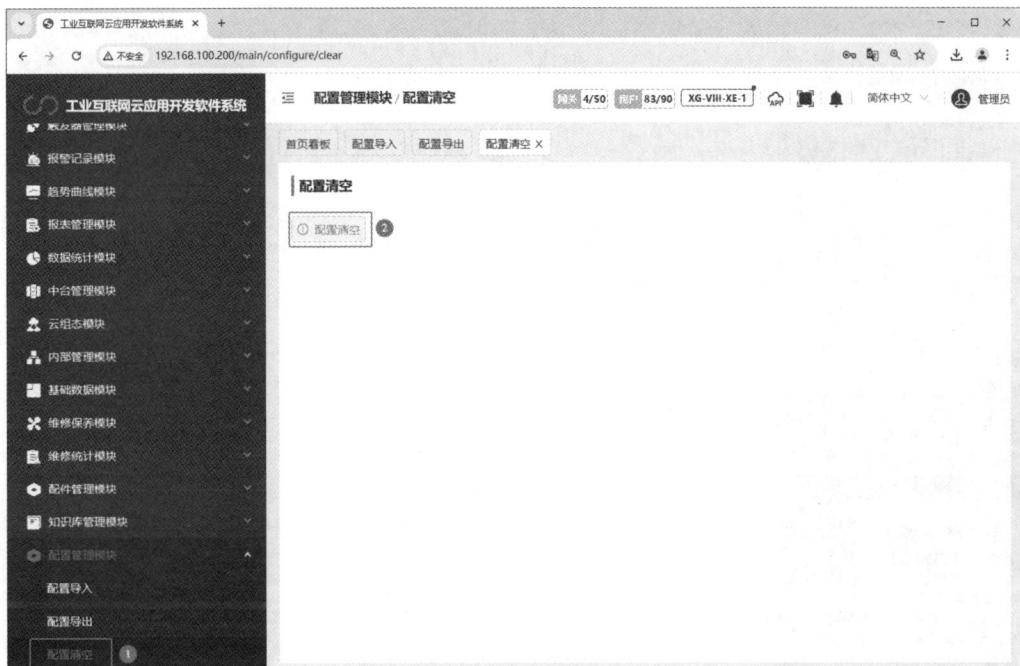

图 3-70 配置清空

（6）云平台运维人员管理。依次选择"内部管理模块"→"人员管理"，此时的人员管理界面如图 3-71 所示。

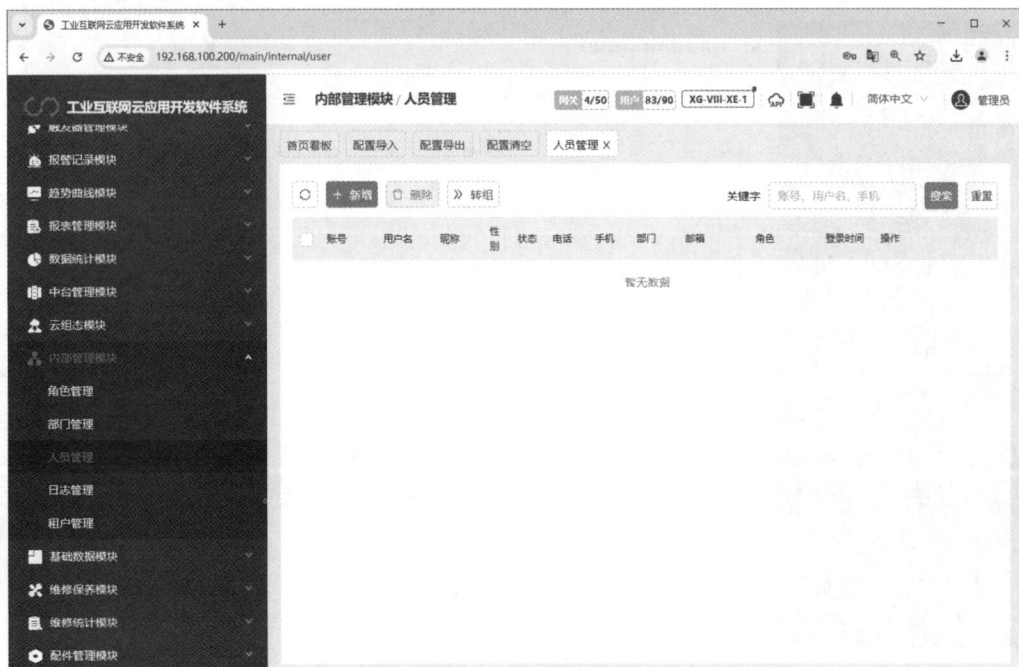

图 3-71 人员管理界面

单击如图 3-72 所示的"新增"按钮即可新增人员信息,新增人员界面如图 3-73 所示。

图 3-72　新增人员

图 3-73　新增人员界面

在人员管理界面单击"启用/锁定"按钮（如图 3-74 所示），可以对当前人员进行启用/锁定，被锁定的人员无法登录系统。

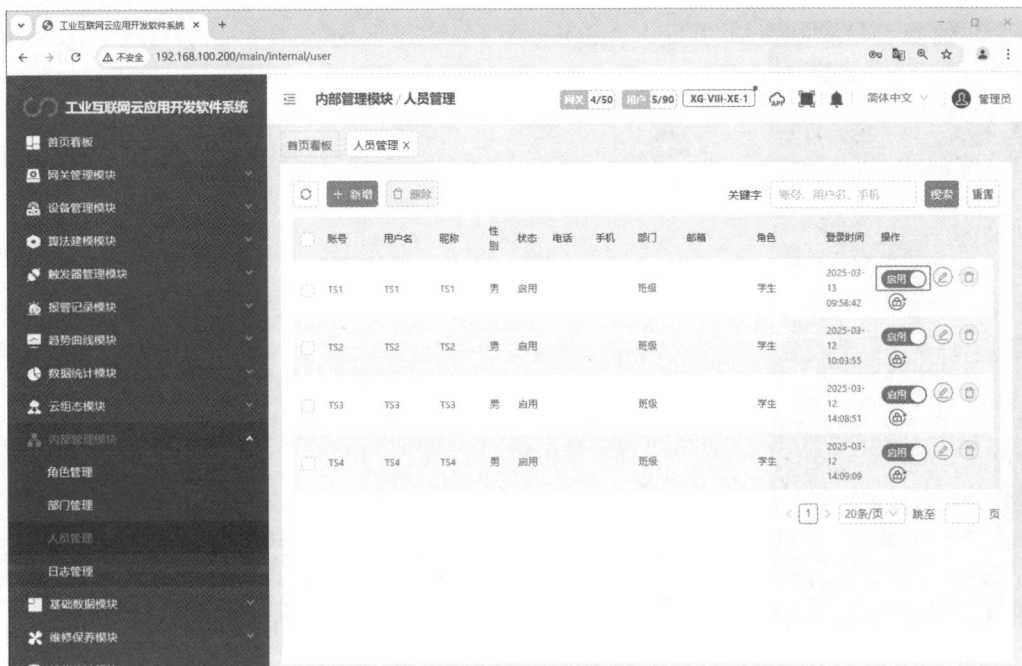

图 3-74 人员的"启用/锁定"

在人员管理界面单击编辑按钮，如图 3-75 所示，即可编辑人员信息。

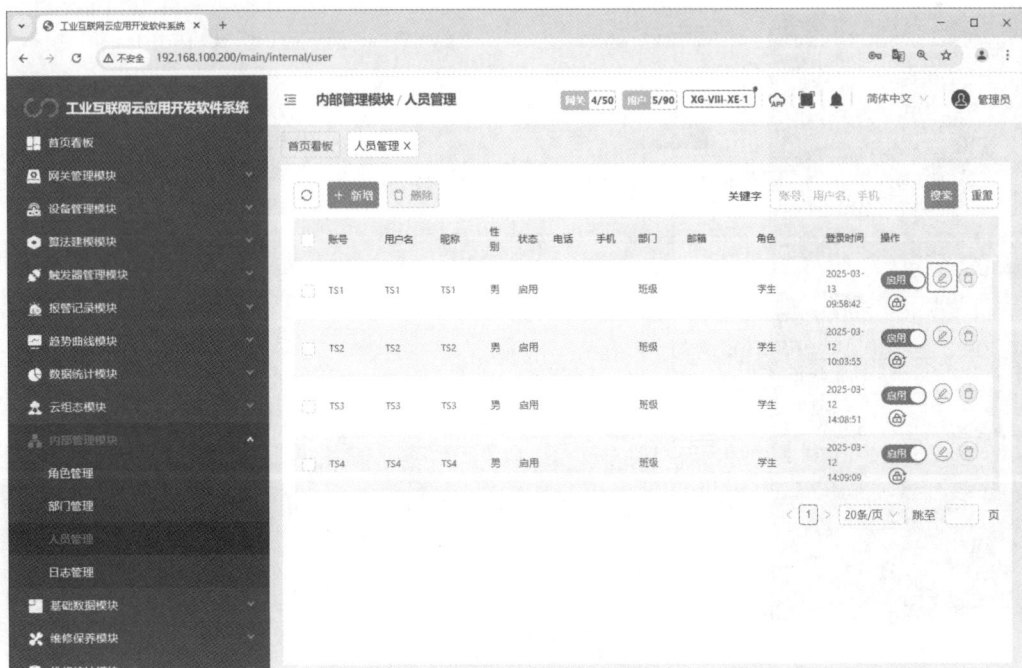

图 3-75 编辑人员信息

在人员管理界面单击删除按钮，如图 3-76 所示，即可删除人员信息。

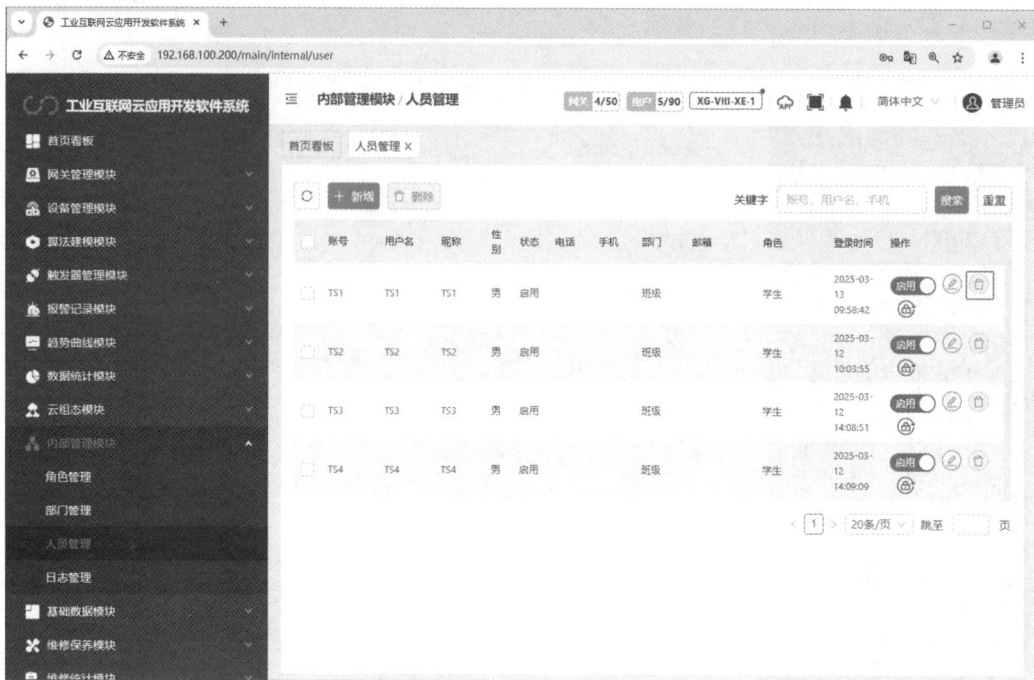

图 3-76　删除人员信息

如图 3-77 所示，可批量勾选人员信息，然后一次性删除其数据。

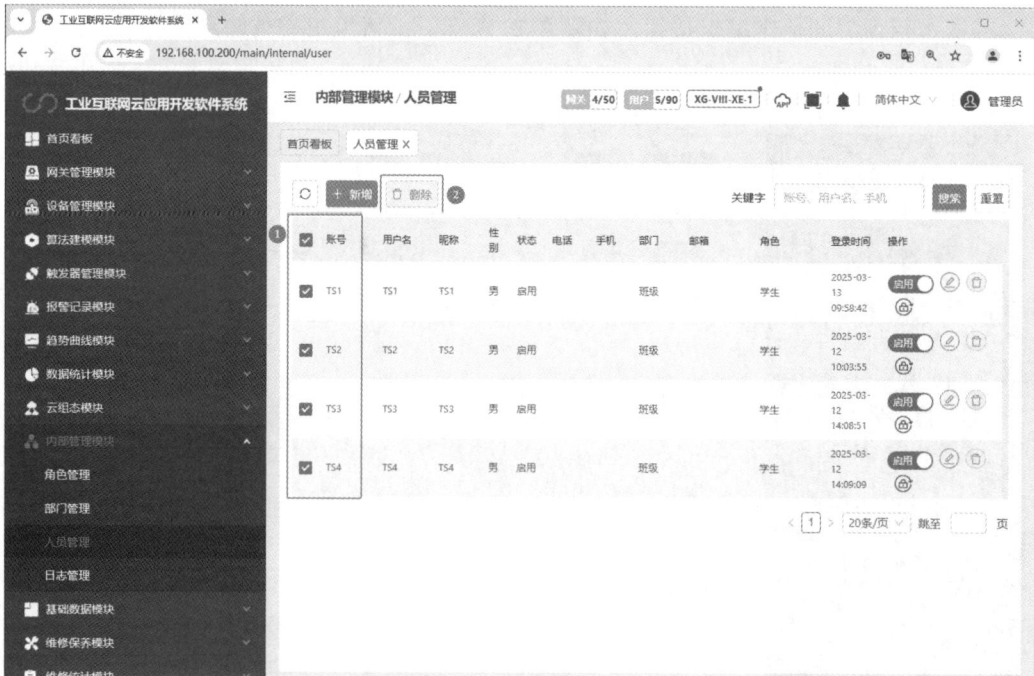

图 3-77　批量删除

单击重置密码按钮，即可重置当前人员的登录密码，如图 3-78 所示。

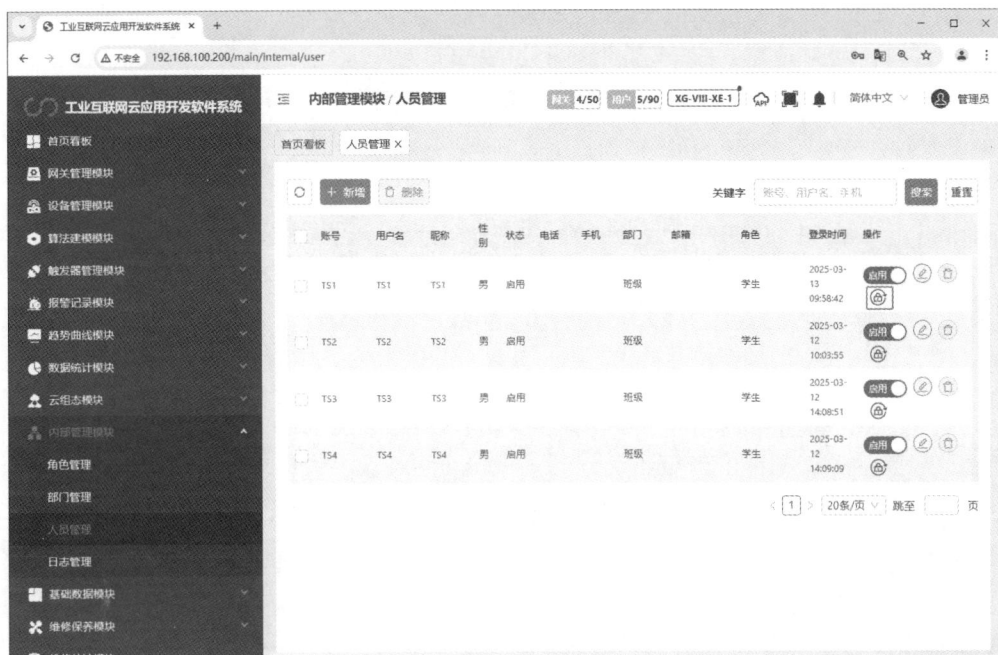

图 3-78 重置密码

3.3.2 服务器状态的查看

（1）双击 VMware Workstation 图标启动软件，进入图 3-79 所示界面。

18-3.3.2 服务器
状态的查看

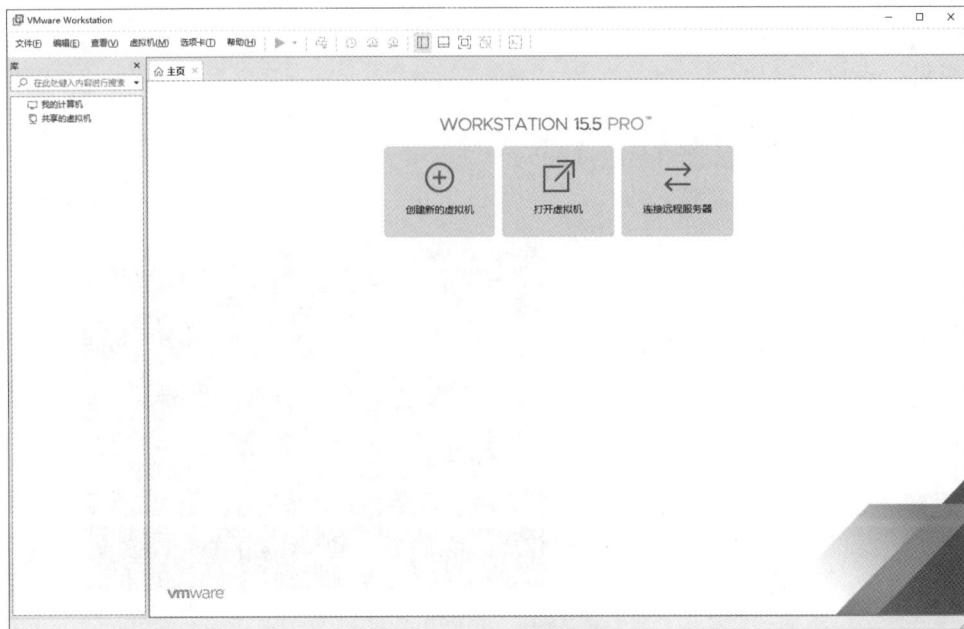

图 3-79 虚拟机操作界面

（2）打开虚拟机。单击"打开虚拟机"按钮，如图 3-80 所示。在弹出的界面中选中需要的虚拟机文件，如图 3-81 所示，单击"打开"按钮。

图 3-80　打开虚拟机

图 3-81　虚拟机文件

（3）开启虚拟机。如图 3-82 所示，单击"开启此虚拟机"后输入账号和密码，默认信息如下。

账号：root

密码：root

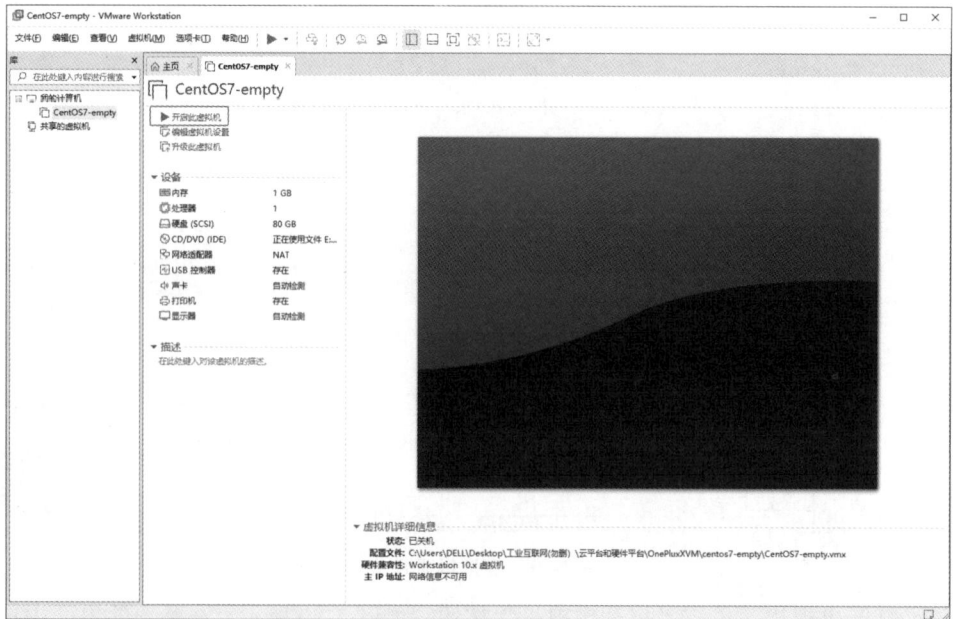

图 3-82　开启虚拟机

输入后按下回车键确认登录，需要注意的是，输入密码时，密码并不会显示在登录界面内，如图 3-83 所示。

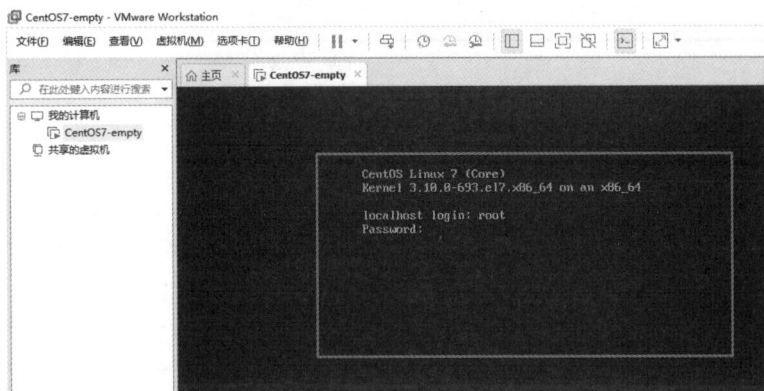

图 3-83　登录界面

（4）登录后在如图 3-84 所示界面输入"top"，显示结果如图 3-85 所示。

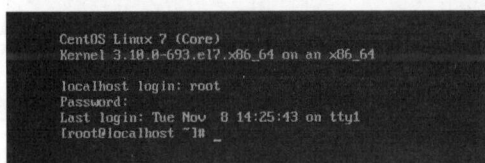

图 3-84　登录成功界面

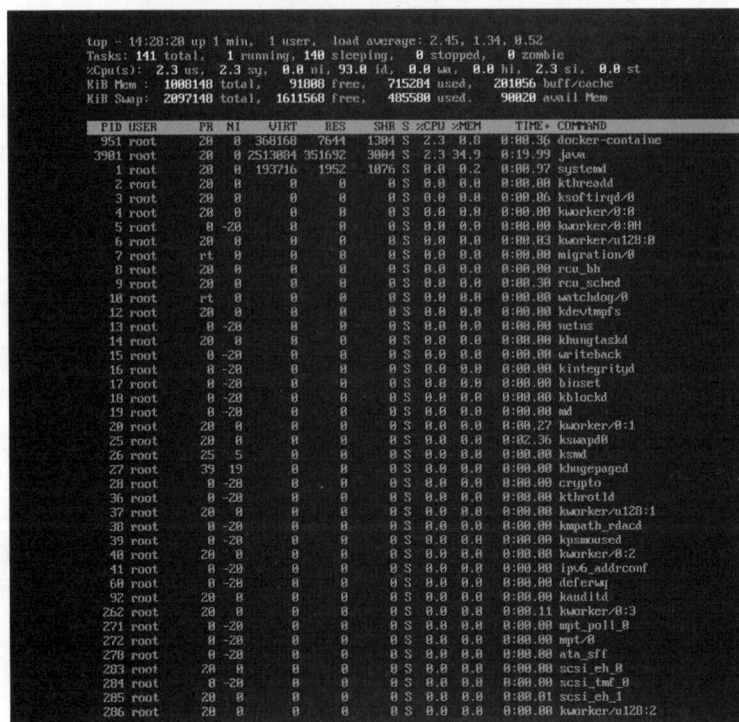

图 3-85　界面显示

（5）界面上部的信息的含义如表 3-1 所示。

表 3-1　信息介绍

名　称	含　义
14:28:21	当前系统时间
up 1 min	系统运行时间格式为时:分
1 user	当前登录用户数为 1 个
load average: 0.02,0.03,0.01	系统负载，即任务队列的平均长度。三个数值分别为 1 分钟、5 分钟、15 分钟前到现在的平均值
Tasks:141 total	进程总数
1 running	正在运行的进程数
140 sleeping	睡眠的进程数
0 stopped	停止的进程数
0 zombie	僵尸进程数
2.3 us	用户空间占用百分比
2.3 sy	内核空间占用百分比
0.0 ni	用户进程空间内改变过优先级的进程占用 CPU
93.0 id	空闲 CPU 百分比
total	内存总量
free	空闲内存总量
used	使用的内存总量
buff/cache	用作内核缓存的内存量
avai Mem	代表可用于进程下一次分配的物理内存数量

各标题含义如表 3-2 所示。

表 3-2　标题含义表

名　称	含　义
PID	进程 id
USER	进程所有者
PR	进程优先级
NI	nice 值。负值表示高优先级，正值表示低优先级
VIRT	进程使用的虚拟内存总量，单位为 kb。VIRT=SWAP + RES
RES	进程使用的、未被换出的物理内存容量，单位为 kb。RES=CODE + DATA
SHR	共享内存容量，单位为 kb
S	进程状态。D=不可中断的睡眠状态，R=运行，S=睡眠，T=跟踪/停止，Z=进程实际存在，但已不产生实际作用，又称"僵尸"（Zombie）进程
%CPU	上次更新到现在的 CPU 时间占用百分比

续表

名　称	含　义
%MEM	进程使用的物理内存百分比
TIME+	进程使用的总计 CPU 时间，单位为 1/100 秒
COMMAND	进程名称（命令名/命令行）

项目 4　适配 CNC 的数据采集与上云

随着"新工科"技术的发展、"十四五"规划等国家战略的提出，工业互联网正逐步与实体经济融合，不断促进经济发展。工业互联网涉及面广，它覆盖了企业内部和外部，并从制造业扩展到了其他行业。

"制造业高质量发展"国家战略和以德国"工业 4.0"、欧洲"新工业战略"、美国"工业互联网"为代表的欧美工业发展战略一道，重新定义了"工程"，并发展出工业互联网生态系统、智能和创新驱动工业模型等新经济模式。发展具有"中国特色"的新工科教育，需要比较和分析各种模式的异同及路径差异，这不仅需要培养立足中国特色、服务制造业高质量发展国家战略的中国工程人才，更需要培养具有国际视野的跨界人才。

任务 4.1　适配 CNC 的网关配置

19-4.1 适配 CNC
的网关配置

（1）查看考试平台上 CNC 适配器端口（如图 4-1 所示）的网线是否插好。

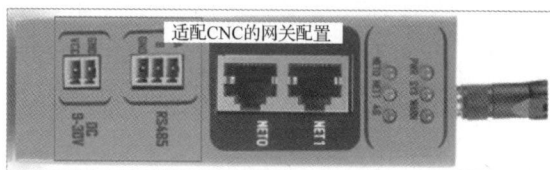

图 4-1　CNC 适配器端口

（2）在浏览器地址栏输入 PC 对应网口的 IP 地址与端口（如 192.168.100.111:9080），进入登录界面，如图 4-2 所示。注意：IP 地址与端口之间的冒号应为半角格式。

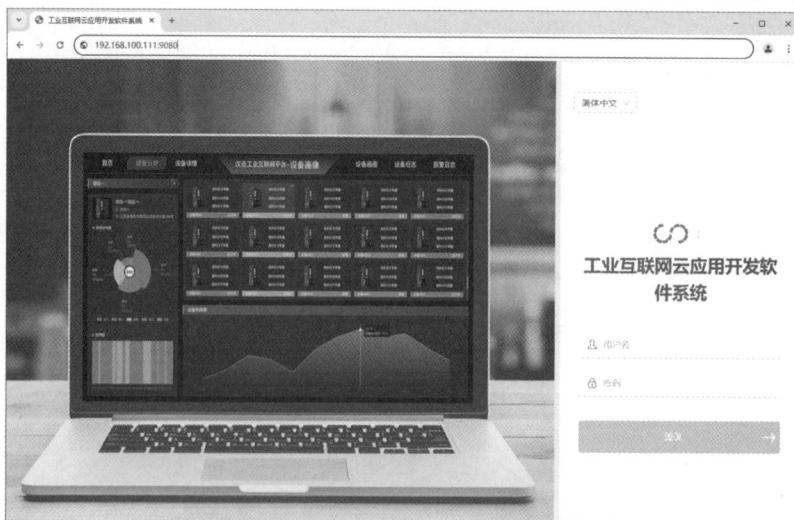

图 4-2　输入 IP 地址与端口

如果无法登录 CNC 网关（又称网关盒子），很可能是网口的 IP 地址被篡改了，解决方法如下：将一台外接 PC 用网线直接连至网关盒子的 NET0 口，输入地址 192.168.0.101:9080 或者默认 IP 地址 192.168.253.254:9080，进入界面后，把 NET1 的静态 IP 地址更改为原先设定的地址（如 192.168.100.111）。

（3）登录网关盒子，输入账号、密码，如图 4-3 所示（默认账号：admin，默认密码：password）。

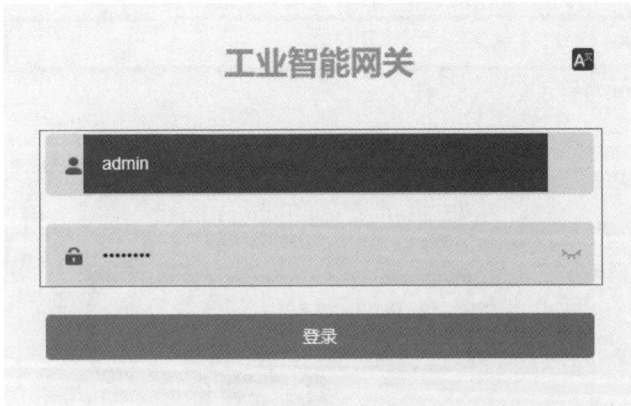

图 4-3　登录网关

（4）网关盒子的 IP 配置，单击左侧"网络配置"，在界面的右侧选择"静态 IP"，填入各网口 IP 地址（NET0:192.168.0.101，NET1：192.168.100.111）及对应的 DNS1（采用默认值即可，不需要改动），配置完成后，单击"保存"按钮，正常情况下，系统会提示保存成功，如图 4-4、图 4-5 所示。

图 4-4　设置网关盒子 IP（1）

（5）网关盒子 IP 设置完成后，系统会提示手动重启（网关断电后重启）后修改生效，如图 4-6 所示。注意：手动重启后，因为 IP 改变，需要重新登录网关盒子。

图 4-5　设置网关盒子 IP（2）

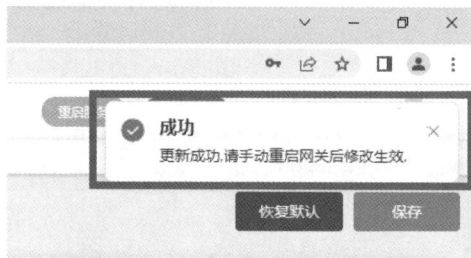

图 4-6　保存后系统弹出的提示

（6）单击左侧网关信息，填写相应的网关 ID（网关盒子侧面标注的 S/N 号）进行网关绑定，并单击"保存"按钮，如图 4-7 所示。

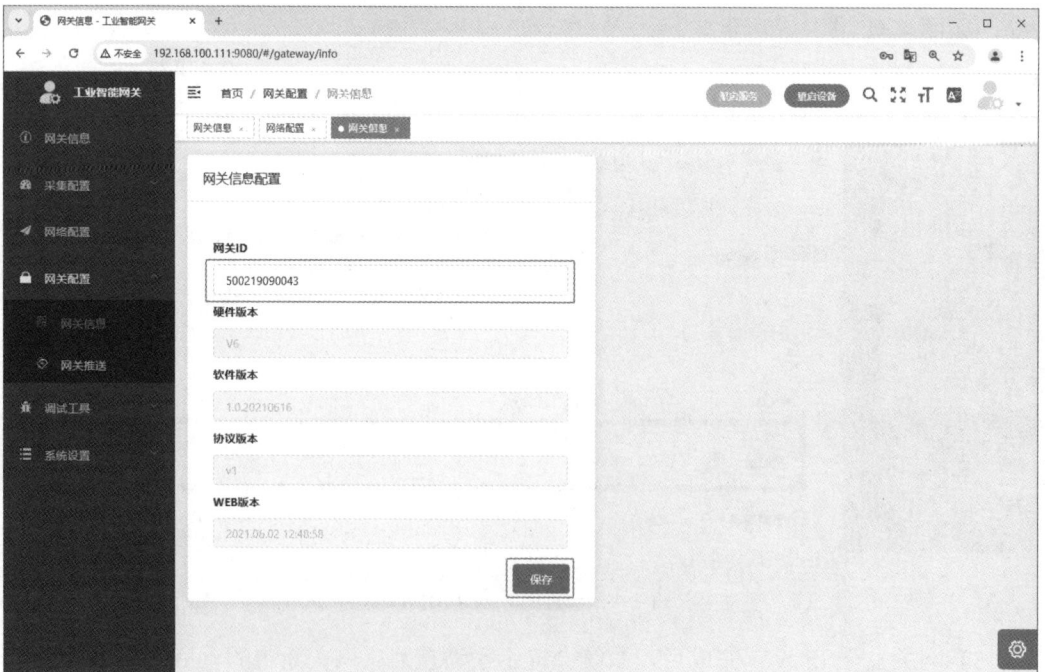

图 4-7　填写网关 ID

注意：关于网关 ID，找到机器上的网关盒子，在其侧面找到规格数据（如图 4-8 所示），其中的 S/N 号就是网关 ID。

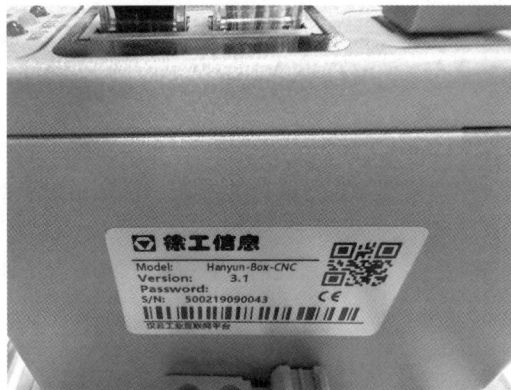

图 4-8　网关盒子侧面的规格数据

（7）在"网关推送"界面填写如相应的地址，端口号，用户名和密码，如图 4-9 所示。

地址：192.168.100.200

端口：1883（默认）

用户名：hanyun_box

密码：xgit123456

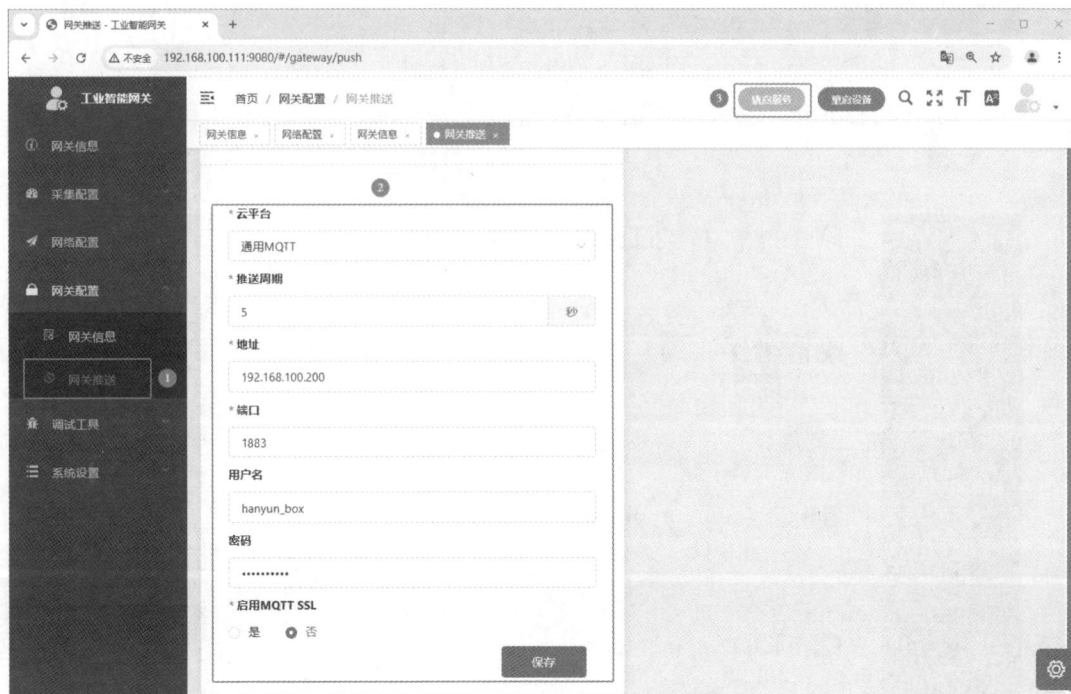

图 4-9　填写相应地址

任务 4.2　适配 CNC 的网关数据采集

20-4.2　适配 CNC
的网关数据采集

（1）选择"采集配置"→"设备配置"，单击"添加"按钮，如图 4-10
所示。

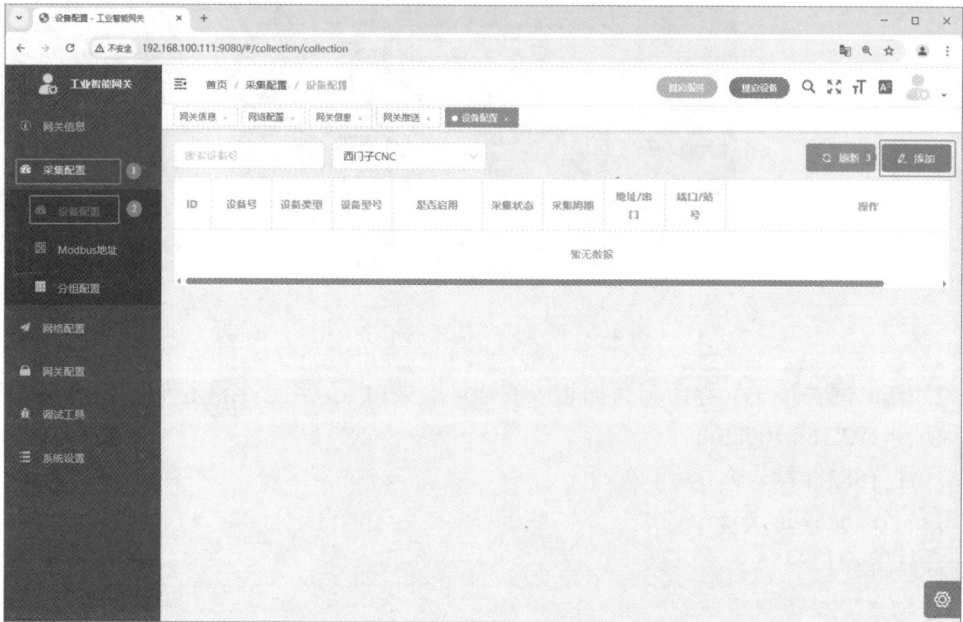

图 4-10　单击"添加"按钮

（2）本次以 ModBus TCP 为例进行设置，选择"Modbus"，如图 4-11 所示。

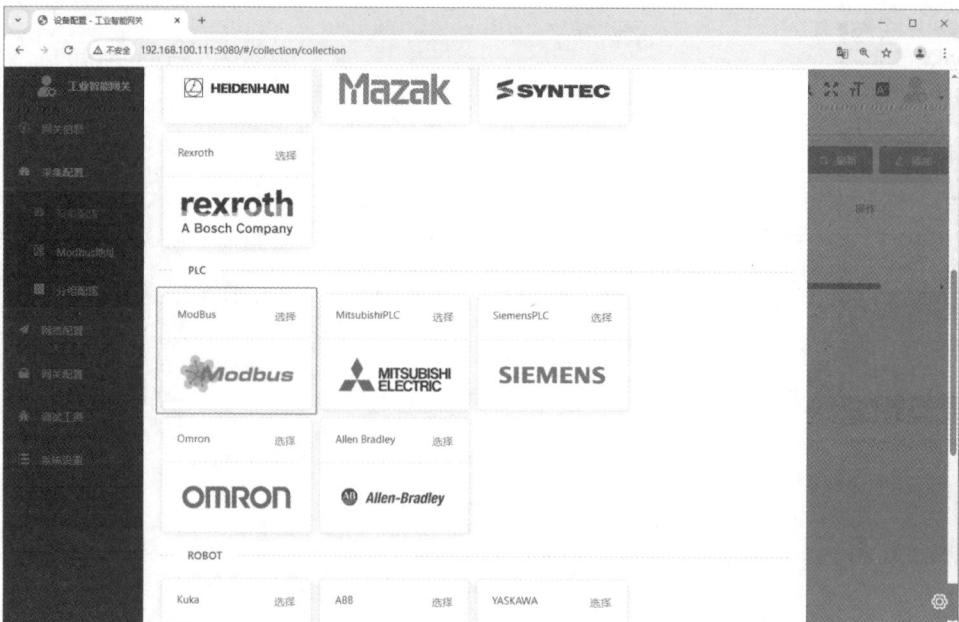

图 4-11　选择 Modbus

（3）在创建 Modbus 的界面，根据实际情况选择是否启用，并填写设备编号、设备型号等信息，如图 4-12 所示。

图 4-12　创建 Modbus

（4）在"自定义变量"区域单击"增加"按钮，根据 Modbus 协议规则，配置数据类型、变量名、变量地址、位地址、功能码等信息。本次以采集机床 3 个轴（变量地址分别为 609、613、617）位置实际值为例，如图 4-13 所示。

图 4-13　添加需要采集的数据

（5）自定义变量添加完成后，单击"保存"按钮，单击"重启服务"按钮，如图 4-14 所示。

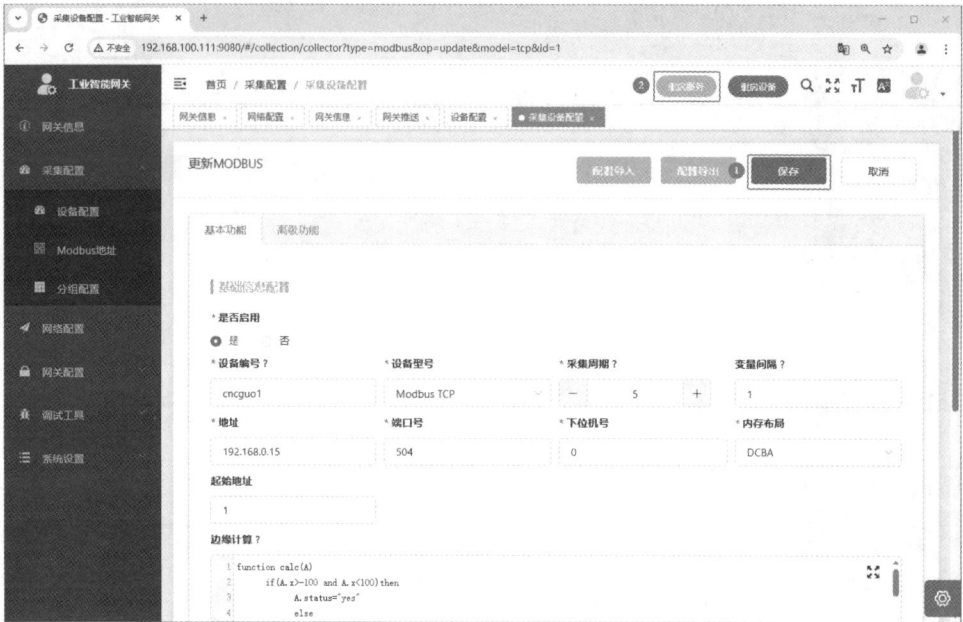

图 4-14　保存及重启服务

（6）在"设备配置"页面使设备的"是否启用"状态为"已启用"，单击 "日志"按钮，如图 4-15 所示。

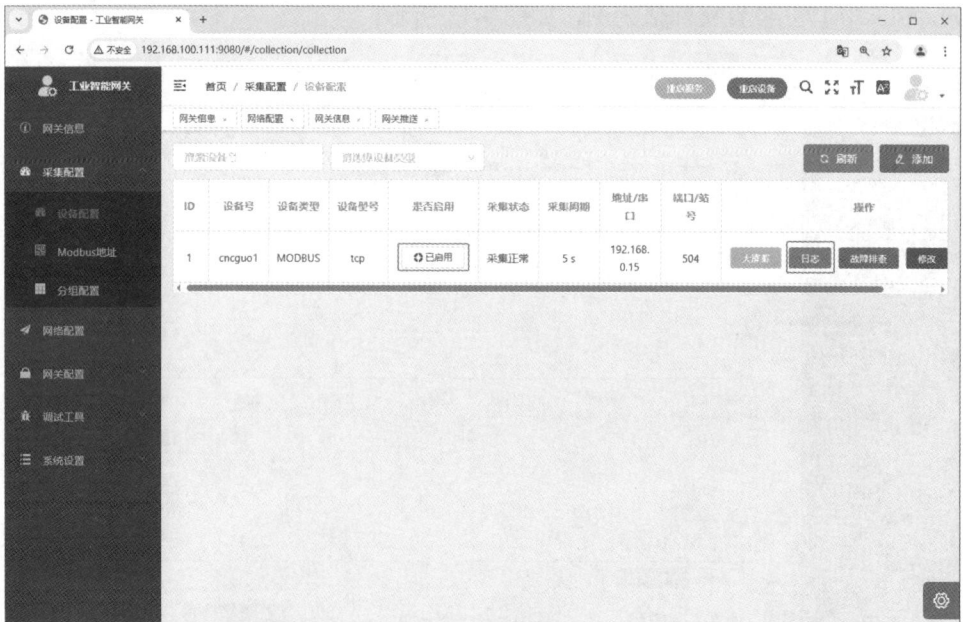

图 4-15　查看日志

（7）核对设备的变量名称、值及时间，如图 4-16 所示。

图 4-16　核对变量名称、值及时间

任务 4.3　适配 CNC 的数据上传云平台

21-4.3　适配 CNC 的数据上传云平台

（1）登录工业互联网云应用开发软件系统（登录地址为 192.168.100.200，账号见《工业互联网账户分配 60 权限》），进入配置界面之后，单击"网关管理"，然后单击"新增"按钮，如图 4-17、图 4-18 所示。

图 4-17　进入服务器界面并登录

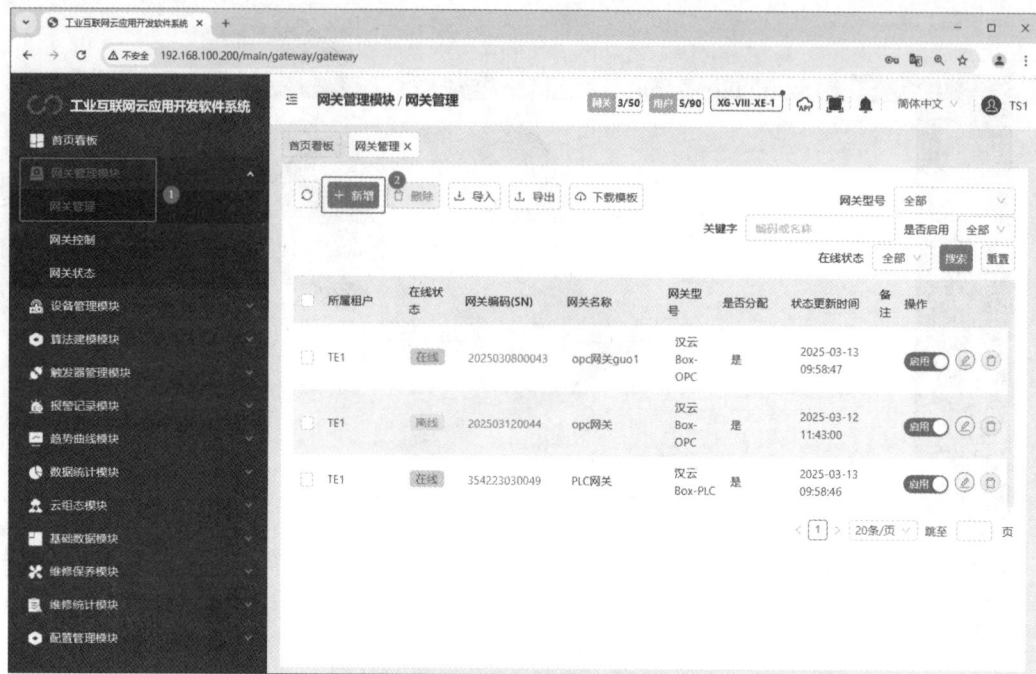

图 4-18   单击"新增"按钮

（2）进入"网关管理"标签页，填写网关编码（如图 4-19 所示，对应图 4-20 所示"网关配置"界面的"网关 ID"）、网关名称（自定义）、网关型号（本例中输入"汉云 Box-CNC"），单击"保存"按钮。

图 4-19   填写网关编码等信息

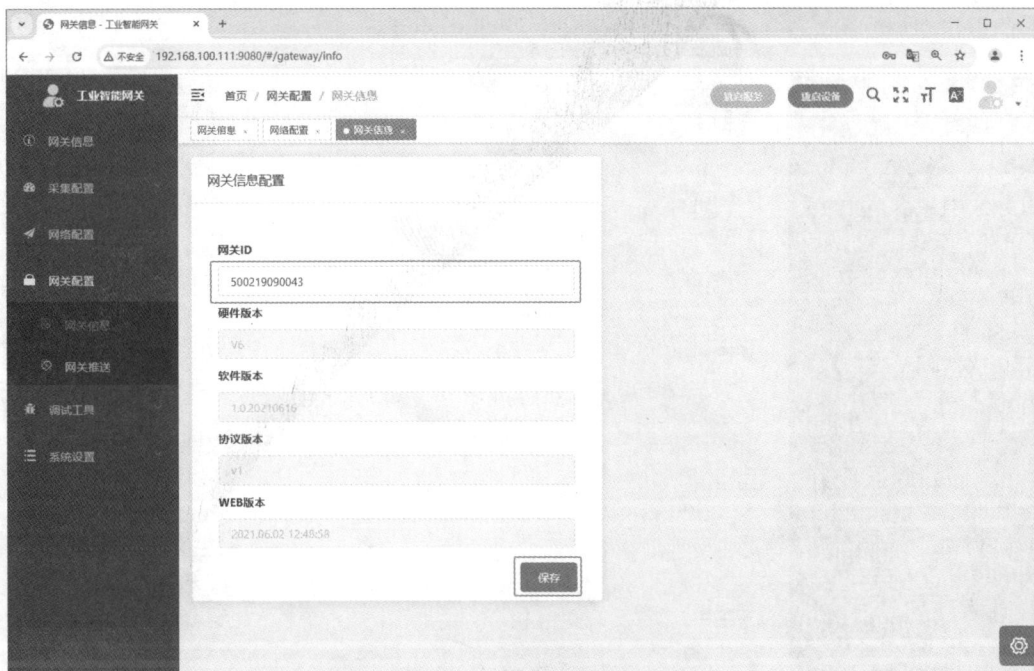

图 4-20　CNC 数据采集平台网关编码

（3）单击左侧的"设备型号"，在界面右侧输入相应的型号编码、型号名称等信息（如图 4-21 所示），单击"新增"按钮添加工程项目，输入相应的型号编码、型号名称及型号分类（如图 4-22 所示）。

图 4-21　新增设备型号

图 4-22　添加设备型号信息

（4）在"工程项目"界面右侧单击"添加子项目"按钮，输入项目编码等信息（设备名称跟项目名称不可相同），如图 4-23、图 4-24 所示。

图 4-23　添加子项目

图 4-24　输入项目编码等信息

（5）依次单击"设备管理模块"→"设备管理"，在界面右侧的"设备管理"标签页中选中"CNC 工程项目"，再单击"新增"按钮，如图 4-25 所示。

图 4-25　核对设备变量

（6）分别填入设备编号、设备编码等信息（如图 4-26、图 4-27 所示）并保存（设备编码与网关中配置的设备编码要保持一致）。

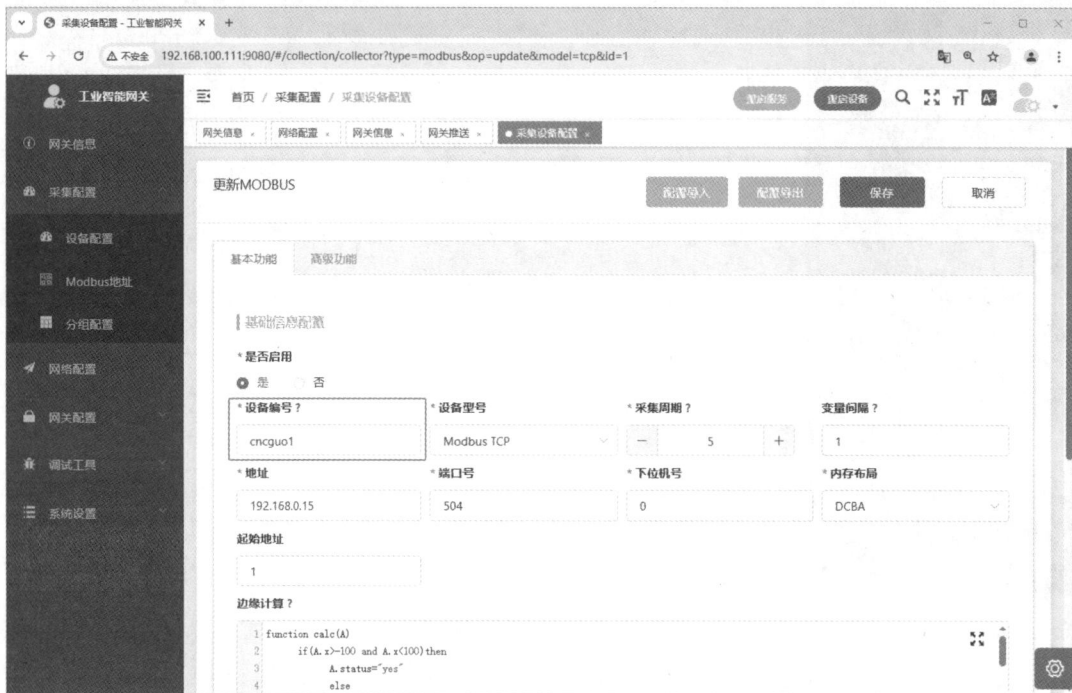

图 4-26　填写设备编号

图 4-27　填写设备编码

（7）单击"采点配置"，单击界面右侧的锁链形状的按钮，进行网关绑定，如图 4-28 所示。

图 4-28　单击锁链形状的按钮

（8）根据网关编号选择网关盒子对应网关，完成相应的网关绑定，如图 4-29 所示。

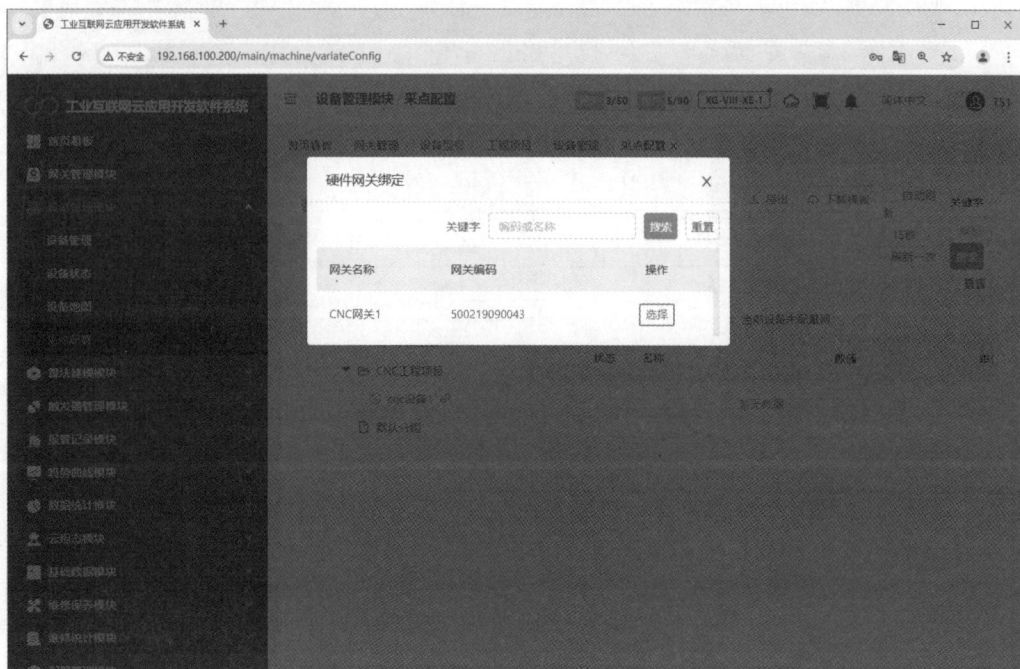

图 4-29　绑定网关

（9）网关绑定完成后，单击"新增"按钮，如图4-30所示。

图4-30　新增采点

（10）根据网关盒子的配置信息去配置采点的数据，编码就是要采集的数据，"名称"可以按图4-31所示设置，"类型"设为"Double"，配置完成后保存。

图4-31　配置采点的数据

（11）添加完成后，按类似的步骤添加其他两轴数据的采点，结果如图 4-32 所示。

图 4-32　添加其他两数据的采点

项目 5　适配 OPC 的数据采集与上云

Hanyun-Box-OPC（网关盒子）功能繁多，适用于多种场景。本项目以"网口 1 和网口都属于内网，多个设备 IP 都在同一网段，Hanyun-Box-OPC 在无 4G 通信连接的条件下联网"为例进行网关盒子的配置演示。

在此场景中，需要联网的设备 IP 地址属于同一网段，如这些设备已经连接到同一个交换机，那么只需要将 Hanyun-Box-OPC 的 LAN1 口连接到上述交换机即可（此时不需要进行 Hanyun-Box-OPC 的配置）。如果需要联网的设备处于孤立（无交换网络）状态，需要将 Hanyun-Box-OPC 的 LAN 口和 NET 口通过桥接的方式配置成一个双网口的交换机。Hanyun-Box-OPC 对外提供了双网口交换机的功能，不需要其他交换机即可使同一网段中的两个设备进行通信。

进行本项目教学的同时，应注意引导学生坚持自信自立，牢记道路自信、理论自信、制度自信、文化自信；坚持守正创新，坚持问题导向，现实问题必须妥善解决；坚持系统观念（包含透过历史看现实，透过现象看本质，实践出真知等多重逻辑）；坚持胸怀天下的坚定理想信念，关注人类命运共同体，勇于承担重要使命；感悟新思想提供的原则、世界观和方法论，并树立正确的世界观、人生观和价值观，树立对国家、对民族的信心。

任务 5.1　适配 OPC 的网关设置

5.1.1　Hanyun-Box-OPC 的设置

根据实际端口信息在网页浏览器的地址栏填入 IP 地址（WAN 口：192.168.100.122，LAN 口：192.168.0.102，参考 2 号考试平台网络拓扑图），并按下回车键，进入配置界面（如图 5-1 所示）；之后输入用户名、密码（默认用户名：user，默认密码：user123），单击"登录"按钮。

图 5-1　登录界面

Hanyun-Box-OPC 本地上网配置：如图 5-2 所示，选择"网络"→"接口"选项，在 NET1 所在行单击"编辑"按钮。如图 5-3 所示，输入 IPv4 地址和子网掩码。配置好后，单击"保存"按钮，再单击"保存并应用"按钮。

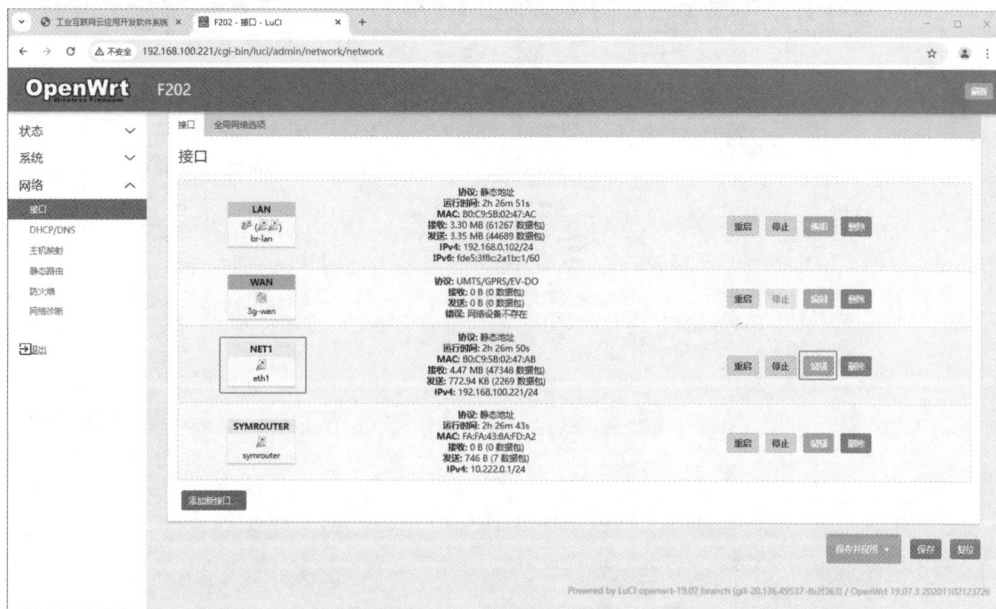

图 5-2 配置 NET1 口

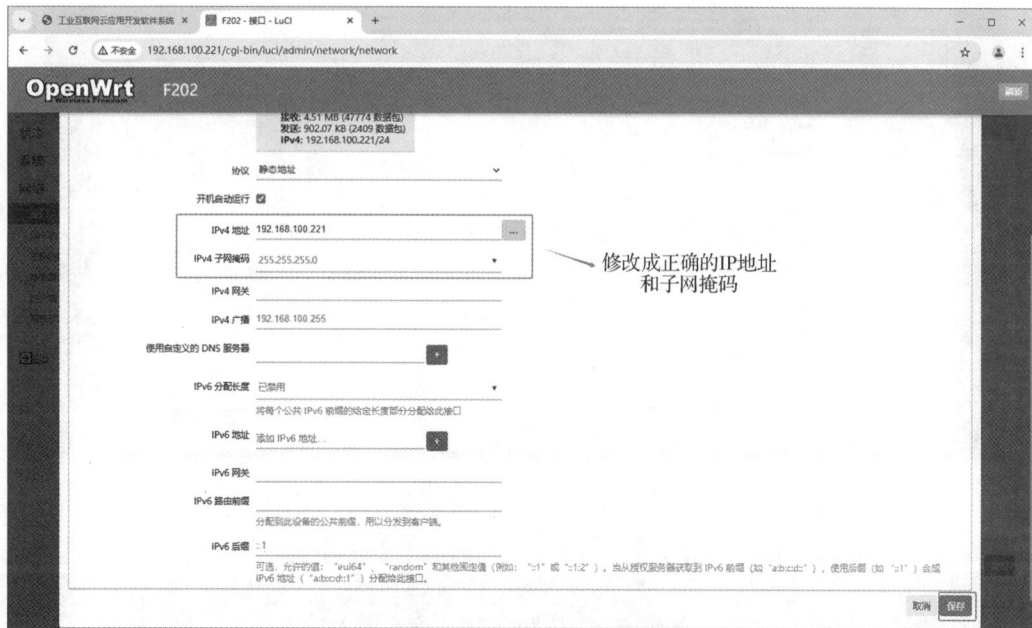

图 5-3 输入 IPv4 地址和子网掩码

单击 LAN 所在行的"编辑"按钮，如图 5-4 所示。

LAN 口一般作为配置口，尽量不要修改其地址信息（如图 5-5 所示），如需要修改，请做好记录。

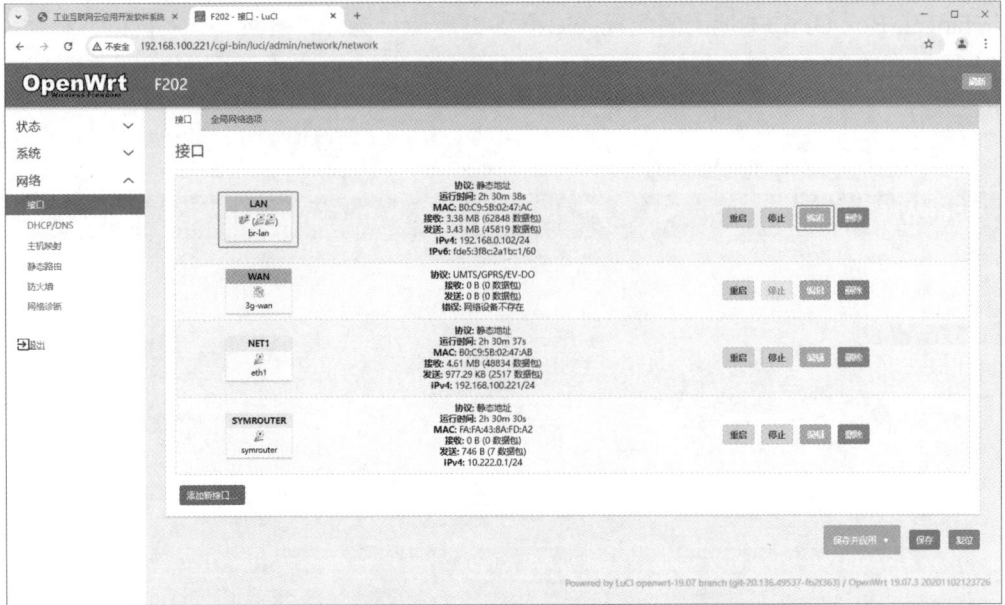

图 5-4　配置 LAN 口

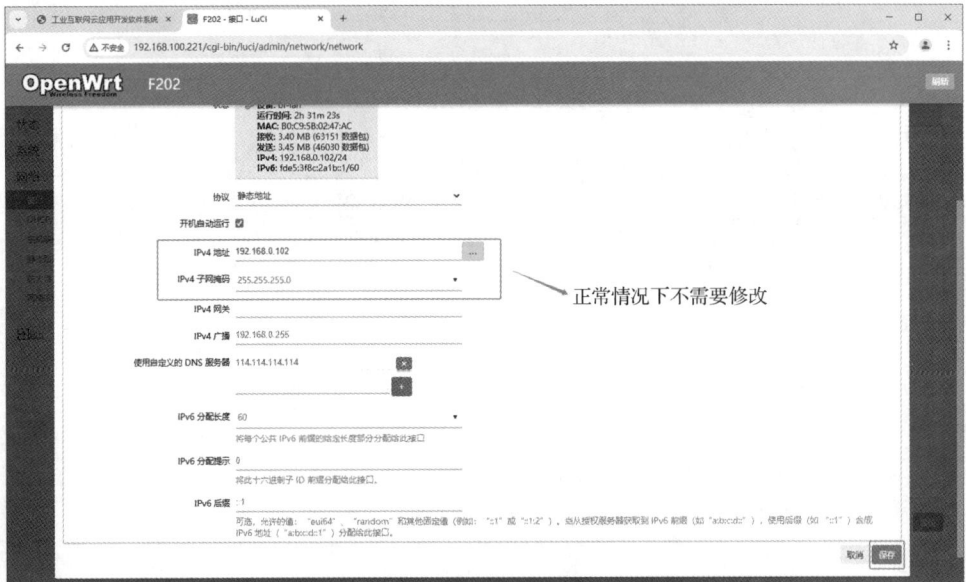

图 5-5　LAN 口的地址信息

5.1.2　UaExpert 的设置

（1）启动 UaExpert 软件，单击"+"按钮，如图 5-6 所示。

（2）在弹出的界面中展开"Custom Discovery"选项，双击其中的"+"，填写 URL 内容，单击"OK"按钮，如图 5-7 所示。注：在地址栏中填写 HMI 的地址与端口号时（本例中填写内容为 opc:tcp//192.168.0.13:4840，参考 2 号考试平台网络拓扑图），其中的符号需要在英文状态下输入。

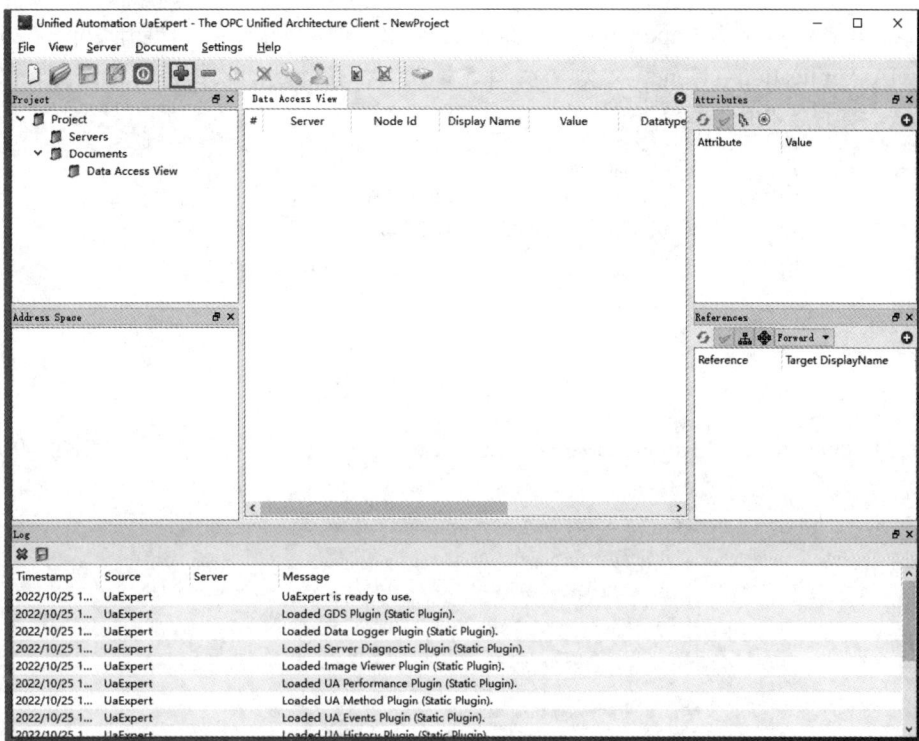

图 5-6 UaExpert 软件设置步骤 1

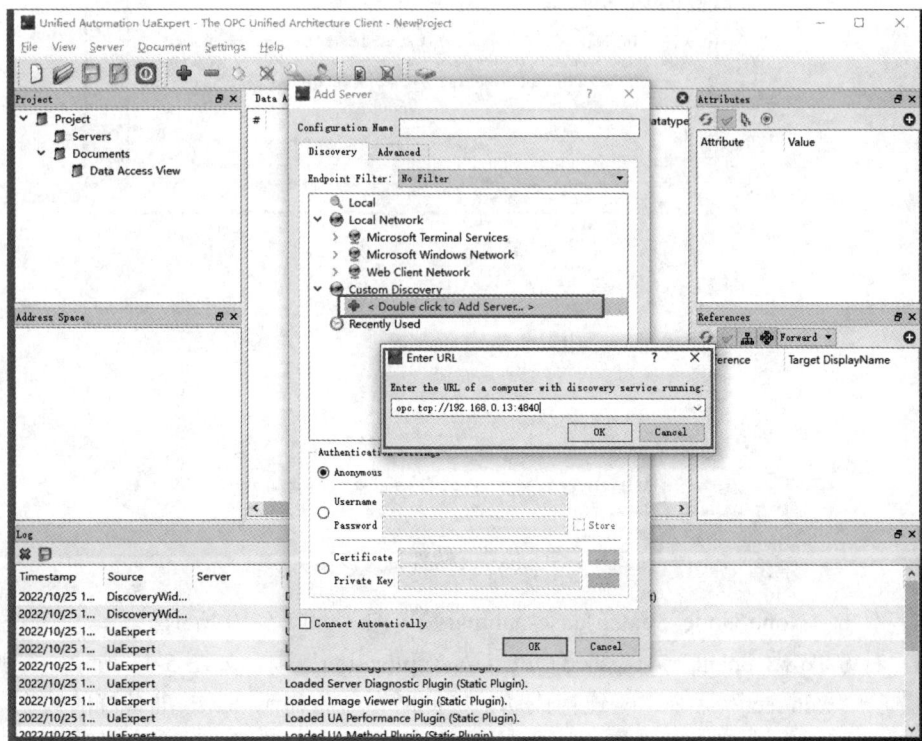

图 5-7 UaExpert 软件设置步骤 2

（3）单击"＞"展开"opc.tcp://192.168.0.13:4840"项，再单击"＞"展开"open62541-based OPC UA Application – None…"项，等待 5 秒左右，在此期间软件将自行进行 OPC_UA 链接测试，如图 5-8 所示。

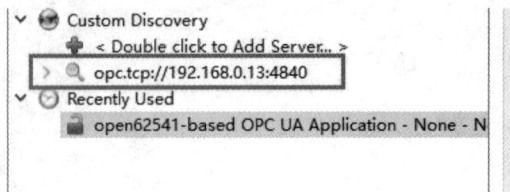

图 5-8　UaExpert 软件设置步骤 3

（4）当系统弹出"Replaced Hostname"提示时，单击"Yes"按钮，如图 5-9 所示。

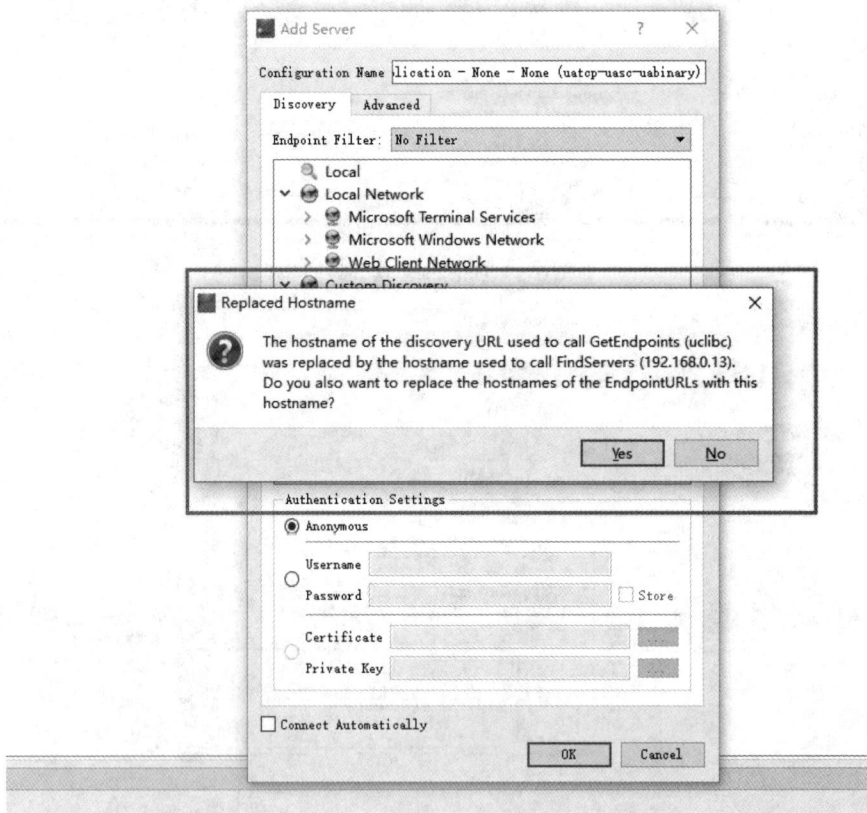

图 5-9　UaExpert 软件设置步骤 4

（5）双击"None-None（uatcp-uasc-uabinary）"项，如图 5-10 所示。

（6）右键单击"open62541-based OPC UA Application"项，如图 5-11 所示，在弹出的菜单中选择"Connect"命令，若连接成功，则此时系统将显示 HMI 准备好的数据，用鼠标将"Address space"区域的数据块拖动到"Data Access View"区域，此时在"Data Access View"区域将显示对应数据的信息。

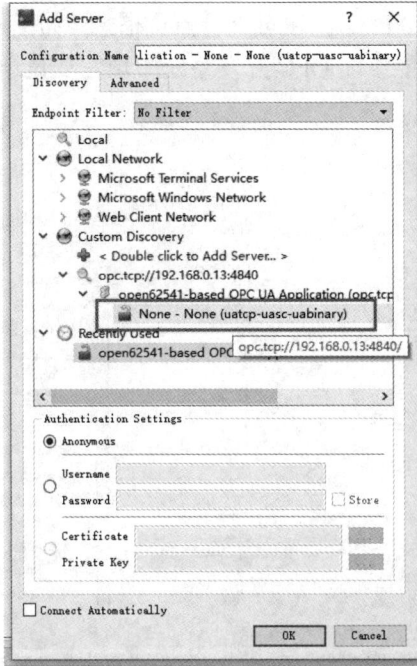

图 5-10　UaExpert 软件设置步骤 5

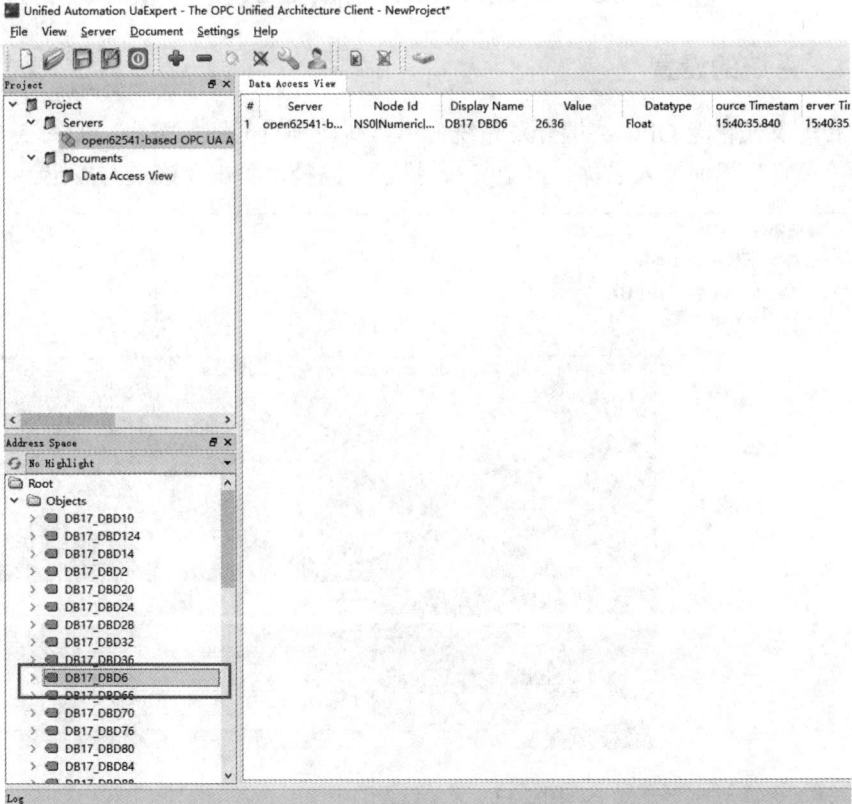

图 5-11　UaExpert 软件设置步骤 6

（7）选择点位。在"Attribute"区域可查看点位信息，如图 5-12 所示，记录"Identifier"等关键信息，以备后续在智能终端 OPC 开发系统中填写变量地址时使用。

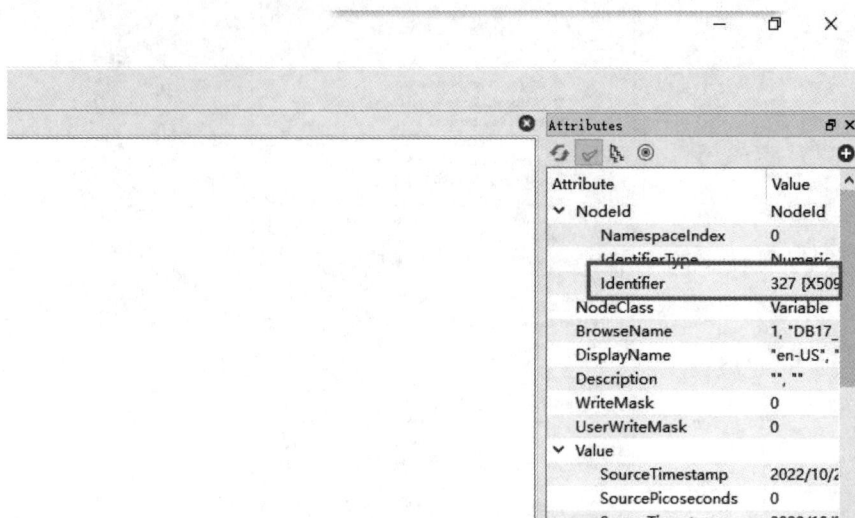

图 5-12　UaExpert 软件设置步骤 7

任务 5.2　适配 OPC 的网关数据采集

22-5.2.1　智能 OPC 终端开发系统的使用

5.2.1　系统的设置

（1）启动汉云智能 OPC 终端开发系统，单击新建项目的图标按钮，如图 5-13 所示，在弹出的"项目"界面输入名称（自定义）、描述、路径，单击"确定"按钮。

图 5-13　系统设置的步骤 1

（2）右键单击"OPC_UA"项，在弹出的菜单中选择"新建工程"，如图 5-14 所示。

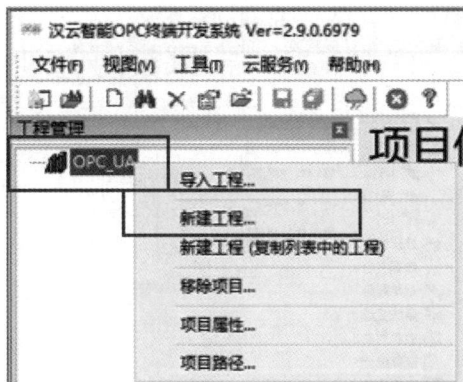

图 5-14　系统设置的步骤 2

（3）在弹出的"工程-新建"界面输入工程的基本参数，单击"OK"按钮，如图 5-15 所示（如无变更，保留默认设置即可）。

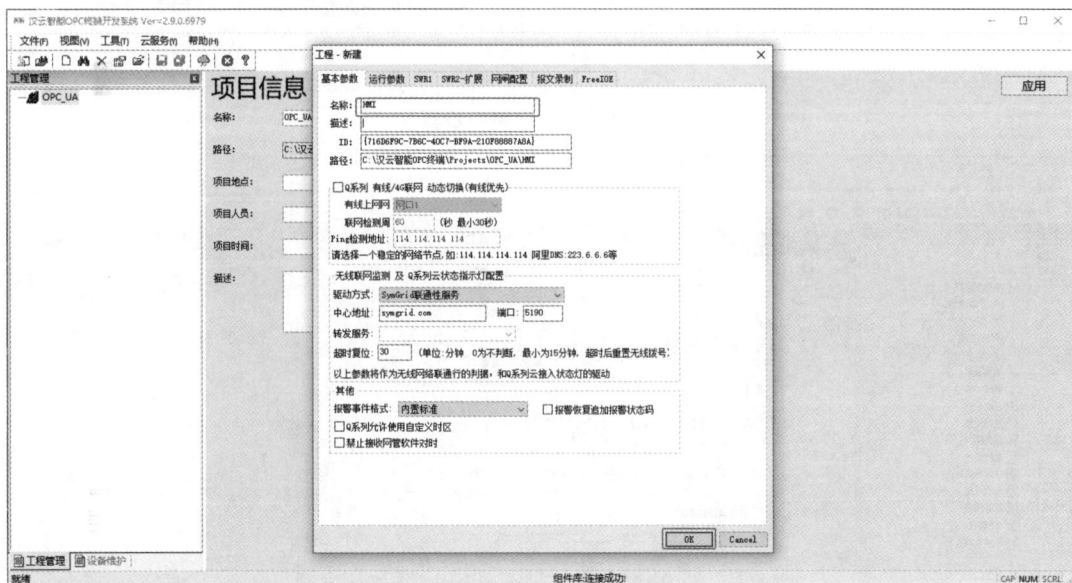

图 5-15　系统设置的步骤 3

（4）右键单击新建工程中的"采集服务"项，在弹出的菜单中选择"新建通道"，如图 5-16 所示。

（5）在弹出的"通道"界面中输入通道基本信息，单击"规约"右侧的"..."按钮，如图 5-17 所示。

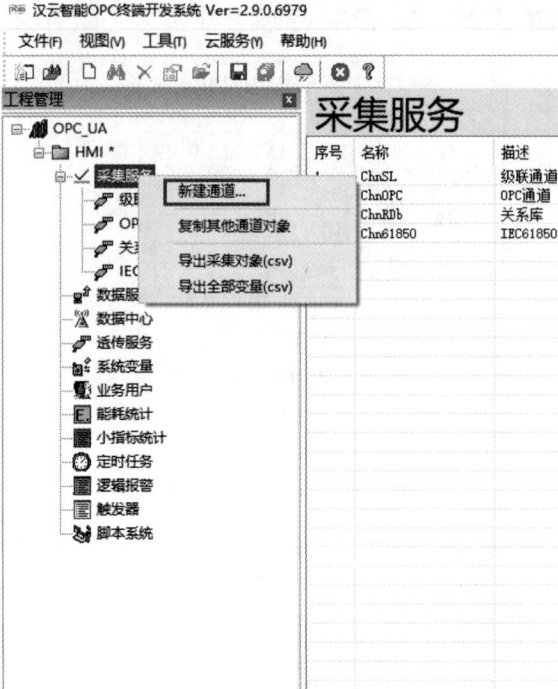

图 5-16　系统设置的步骤 4

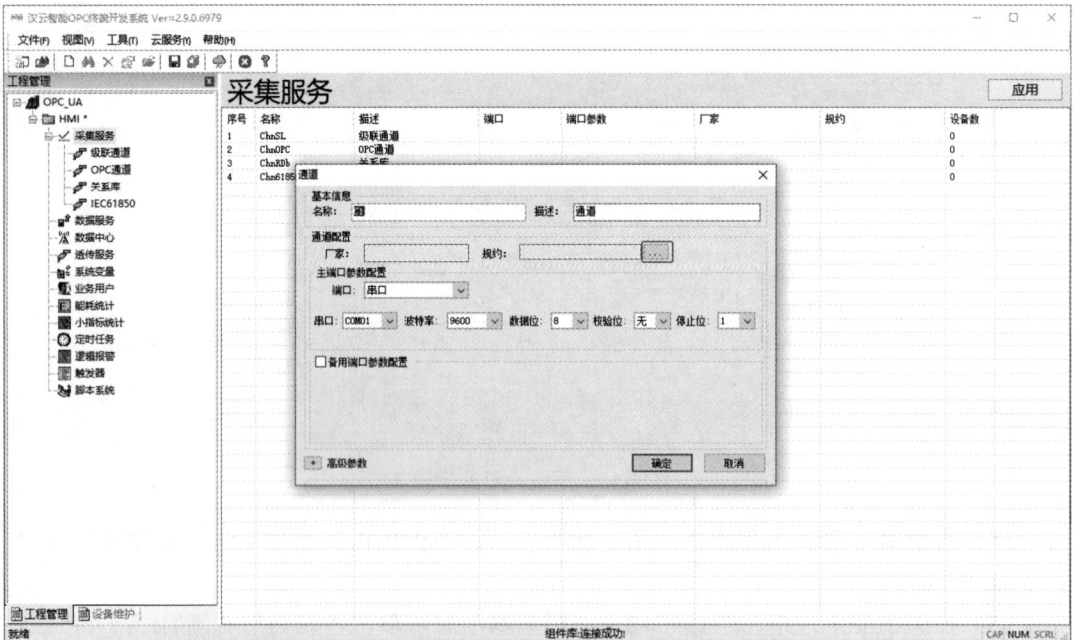

图 5-17　系统设置的步骤 5

（6）在弹出的"请选择驱动"界面中选择"行业标准"→"OPC-UA-AO"，单击"确定"按钮，如图 5-18 所示。

图 5-18　系统设置的步骤 6

（7）在"通道"界面的"主端口参数配置"区中，将"端口"设为"虚拟通道"，单击"确定"按钮，如图 5-19 所示。

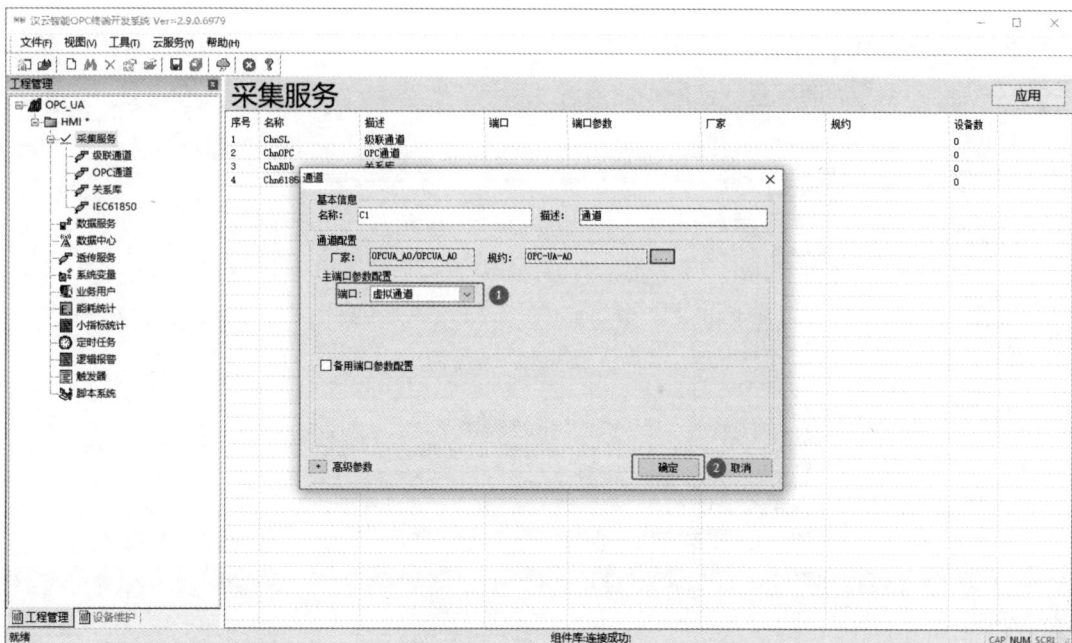

图 5-19　系统设置的步骤 7

（8）右键单击创建的通道，这里以"通道 C1"为例，在弹出的菜单中选择"新建设备"选项，如图 5-20 所示。

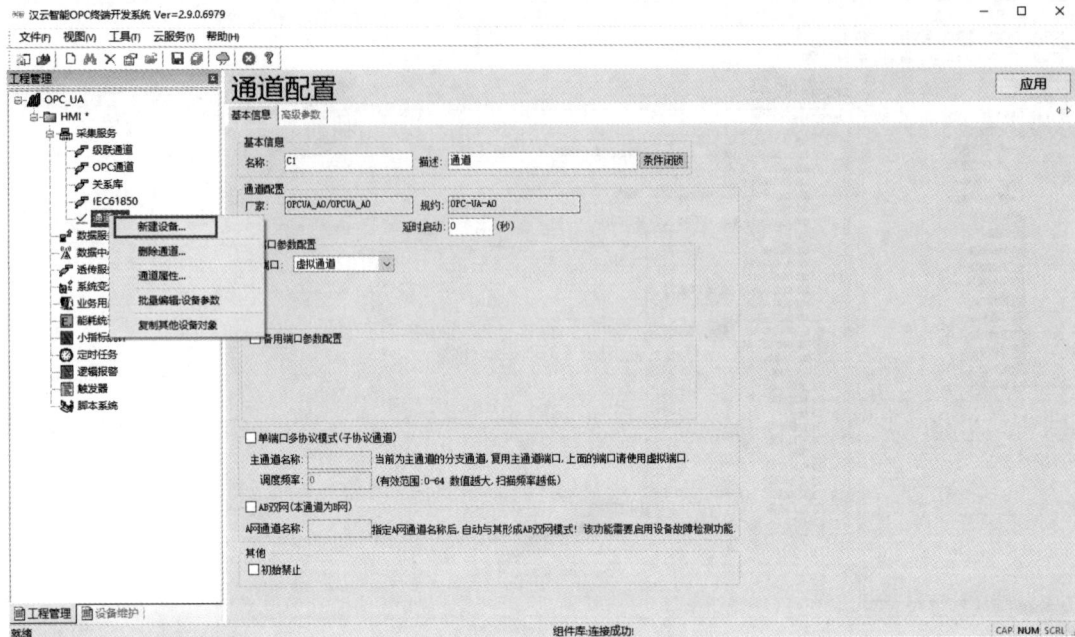

图 5-20　系统设置的步骤 8

（9）在弹出的"设备"界面中输入设备信息，完成输入后单击"确定"按钮，如图 5-21 所示。

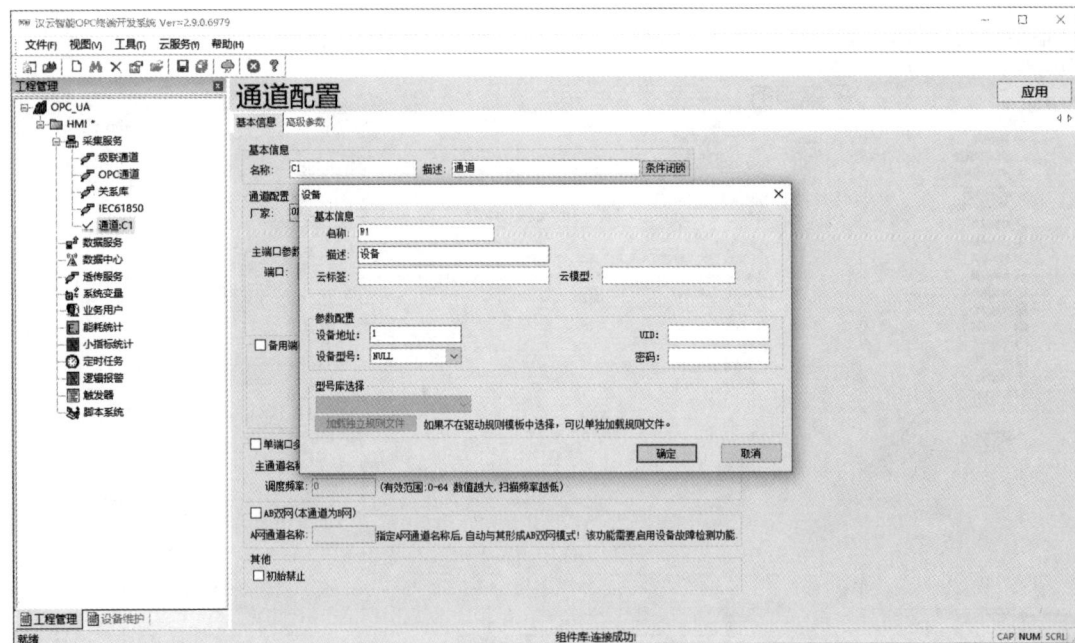

图 5-21　系统设置的步骤 9

（10）单击创建的设备，这里以"设备:B1 设备"为例，在右侧选择"高级参数"标签页，根据实际要求填写 URL 信息（HMI 地址），如图 5-22 所示，单击"应用"按钮。

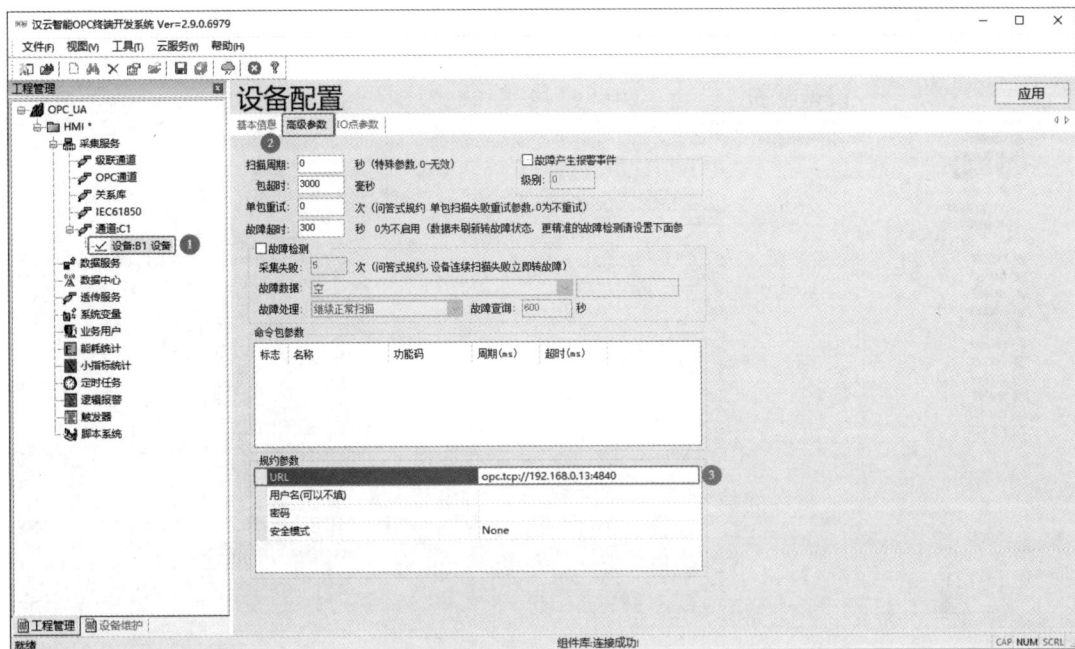

图 5-22 系统设置的步骤 10

（11）选择"IO 点参数"（注：此处"IO"应为"I/O"，下同）标签页，右键单击"数据点（根组）"，在弹出的菜单中选择"新建子组"，如图 5-23 所示。

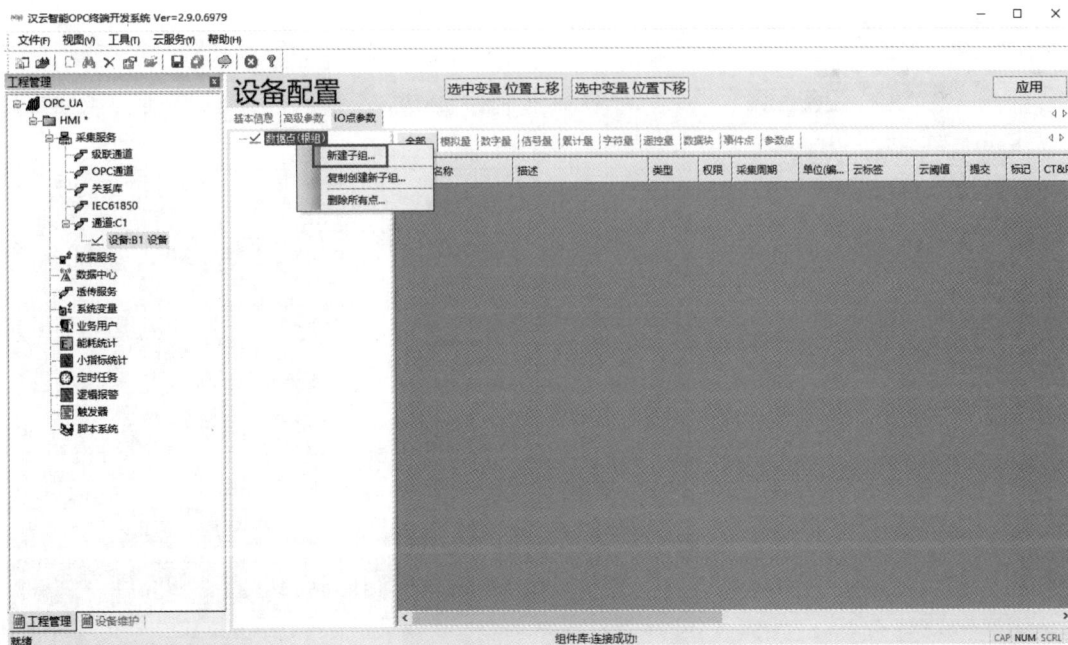

图 5-23 系统设置的步骤 11

（12）在弹出的"组属性"界面中输入名称、描述、标识、OPC 参数，单击"确定"按钮，如图 5-24 所示。

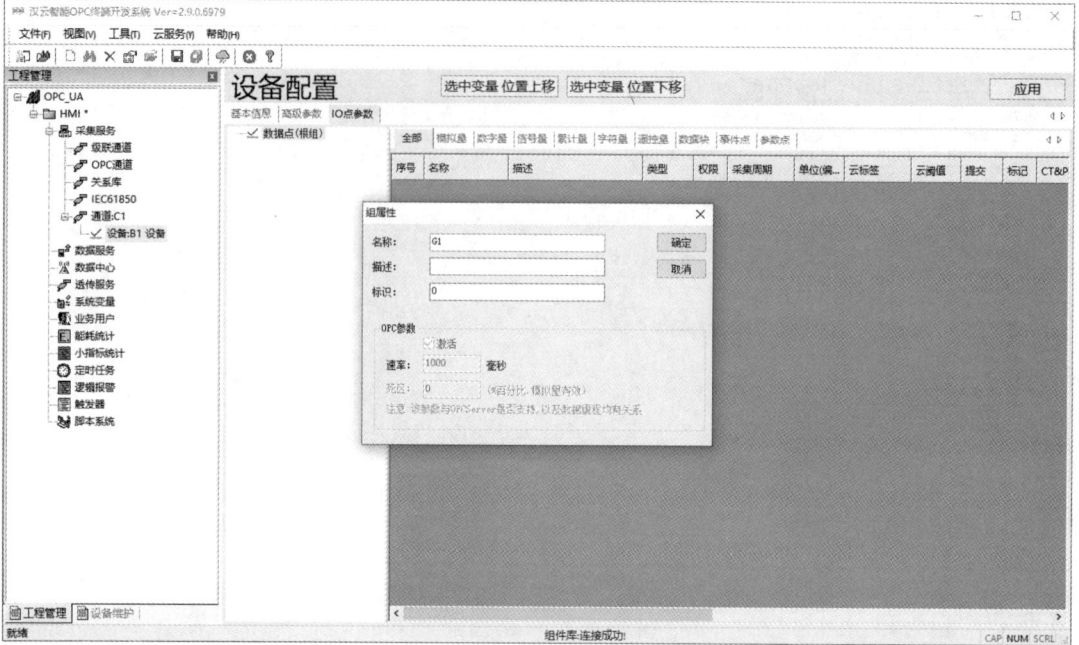

图 5-24　系统设置的步骤 12

（13）在灰色空白区域右键单击，在弹出的菜单里选择"新建 IO 点"选项，如图 5-25 所示。

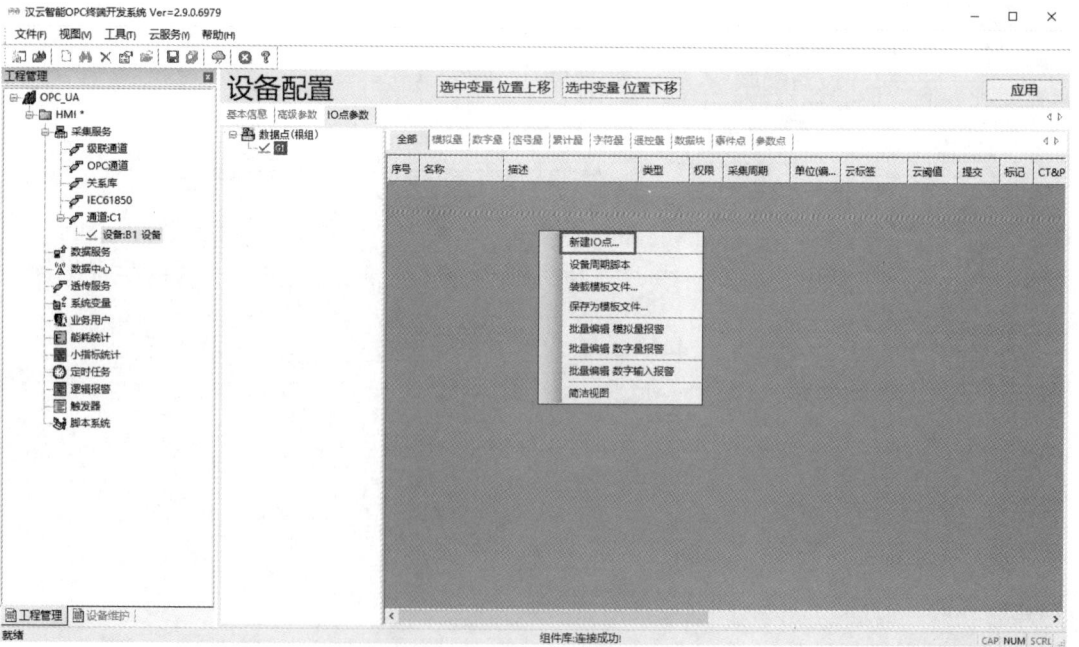

图 5-25　系统设置的步骤 13

（14）在弹出的"IO 数据点-新建"界面中输入数据点信息，名称可自定义，将"访问

ID 类型"设为"按数字 ID 访问", ID 请根据实际填写(UaExpert 软件中读取的 Identifier),
单击"OK"按钮,如图 5-26 所示。

图 5-26 系统设置的步骤 14

(15)添加完成的结果如图 5-27 所示,参考上述步骤,添加其他数据点。

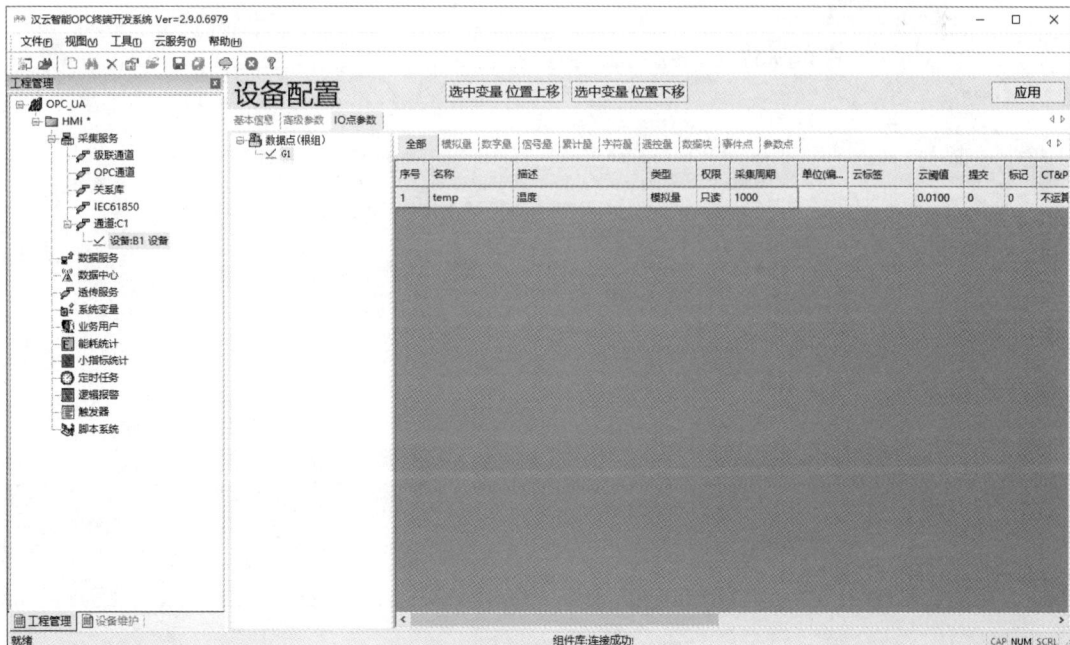

图 5-27 系统设置的步骤 15

（16）右键单击"数据服务"，在弹出的菜单里选择"新建通道"，如图 5-28 所示。

图 5-28　系统设置的步骤 16

（17）单击"规约"右侧的"..."按钮，如图 5-29 所示。

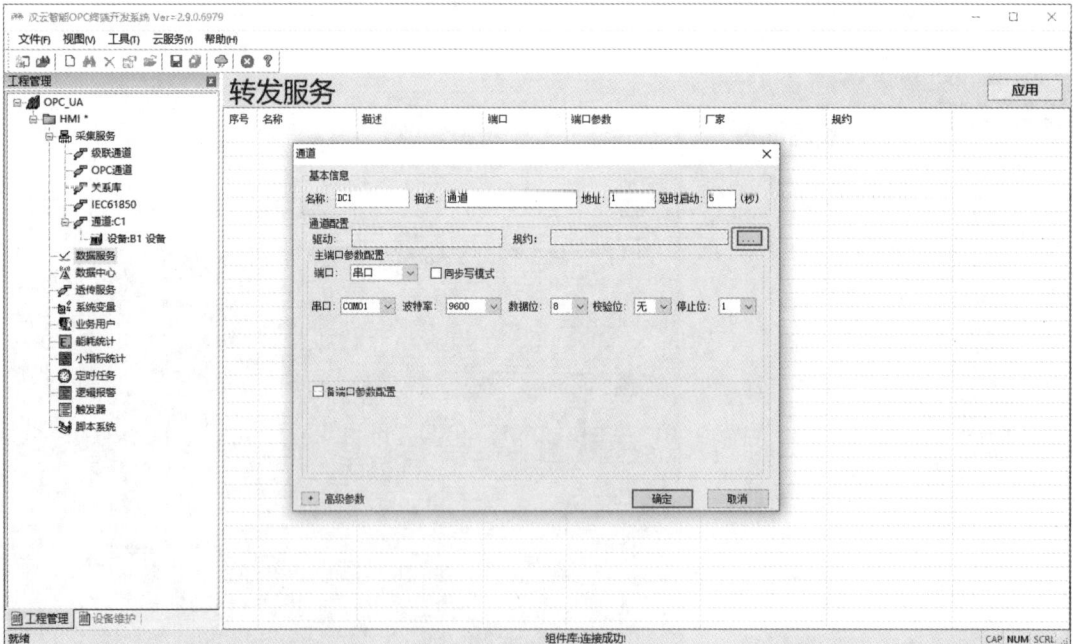

图 5-29　系统设置的步骤 17

（18）展开"系统成套"项，选中"汉云 MQTT"并单击"确定"按钮，如图 5-30 所示。

图 5-30　系统设置的步骤 18

（19）填写私有云服务器地址（即远程 IP，如图 5-31 所示）与远程端口号"1883"，单击"确定"按钮。

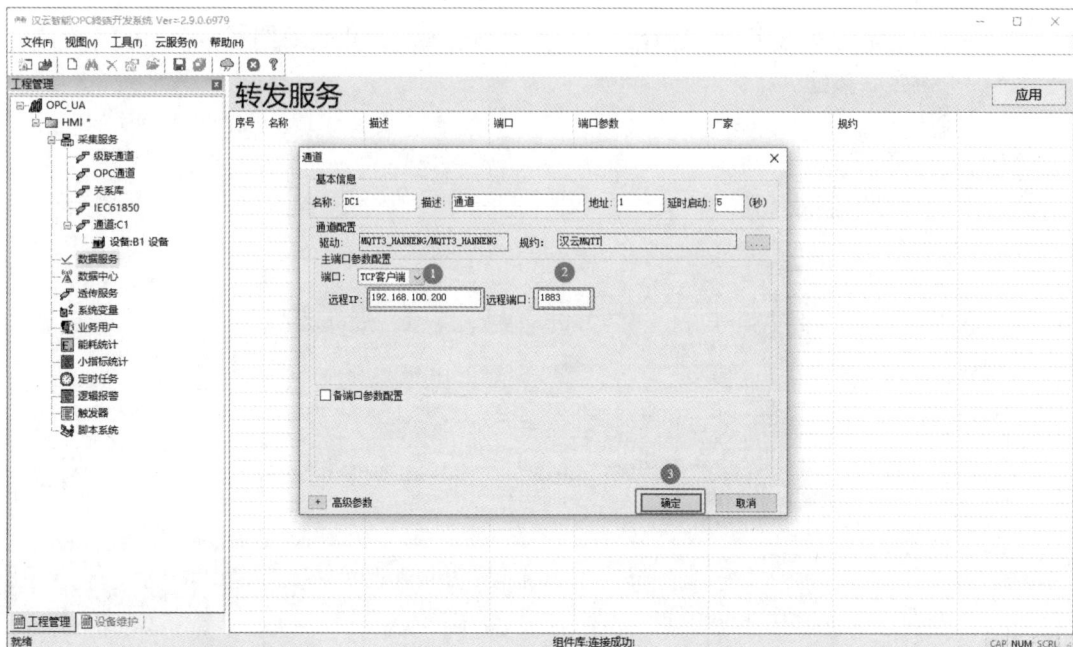

图 5-31　系统设置的步骤 19

（20）在左侧的目录中单击"通道:DC1"，在右侧的"基本信息"标签页中单击"高级配置"按钮，如图 5-32 所示。

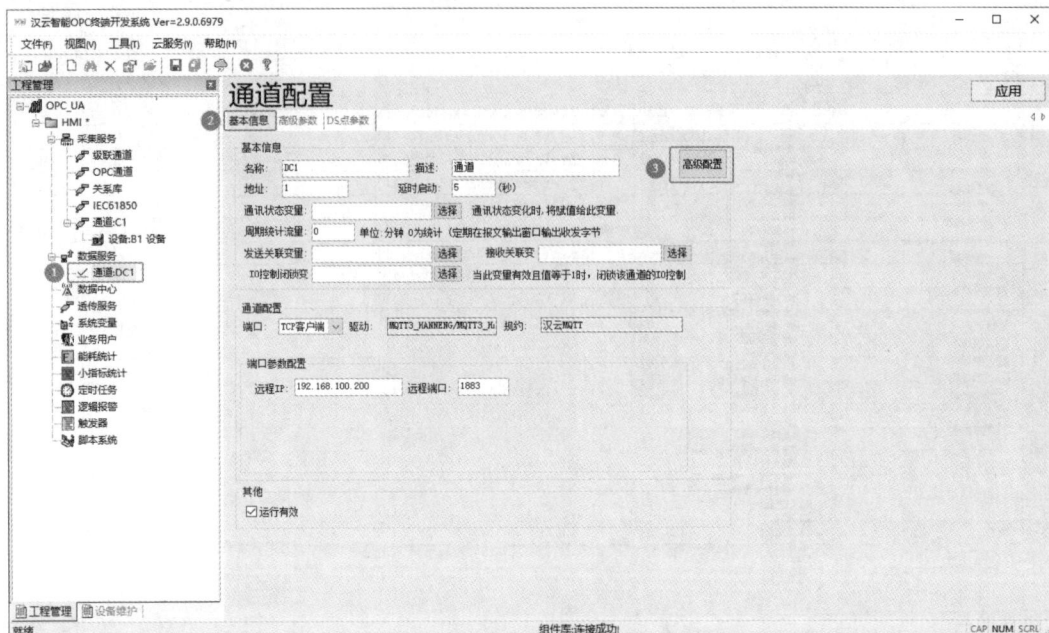

图 5-32　系统设置的步骤 20

（21）在此界面中，客户端 ID 可自定义（此处的 ID 将作为设备画像中绑定的网关的编码，一般采用时间+网关序列号后 5 位的形式进行设定，如 2025030800043），在"连接参数"区域填写用户名与密码（参考 2 号考试平台网络拓扑图），在"应用层"区域填写"根主题"等信息，如图 5-33 所示，建议：各周期不小于 5s，总推送周期不小于 10s）。完成设置后单击"确定"按钮。

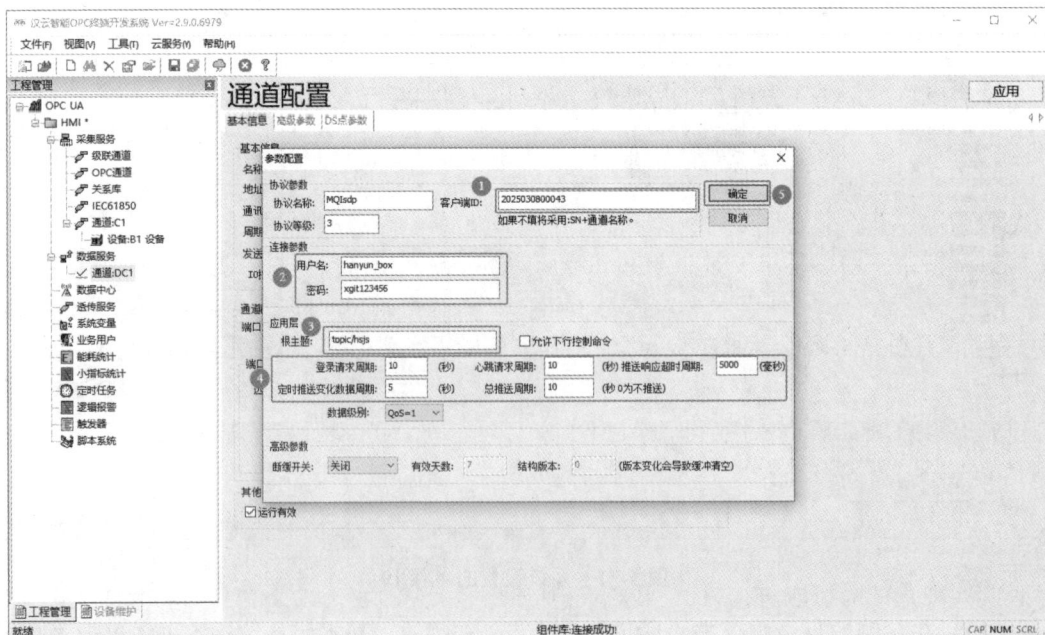

图 5-33　系统设置的步骤 21

（22）选择"数据服务"→"通道:DC1"，选择"DS 点参数"标签页，如图 5-34 所示，在右下方灰色区域中单击右键，在弹出的菜单中选择"新建 DS 点"。

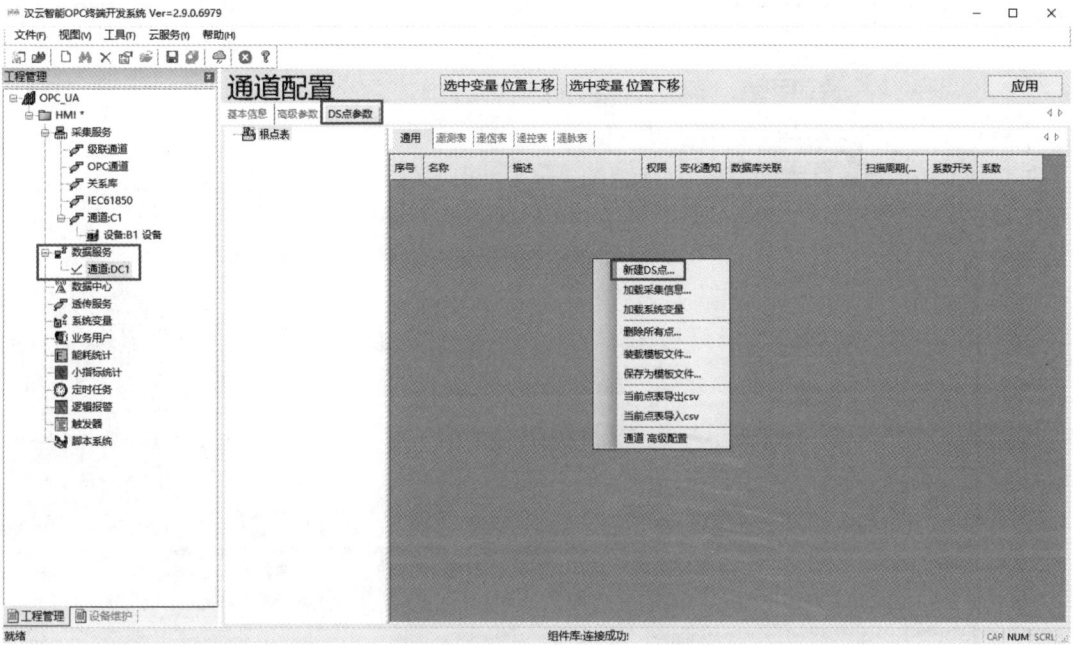

图 5-34 系统设置的步骤 22

（23）在弹出的界面中填写名称，单击"采集链接"右侧的"..."按钮，如图 5-35 所示。

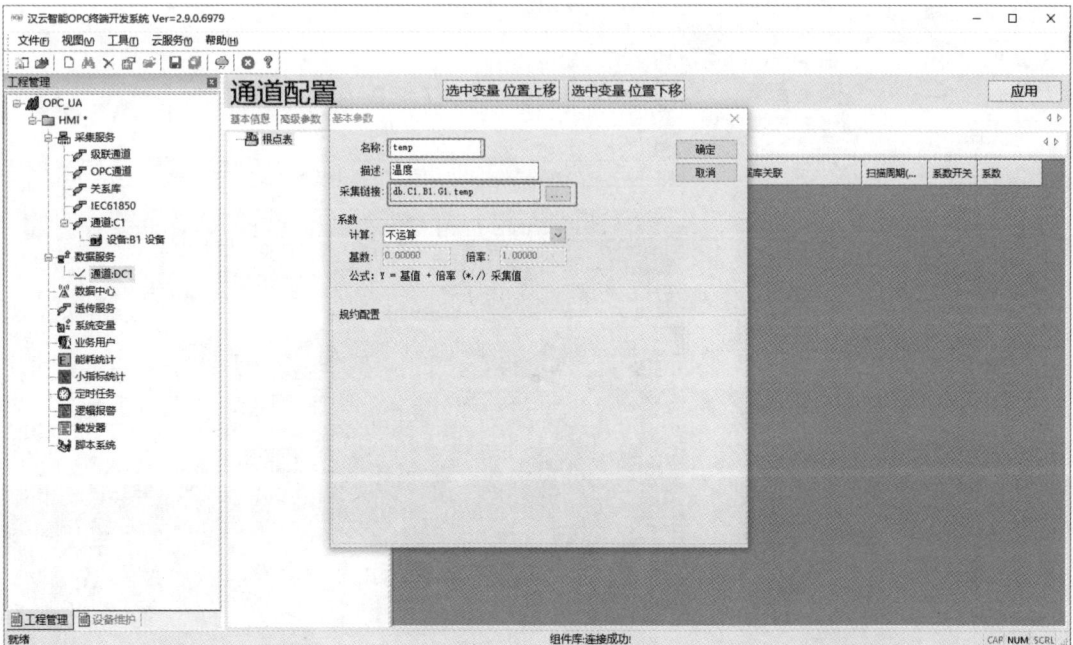

图 5-35 系统设置的步骤 23

（24）选择"采集系统"→"通道:C1"→"设备:B1"→"G1"，如图5-36所示。选择temp作为本次映射对象，并单击"确定"按钮。

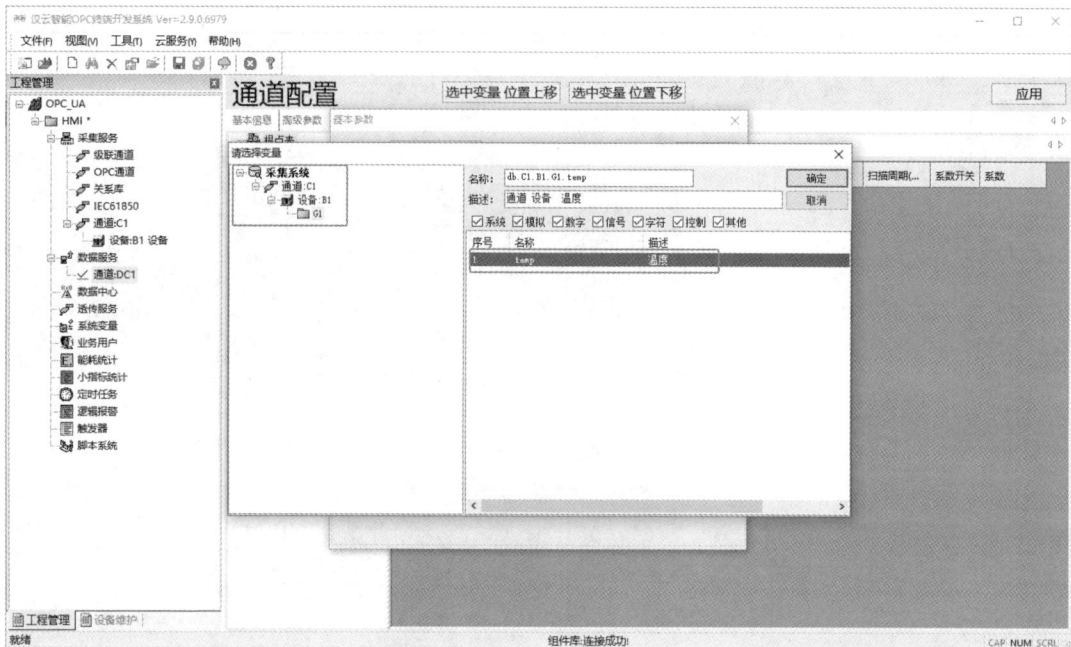

图5-36　系统设置的步骤24

（25）添加后的结果如图5-37所示，按照同样的方法，添加其他数据点。

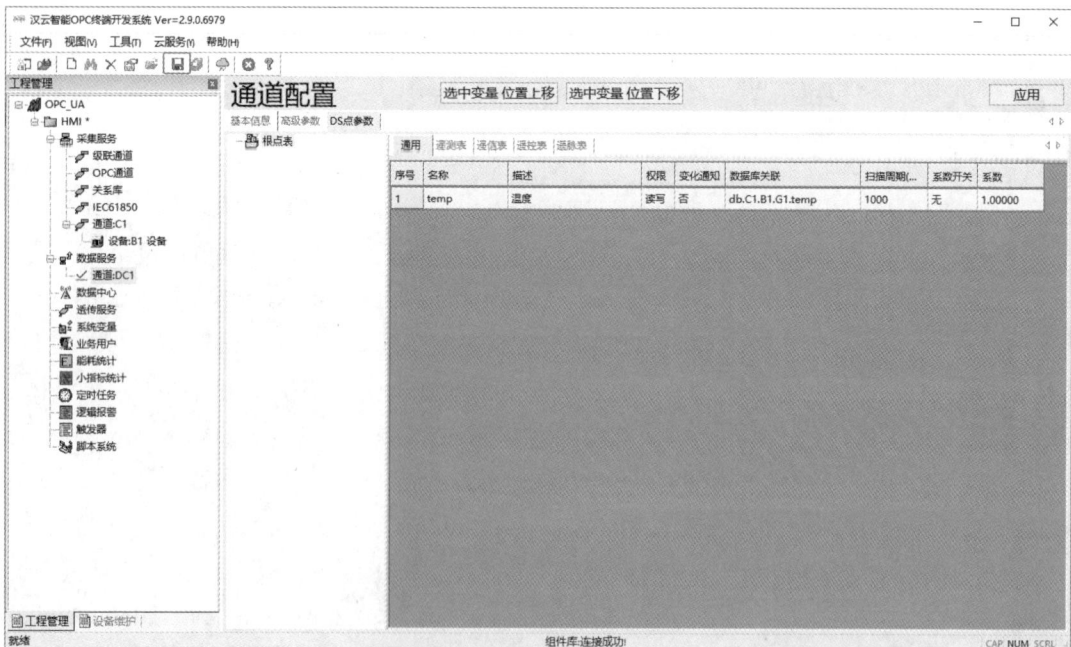

图5-37　系统设置的步骤25

5.2.2　远程 HMI 的配置

（1）在菜单栏中选择"视图"→"远程维护"，如图 5-38 所示。

23-5.2.2 远程 HMI 的配置

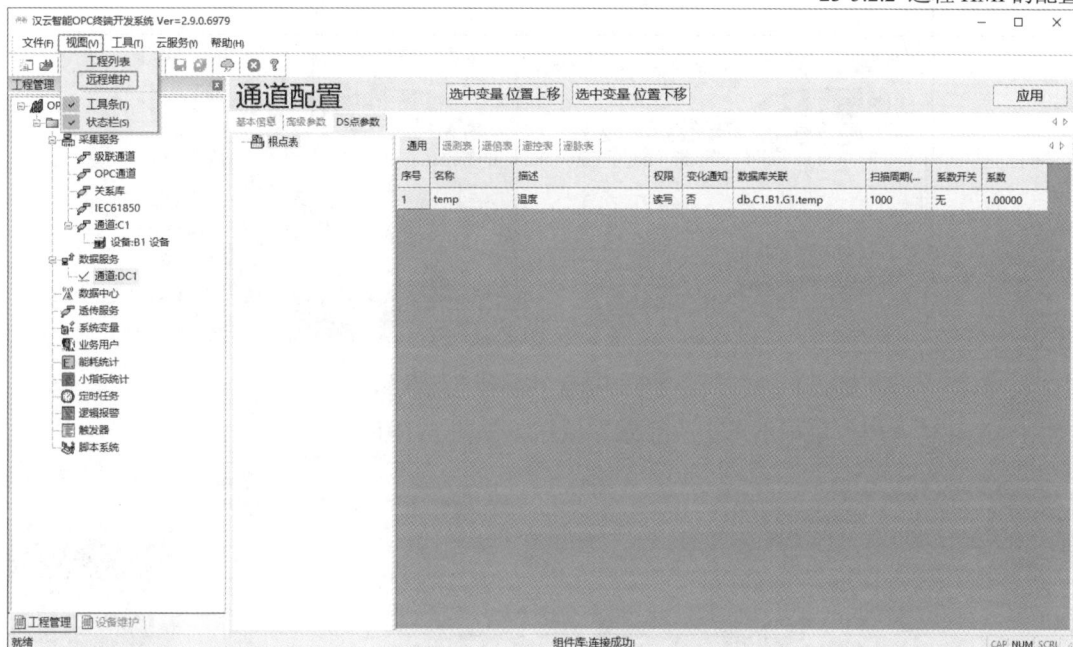

图 5-38　远程 HMI 配置步骤 1

（2）在"设备维护"标签页中选择并右键单击"设备列表"，在弹出的菜单中选择"新建按钮"，在弹出的界面中填写工程名称（自定义，如 HMI）、IP 地址（网关和 PC 通信的 IP 地址，参考 2 号考试平台网络拓扑图）、端口（默认值为 9200），单击"确定"按钮，如图 5-39 所示。

图 5-39　远程 HMI 配置步骤 2

（3）展开"设备列表"，双击"远程:HMI（192.168.100.221）"，如图 5-40 所示。

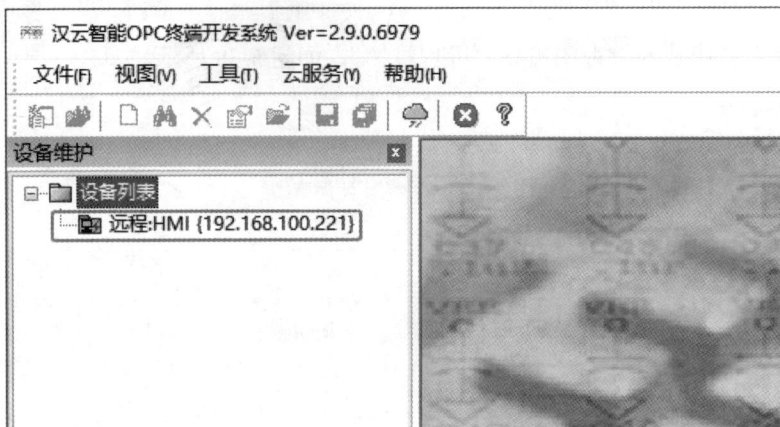

图 5-40　远程 HMI 配置步骤 3

（4）在"常用"菜单下单击"登录"按钮，如图 5-41 所示。

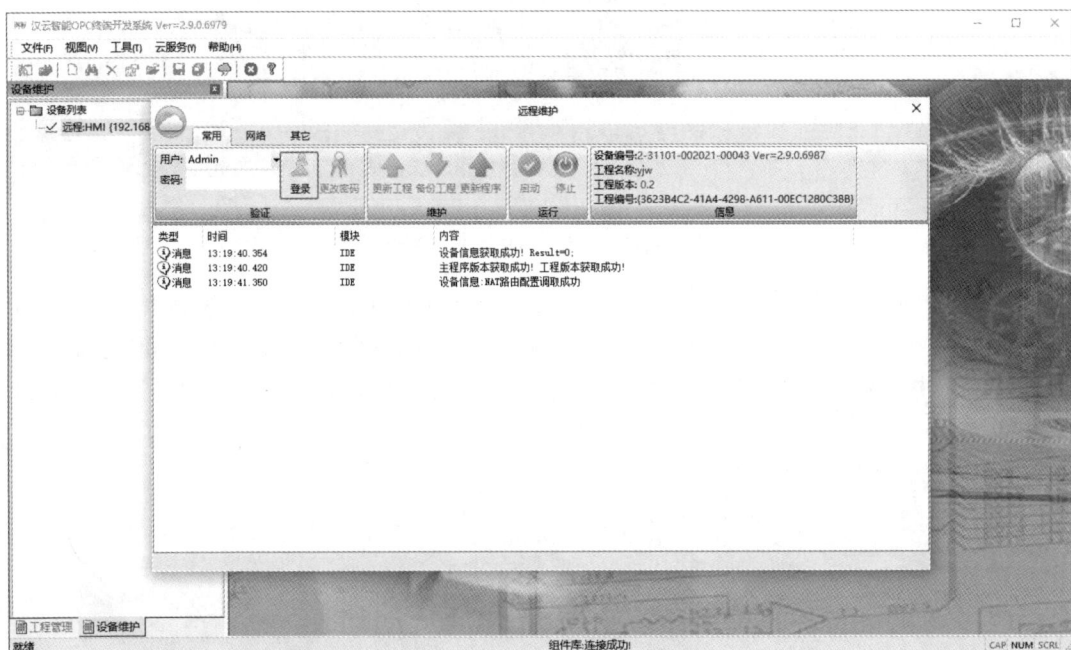

图 5-41　远程 HMI 配置步骤 4

（5）登录成功后，在"常用"菜单下单击"更新工程"按钮，如图 5-42 所示。

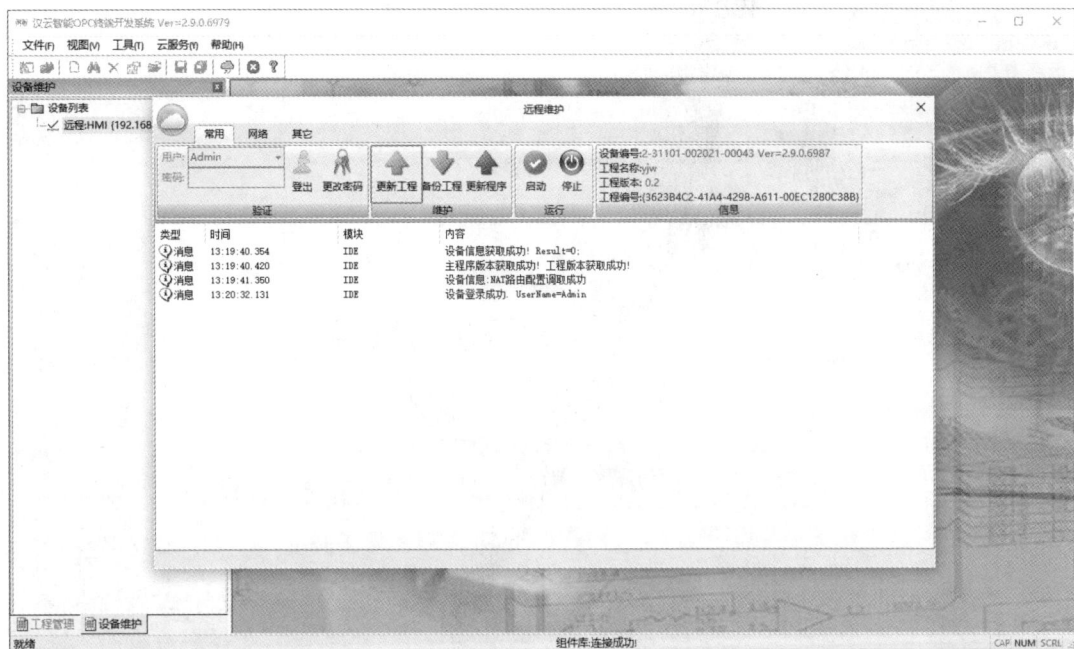

图 5-42 远程 HMI 配置步骤 5

（6）在弹出的"工程文件"界面中单击"工程"右侧的"..."按钮，如图 5-43 所示。

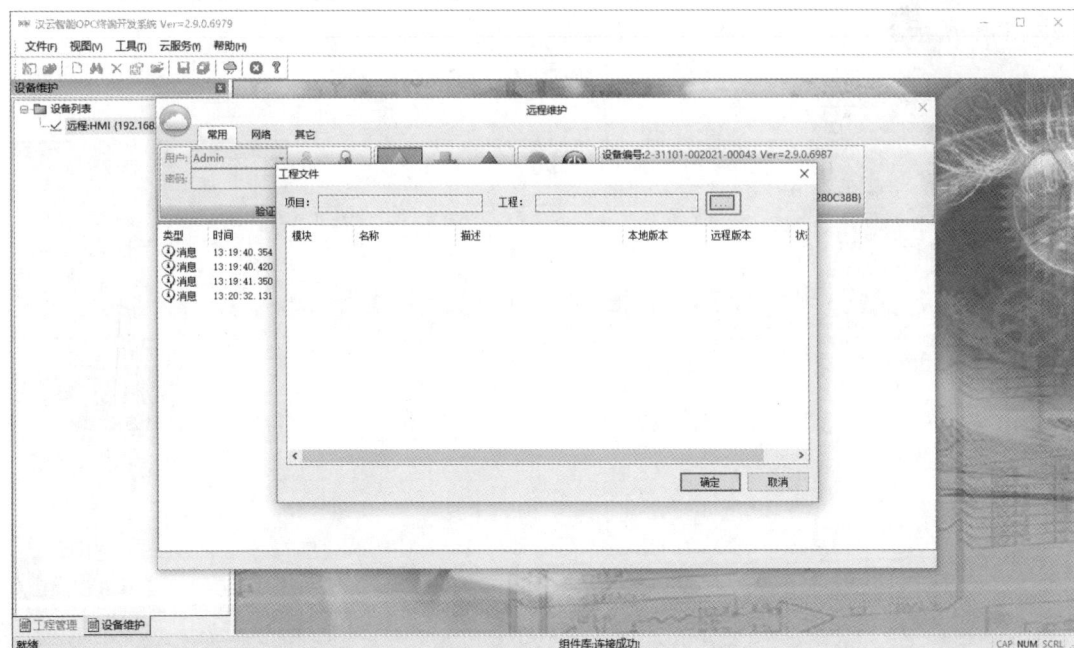

图 5-43 远程 HMI 配置步骤 6

（7）单击"工程列表"→"OPC_UA"→"HMI"，单击"确定"按钮，如图 5-44 所示。

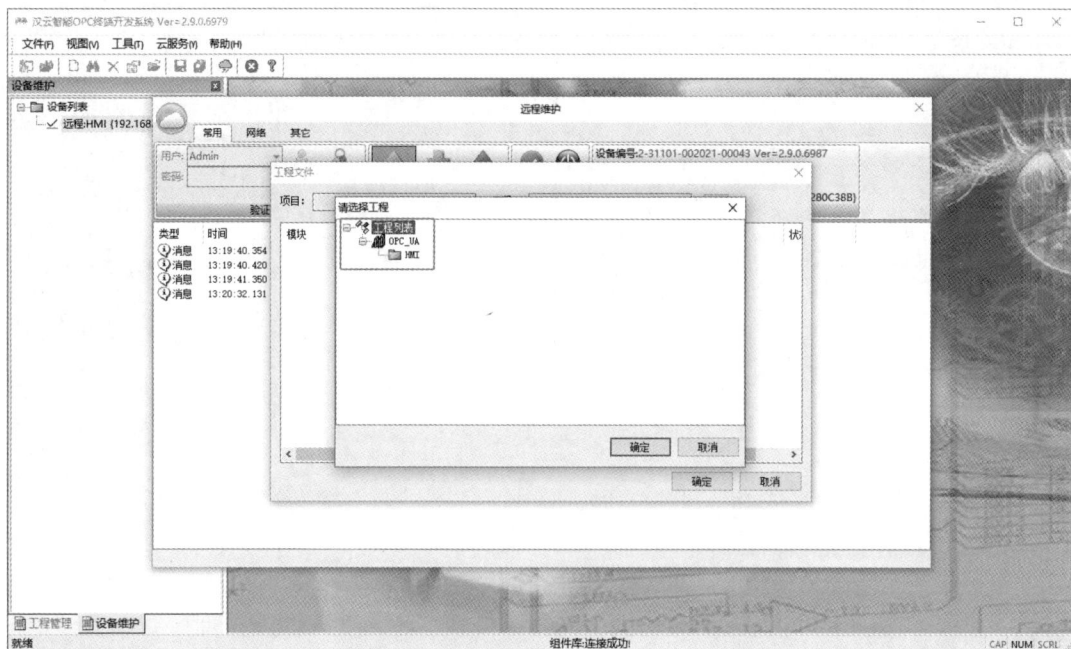

图 5-44　远程 HMI 配置步骤 7

（8）在"工程文件"界面加载了项目 OPC_UA—工程 HMI 的信息，单击"确定"按钮，如图 5-45 所示。

图 5-45　远程 HMI 配置步骤 8

（9）此时系统提示"设备中的工程与选择的工程 ID 不同，是否更新？"单击"是"按钮，如图 5-46 所示。

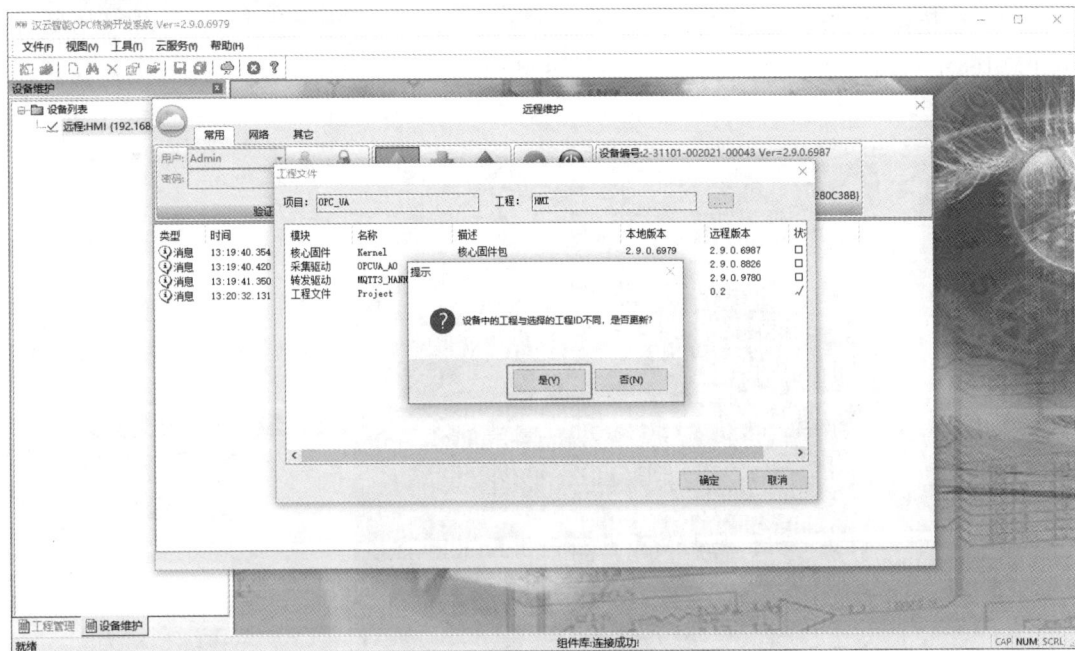

图 5-46　远程 HMI 配置步骤 9

（10）等待片刻，系统会提示"启动逻辑完成，进入工作状态"，如图 5-47 所示。

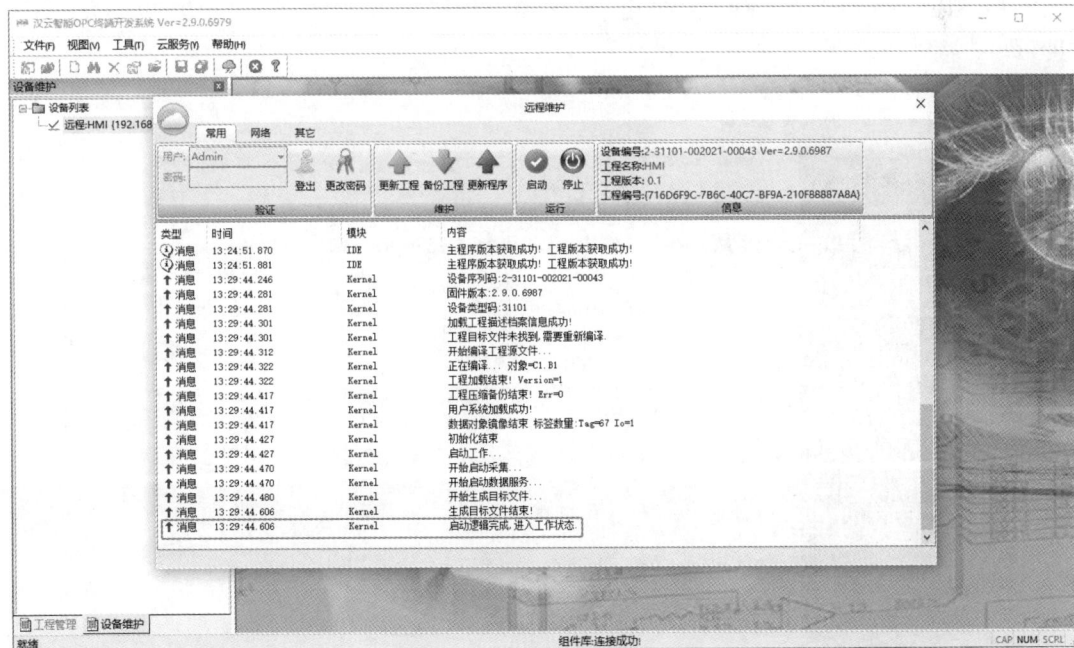

图 5-47　远程 HMI 配置步骤 10

任务 5.3　适配 OPC 的数据上云

24-5.3 适配 OPC
的数据上云

25-工业互联网账
户分配 60 权限

（1）使用浏览器登录工业互联网云平台（登录地址为 192.168.100.200，账号见二维码），如图 5-48 所示。

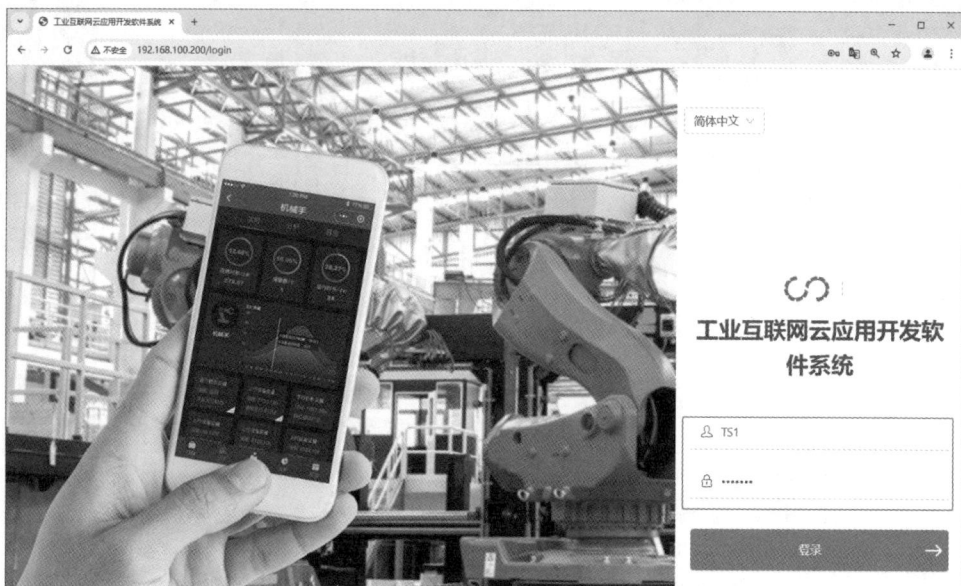

图 5-48　适配 OPC 的数据上云登录界面

（2）进入云平台配置界面后，单击"网关管理模块"→"网关管理"，单击"新增"按钮，如图 5-49 所示。

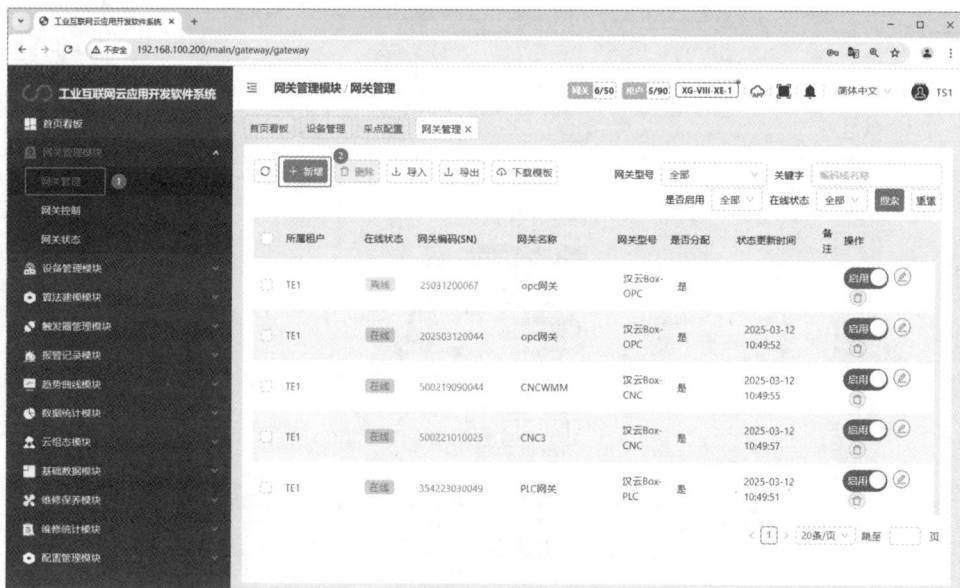

图 5-49　适配 OPC 的数据上云步骤 1

（3）注意：这里的网关编码要与客户端 ID 保持一致，如图 5-50 所示。

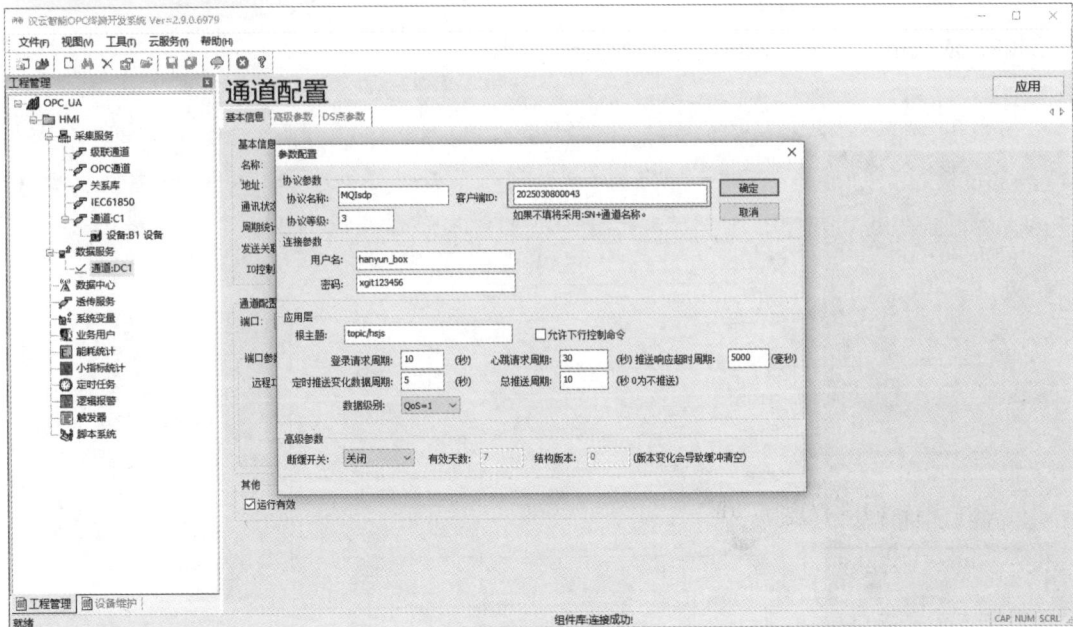

图 5-50　适配 OPC 的数据上云步骤 2

（4）在"设备型号"界面新建 OPC_2 设备，如图 5-51 所示。

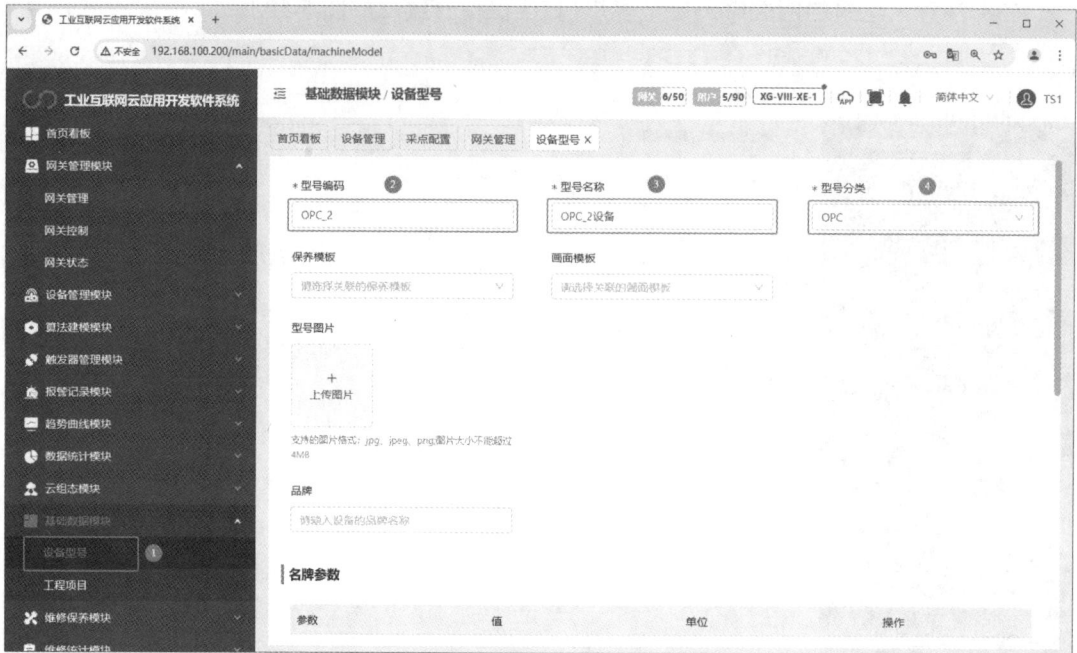

图 5-51　适配 OPC 的数据上云步骤 3

（5）依次填入各项设备信息，如图 5-52 所示。

图 5-52　适配 OPC 的数据上云步骤 4

（6）单击"采点设置"中创建的"opc 设备 1"右侧的铁链形状的按钮，在弹出的界面中单击"opc 网关 guo1"右侧的"选择"按钮进行网关绑定，然后单击"新增"按钮，如图 5-53、图 5-54 所示。

图 5-53　适配 OPC 的数据上云步骤 5

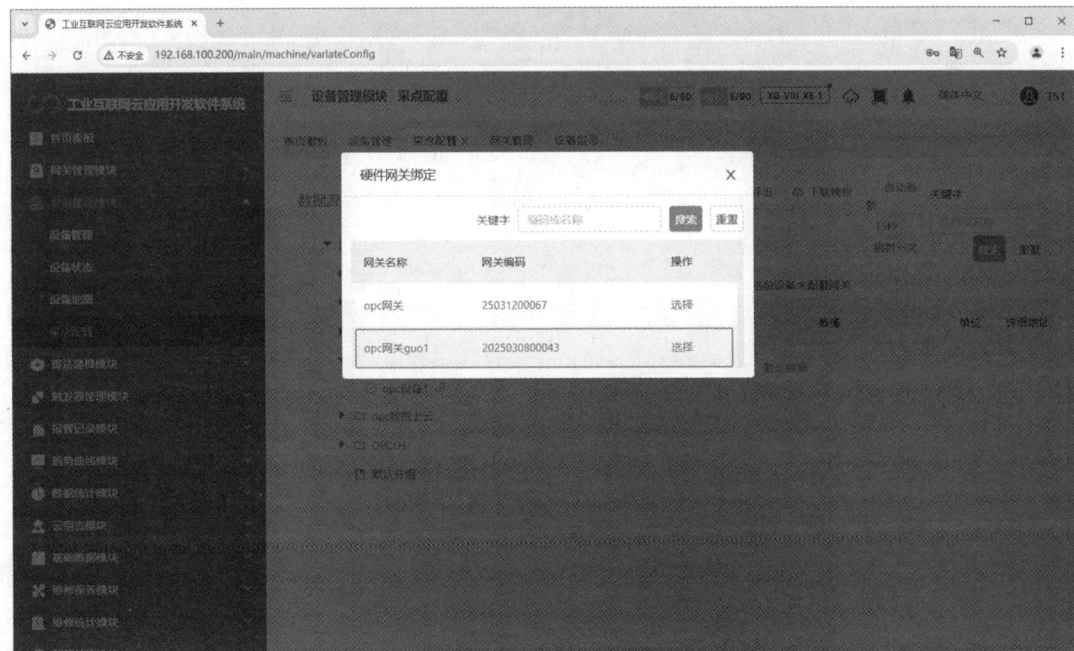

图 5-54　适配 OPC 的数据上云步骤 6

（7）依次填入编码及名称并设置类型后保存设置，如图 5-55 所示。

图 5-55　适配 OPC 的数据上云步骤 7

至此，关于 OPC 的网关数据采集、数据上传到云端等一系列操作就完成了，结果如图 5-56 所示。

图 5-56　适配 OPC 的数据上云步骤 8

参 考 文 献

[1] 陈南江，苟爱梅，马建民. 工业互联网的实施与运维[M]. 北京：高等教育出版社，2020.

[2] 北京工联科技有限公司. 工业互联网设备数据采集：中级[M]. 北京：人民邮电出版社，2022.

[3] 张炎，潘科. 工业互联网标识解析——建设与应用[M]. 重庆：机械工业出版社，2022.

[4] 通用电气公司（GE）. 工业互联网：打破智慧与机器的边界[M]. 北京：机械工业出版社，2015.

[5] 中国工业互联网研究院. 工业互联网基础[M]. 北京：人民邮电出版社，2023.

[6] 王建伟. 决胜安全：构筑工业互联网平台之盾[M]. 北京：电子工业出版社，2019.